小茄子川 歩 著

インダス文明の社会構造と都市の原理

同成社

1　モヘンジョダロの城塞地区（筆者撮影）

2　モヘンジョダロの市街地（左）と第一大通り（右）（筆者撮影）

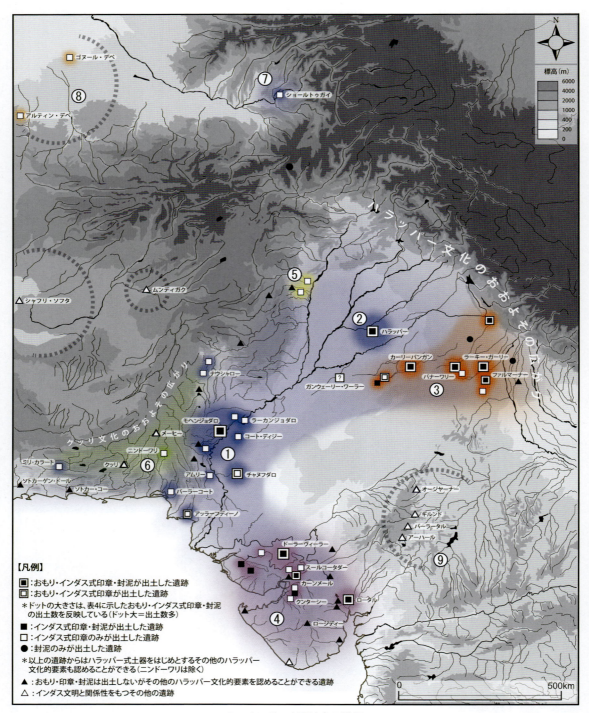

3　インダス文明社会の様相

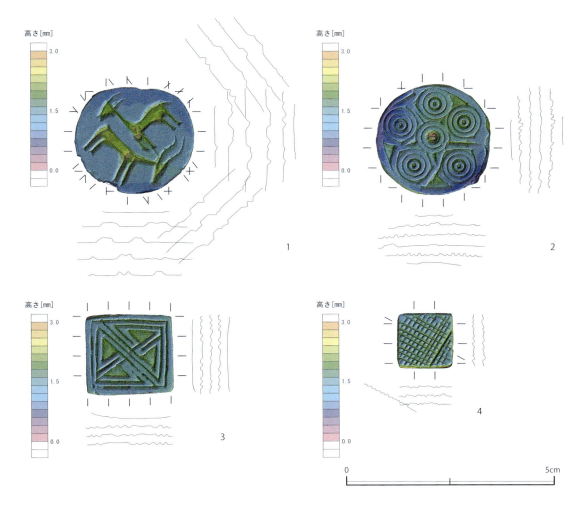

4　先インダス文明期における印章のPEAKIT画像

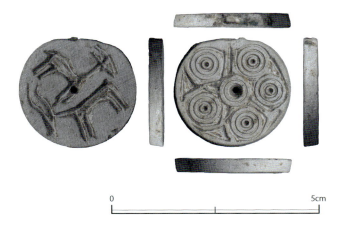

5　クナール遺跡出土の印章（上掲4-1、2の実物写真）
　（ハリヤーナー州考古局所蔵）

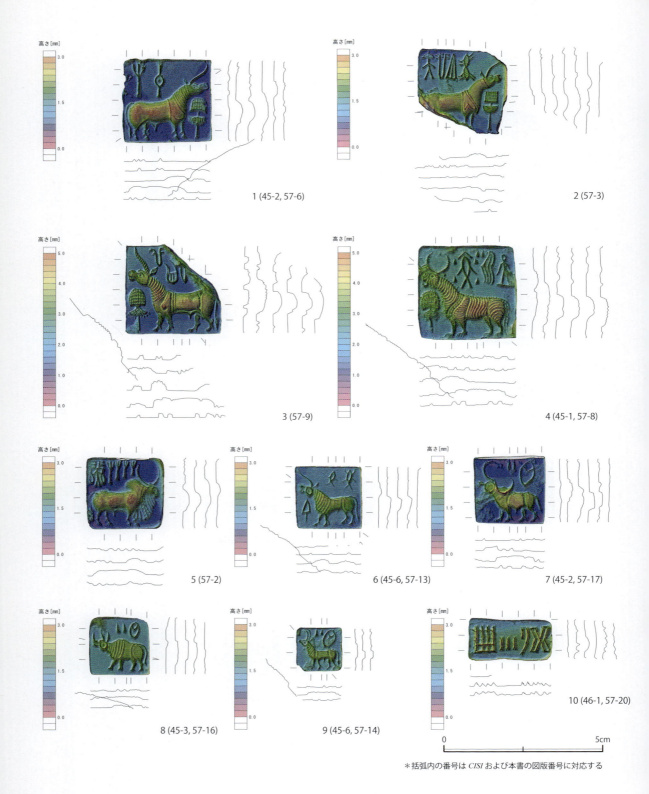

6 インダス式印章の PEAKIT 画像

*括弧内の番号は CISI および本書の図版番号に対応する

はじめに

　「都市」とはきわめて人為的な空間である。人間が、あるタイミングで、ある空間を選択し、ある明確な目的をもって創りだした場だ。そして「都市」とよばれる空間が人類史あるいは世界史上において普遍的に認められるという事実は、「都市」がわれわれ人間のもつ普遍的性質の諸側面を反映していることを示唆する。したがってその構造が、何故に、そしていかにして創りだされ、維持されたのか、を説明できないようなものではない。

　本書であつかう「都市」とは、近代資本主義経済にもとづいた世界システムを生きる現代都市ではない。紀元前 2600 年頃に現在のパキスタンおよび北西インドを中心とする地域に成立した南アジア最古の文明社会——インダス文明における「都市」である。

　現代都市も本書であつかう「都市」も人為的な空間であるので、多くの共通点をもつ人工都市であることに変わりはない。とはいえ、両者はその見かけ上、異なる「構造」をもつ、と理解されているのも一つの事実だろう。

　たとえば、経済的な視点からみれば、現代都市は貨幣（いわゆる一般目的貨幣）と商品の交換、つまり商品交換（あるいは市場交換原理）がきわめて支配的な空間として機能しているが、本書であつかう「都市」においては現代の感覚でいうところの貨幣をみとめることはできない。このような見かけ上の差違により、「都市」も基本的に商品交換にもとづいていたにもかかわらず、両者はまったく別の「構造」をもつものとして把握されてしまうのである。しかしながら、本書で明らかとなるように、両者の「構造」は同じだ。過去の社会が現在の社会よりも常に素朴であるとの考えは、過去に対する見くびりであり、現代人の傲慢であると考えるため、本書ではそのような立場に立脚した議論はおこなわない。

　ところで、われわれ考古学者は社会変化あるいは変容を、意図せずとも、「農耕・牧畜がはじまり、人々が定住し、生産力や人口が順調に成長してくると、都市が発展し、権力や階級的な分化が生じ、やがて文明や国家がうまれる」というような発展段階的な枠組みでとらえがちである。そのため「都市」について論じる場合、その議論は進化主義のもとでの発展段階的な図式にもとづいた、いわゆる「都市化」の議論に終始する傾向にある。あえてくり返すが、農耕牧畜社会が軌道にのり、生産力が順調に拡大し、人口が増加してくると、ある集落（遺跡）が徐々に比較的長い期間をかけて「都市」へと歩を進める、という図式だ。

　しかしどのように考えてみても、すべての集落（遺跡）が「都市」になるわけではない。そもそも、「都市」とその他の集落（都市的集落、町邑、農村など）はまったく異なる構造や役割をもっているのであり、両者は発展段階的に同一系列上に配置されうる関係にはない。この事実は、「都市」を考える場合、社会は一方向的に順調に成長するものだ、というような社会進化論にもとづいた議論だけでは十分ではないことを明確に示しているだろう。すなわち、まずは、こうした限定的

な議論こそが「都市」の本来の姿を矮小化し、その歴史的意義を過小評価してきた、という事実を認識することが必要なのである。発展段階的にとらえない視点をもつならば、農村よりも人口規模の小さい集落が「都市」であってもよいし、「都市」が何らかの目的で、ある空間に、突如として作為的に創りだされたとしても何ら不思議ではない、との理解も可能となるはずだ。

そしてもう一つ、われわれ考古学者は都市の定義が大好きである。「都市」とその他の集落を区別するためには、確かに都市の定義という指標を設定しておくことは有効であると思われる。「都市」がわれわれ人間のもつ普遍的性質の諸側面を反映しているのだとすれば、「都市」に共通する諸要素を抽出し、普遍的な都市の定義を設定することができるかもしれない。しかしながら、都市の定義を設定し、ある遺跡が都市といえるか否かを識別することが目的となってしまったのでは、「都市」の構造や役割を明らかにする作業とはならないであろう。

著者は、「都市」に関する議論はもっと柔軟で楽しいものであってよい、と毎日考えている。発展段階的な枠組みや都市の定義にこだわる必要はないのではないか。

人類史あるいは世界史的にみれば、「都市」の出現は文字の発明よりも古い。インダス文明の場合も同様であり、「都市」の出現は文字の発明よりも古いか、あるいはほぼ同時期の現象として理解される。さらにインダス文字は今も未解読であるから、南アジアにおける最古の「都市」については考古学的な資料から検討するしかない。

インダス文明の「都市」は、それを特徴づけるハードウェア（たとえば、区画整備、水利施設、おもり、印章、文字、彩文土器など）とソフトウェア（たとえば、権力、信仰体系、世界観など）にもとづいて構造化されていた。つまりこのハードウェアとソフトウェアには、「都市」に関する重要な諸側面が反映されていると考えてよい。

したがって、本書においてすべての要素を検討するわけではないが、これら諸要素の生成過程と詳細を考古学的に検討することは、インダス文明における「都市」の生成過程と諸側面を詳らかにすることにつながるはずである。そしてインダス文明の場合、「都市」の出現は文明社会の成立とほぼ同時期の現象であるから、その検討はインダス文明の成立とそれにともなう社会変革の実態、さらにはインダス文明の社会構造を解明する作業ともなるだろう。

くわえて、本書を通して考えてみたいことがもう一つある。それは、グローバリゼーションという名の急速な近代資本主義的発展の中で、世界の隅々までいきわたった市場交換原理に翻弄されつつも、われわれ人間がなおそれぞれの「顔」あるいは「自我」を維持し、人間社会を主体的に生きる「個人」として存在していられるのは何故か、という疑問だ。この疑問に答えるには、人間が、その歴史の中で、人間世界を成り立たせている基本原則としての互酬原理を市場交換原理と矛盾なく接合し、調整する「方法」をいかにして創りあげたのか、を考える必要がある。おそらく、その「方法」と「都市」は無関係ではない。

本書では、現代人の傲慢さや既存の「常識」にとらわれることなく、「都市」の生成過程を明らかにし、都市の原理を追究する。そして「都市」とは何か、という普遍的な問いにたいする答えを提示したい。

目　次

はじめに

序　章　本書の目的と方法 …………………………………………………………3

第1節　本書の目的　3
第2節　本書で検討するインダス文明社会　4
1. 編年　4
2. 自然環境　8
3. インダス文明社会の概要　15

第3節　本書で検討する考古資料と分析の視点　18
1. 都市を特徴づけていた物質文化　18
2. 本書の構成と分析の視点 ── 社会進化論にとらわれない議論をおこなうために ──　19

第1章　都市はどのように考えられてきたか …………………………………25

第1節　「都市はどれか」を問う研究　26
1. 都市の定義に関する研究　26
2. 社会進化論にもとづいた「都市化」に関する研究　29

第2節　「都市とは何か」を問う研究　31
1. 都市の構造的な把握を目的とした研究　31
2. 「市」の空間上の性質に関する研究　32

第3節　インダス文明に関する都市研究　32
1. 都市類型に関する研究　33
2. 遺跡の規模にもとづき都市を特定する研究　33
3. ハラッパーの「都市化」に関する研究　36

第4節　都市をどのように考えるべきか　37

第2章　都市を考えるための諸側面 ……………………………………………41

第1節　前3千年紀の南アジアを特徴づける交換様式　41
1. 交換様式を考えるための諸側面　41
2. 前3千年紀の南アジアにおける商品交換　45
3. 前3千年紀の南アジアにおける互酬性交換と商品交換の併存　51

第 2 節　前 4 千年紀後半から前 3 千年紀前半における地域文化の様相　51

　　1．先インダス文明期以前の様相　52
　　2．先インダス文明期の様相　54
　　3．移行期の様相　57

第 3 節　インダス文明期におけるモヘンジョダロ以外の主要遺跡の概要　59

第 3 章　モヘンジョダロの創出 ……………………………………………… 63

第 1 節　モヘンジョダロの立地条件と居住の連続性　64

　　1．インダス川の河道変動　64
　　2．モヘンジョダロが建設された場所　70

第 2 節　モヘンジョダロの居住形態　76

　　1．モヘンジョダロのレイアウト　77
　　2．城塞区域と市街区域の様相　77

第 3 節　モヘンジョダロの人口　88

　　1．モヘンジョダロの居住者・行客の出自　88
　　2．人口の季節的変動　89

第 4 節　前 3 千年紀の南アジアにおける都市生成と都市化　91

　　1．モヘンジョダロを特徴づける交換様式 ── 商品交換の本格化 ──　91
　　2．モヘンジョダロの創出と都市の性質　91
　　3．特定集落の都市化　93

第 4 章　ハラッパー式彩文土器の創出 ……………………………………… 101

第 1 節　コート・ディジー式土器とハラッパー式土器　101

　　1．コート・ディジー文化とコート・ディジー式土器の発見　101
　　2．コート・ディジー式土器とハラッパー式土器の起源に関する理解　102
　　3．問題の所在　103

第 2 節　先インダス文明期の土器型式と移行期における土器の様相　103

　　1．先インダス文明期の土器型式　103
　　2．移行期における土器の様相　107

第 3 節　ハラッパー式土器とその彩文様式　107

　　1．器種・器形　107
　　2．彩文要素と彩文様式　108
　　3．分布傾向　111

第4節　クッリ式土器とその彩文様式　112
　1．器種・器形　112
　2．彩文要素と彩文様式　115
　3．分布傾向　117

第5節　ハラッパー式彩文土器の主文様帯　118
　1．コート・ディジー式土器とハラッパー式土器の関係性　118
　2．主文様帯を構成する彩文要素の系譜　124

第6節　ハラッパー式彩文土器の創出と周辺地域社会への拡散　126
　1．バローチスターン地方における土器のデザインシステム　126
　2．ハラッパー式彩文土器の創出と拡散　130

第5章　インダス式印章の「発明」……135

第1節　先インダス文明期における印章　136
　1．形態のバリエーション　136
　2．印面に陰刻されるモチーフ　136
　3．分布傾向　136
　4．サイズ　144
　5．製作技術　145
　6．使用方法・機能　149

第2節　インダス式印章　150
　1．形態のバリエーションと出土数　150
　2．印面に陰刻されるモチーフ　157
　3．インダス文字　157
　4．デザインシステム　159
　5．分布傾向　161
　6．サイズ　166
　7．製作技術　168
　8．地域差　179
　9．使用方法・機能　180

第3節　インダス式印章の「発明」と周辺地域社会への拡散　181
　1．インダス式印章はいつ、どこで、なぜ出現したのか　181
　2．物流管理と情報の記録・伝達システムの発達　182
　3．印章の製作工程・技術　184
　4．インダス式印章の「発明」と拡散　187

終　章　インダス文明の社会構造と都市の原理 …………………197

第 1 節　インダス文明の成立と社会変革　197
第 2 節　古代南アジアを特徴づける社会構造　199
　　1.　前 4 千年紀後半の南アジアにおける社会のあり方と交換様式　202
　　2.　先インダス文明期における社会のあり方と交換様式　202
　　3.　インダス文明期における社会のあり方と交換様式　203
　　4.　ポスト・インダス文明期における社会のあり方と交換様式　209
第 3 節　都市とは何か　210
第 4 節　都市とその他の集落の分類基準　212
第 5 節　今後の課題──「南アジア型発展径路」を見据えて──　213

補　遺　217
引用・参考文献　221
挿図表出典一覧　245
初出一覧　249
おわりに　253

インダス文明の
社会構造と都市の原理

序　章

本書の目的と方法

第1節　本書の目的

　南アジア最古の「都市」の出現は、紀元前2600年頃に現在のパキスタンおよび北西インドを中心とする地域に成立した南アジア最古の文明社会——インダス文明の成立とも深くかかわる歴史的な出来事であったと理解される。南アジア最古の「都市」と文明社会はほぼ同時期に出現あるいは成立したものと考えられ、「都市」の出現＝インダス文明の成立、という図式が一般的な理解である。

　しかし実際のところ、何をもって「都市」の出現とみなすのか、「都市」とは何か、これらの問題に関する突っ込んだ議論は不在であるといってもよい。現状においては、「農耕・牧畜がはじまり、人々が定住を開始すると生産力と人口が順調に成長し、やがて都市が誕生して、文明や国家の成立にいたる」という進化主義のもとでの発展段階的な枠組みで語られる「よくあるストーリー」が再生産されているにすぎない。「都市」はこの「常識」としてのストーリーの中で語られ、消化されているのが現状だ。「都市」に関する議論が現在においてもなお活発なのは、消化不良をきたしていることの現れなのであるが。

　本書の第一の目的は、既存の「常識」にとらわれることなく、南アジア最古の「都市」の出現という現象を考古学的に明らかにすることである。また「都市」の出現という現象は、既存の社会を特徴づけていた地域的伝統とはまったく異なる新しい「伝統」の創出という現象をもともなっていた。「都市」出現以降にみとめることのできる多くの新しい都市的な「創造物」と新しい社会システムの登場がそれを物語っている。したがって「都市」の出現という現象を問うことは、必然的にその現象にともなう社会変革の諸側面と新たに創りだされた社会構造を考えることにもつながる。それらを考古学的に検討することが本書の第二の目的である。

　以上の目的を達成することは、「都市」の構造や役割を明確に把握することを可能にし、人間が歴史のなかで創りあげてきた「互酬原理と市場交換原理とを矛盾なく接合し、調整する方法」と「都市」の関係性をも詳らかにすることにもなるであろう。そして最終的帰結として、都市の原理を明らかにし、「都市」とは何か、という本書の命題にたいする著者なりの答えの提示を可能にするはずである。

　また以下の本文中では、本書の性格上、「都市」「都市的集落」「町邑」「村落」といった用語が頻

出するので、ここで簡単に整理しておくことにしたい。以下で「都市」という場合は古代都市を意味し、現代における都市をいう場合は「現代都市」と明記する。また「村落」とは小規模農村を、「町邑」とは大規模農村を意味する用語としてもちいる。両者の中間に位置づけられるのが「中規模農村」となるが、これら三者は基本的にその構造ではなく、とりあえず集落規模にもとづいて分類しておく。最後に「都市的集落」についてであるが、これは用語が示すとおりであり、都市ではないが、都市的ないくつかの特徴を有した集落を意味する。本書において都市とは何かを明らかにしたうえで、都市とそれの他の集落の分類基準も再整理してみたい。

第2節　本書で検討するインダス文明社会

本題にはいる前に本書の検討対象であるインダス文明社会について、編年、自然環境、インダス文明の概要、の三側面から整理しておく。

1. 編年

本書の主目的は、南アジア最古の都市の出現とそれにともなう社会変革の諸側面を検討し、都市とは何かを問うことである。そのため本書では、基本的に都市が出現したと考えられる時期、つまりインダス文明の成立期を中心とするその前後の時期のみをあつかう。

（1）用語
インダス文明の成立期を中心とするその前後の時期を呼称するための用語には、「先ハラッパー文化期 Pre-Harappan period」「初期ハラッパー文化期 Early Harappan period」「ハラッパー文化期 Mature Harappan period」「後期ハラッパー文化期 Late Harappan period」「ポスト・ハラッパー文化期 Post Harappan period」（小西 1981、Dikshit 1980、Jarrrige et al. 1995、Joshi 1990、Konishi 1984、Lal and Thapar 1967、Mughal 1970・1990 など）、または「先都市期 Pre-Urban Phase」「都市期 Urban Harappan Phase」「ポスト都市期 Post-Urban Phase」（Possehl 1991・1999・2003 など）、「地域文化の時代 Regionalization Era」「地域統合の時代 Integration Era」「地方文化の時代 Localization Era」（Shaffer 1992）などがある。さらに各時期を、「ステージ Stage」（Fairservis 1967）や「フェーズ Phase」（Dales 1965a・1973）といった用語で呼称する場合もある。

こういった用語に関する問題、つまり専門用語の統一がなされていないという問題はどの地域の考古学研究においてもありうる話だと思われるが、南アジア考古学においても同様である。1971年の南アジア考古学会議に際して、F. R. オールチン（Allchin）、B. オールチン、B. K. ターパル（Thapar）、J. M. カザル（Casal）、ド・カルディ（de Cardi）、G. F. デイルズ（Dales）らが用語に関する非公式な討議をおこなった。

この討議では、「インダス文明期 Indus period」「初期インダス文明期 Early Indus period」「先インダス文明期 Pre-Indus period」の3つの用語がデイルズによって提唱された[1]。この案にたいしては、「インダス」という語を時期名称にもちいると、初期インダス文明期および先インダス文明期を特徴づけるすべての要素がそのままインダス文明期へと継承された、という誤解をまねくおそれがあるとの反対があり、意見の完全な一致をみたわけではなかったが、一案としてみとめられたかたちになった（桑山 1975）。

　しかし現在においても、研究者間の意見は完全な一致をみていない。たとえば、インダス文明社会はハラッパー文化のみで構成されるわけではないので、用語に「ハラッパー文化」を入れるのは正しくないとか、何をもって都市の成立あるいは衰退と判断できるのか、その基準が明確ではないので、「都市」という用語は適当ではないとか、「初期ハラッパー文化」といってしまうと文明成立以前の紀元前3000～2600年頃にこの地域に存在したすべての文化が後のインダス文明に向かって発展するような意味合いをふくんでしまうのでそれは避ける必要がある、などの意見である。

　以上のような意見をふまえると、用語の統一がみられない原因は、それぞれの用語に各研究者の歴史観が反映されるような時期関係以外の側面を組み込むかたちで議論が展開されているからである、と考えることができる。つまり研究者はそれぞれに異なる歴史観をもっていることが多いので、結果的にさまざまな用語が考案され使用されてしまっている状況にあるのだ。

　したがって本書では上記のような混乱をさけるために、各用語はそれぞれの時期関係を意味するだけであるという立場で、インダス文明が展開した時期を中心とする前後の時期を「先インダス文明期」「インダス文明期」「ポスト・インダス文明期」とよぶことにする。

（2）年代観

　次に、「先インダス文明期」「インダス文明期」「ポスト・インダス文明期」の年代観について整理しておく。表1にはインダス平原と関連地域に関する全体的な編年観を、表2にはインダス平原における主要遺跡の編年を記してある。

　絶対年代に関しては、G. L. ポーセル（Possehl）らがおこなったC14年代の集成作業[2]（Possehl 1989・1993・1999, Possehl and Rissman 1992）やハラッパー（Harappa）（Kenoyer and Meadow 2000・2004, Meadow and Kenoyer 1994・2001・2005・2008）、メヘルガル（Mehrgarh）（Jarrige et al. 1995）およびにナウシャロー（Naushro）（Jarrige 1986・1988・1989・1990・1993・1994・1996・1997, Jarrige and Quivron 2008）の近年の発掘調査でえられたC14年代を参考とした[3]。以下の年代観は、各較正年代の平均値にもとづき設定されたものである。

　先インダス文明期：紀元前3000～2700年頃。インダス文明期に先立つ時期であり、当該期の終末期はインダス文明期への「移行期」として理解される。

　移行期：紀元前2700～2600年頃。ポーセルにより設定された時期区分である（Possehl 1990）。

　インダス文明期：紀元前2600～1900年頃。J.-F. ジャリージュ（Jarrige）は自身が指揮したナウシャローの発掘調査の成果に、アムリーとモヘンジョダロの成果を加味して、ナウシャローⅡ期（＝アムリーⅢA期、モヘンジョダロ下層）を「インダス文明期前期」、ナウシャローⅢ期（＝ア

表1 インダス平原と関連地域の編年

年代	メソポタミア	アラビア湾岸	イラン	ST	AF	バローチスターン（南部）	カッチー	シンド	ゴーマル/パンジャーブ	パンジャーブ（西部）	パンジャーブ（東部）	グジャラート	ガンガー平原	デカン
前500年	アケメネス朝 ヘレニズム	アケメネス朝 ヘレニズム											北方黒色磨研土器	
	新バビロニア													
前1000年	新アッシリア		鉄器時代II								彩文灰色土器		黒縁赤色土器・黒色スリップ付土器	ジョールウェー文化
	イシン第2王朝期		鉄器時代I										鉄器の出現	
前1500年	カッシート		エラム中王国		タキルバイ						パーラー文化	輝赤色土器文化		マールワー文化
前1800年	古バビロニア		アナウVI	BMAC	ムンディガクV			ジューカル文化			H墓地文化			
			イシン・ラルサ	バンプールVI	ナマーズガIV		ピーラク文化							サヴァルダ文化
前2000年	ウルIII期		シャフリ・ソフタIV			バールバール文化								カーヤタ文化
前2350年	アッカド期		ケルマーン	ナマーズガV										
	初期王朝IIIb		シャフリ・ソフタV			ウンム・アン・ナール文化		ショルトゥガイ						
前2600年	初期王朝IIIa		エラム古王国											アーハール文化
前2700年	初期王朝II		トランス・エラム文明	バンプールIV・V	ムンディガクIV3									バーガール文化
			シャフリ・ソフタIII											
前3000年	初期王朝I		バンプールIII	ナマーズガIV	ムンディガクIV2		クエッタ文化		コート・ディジー文化	ソーティ・シースワール文化群		先ハラッパー文化群		
	ジェムデッド・ナスル期		シャフリ・ソフタII	ナマーズガIII	ムンディガクIV1	ハクィート文化	（ファイズ・ムハンマド式土器）	アムリー文化						
	ウルク後期		シャフリ・ソフタI											
前3300年	ウルク中期			ナマーズガII	ムンディガクIII				メヘルガルIV期文化（ケチ・ベーグ式土器）	トチ・ゴーマル文化	ラヴィー文化			
										ジュリー・ハーン・タラカイ文化	バーグラー文化			
前3500年	ウルク前期			ムンディガクII				メヘルガルIII期文化（トガウ式土器）						
				ナマーズガI										
前4500年	ウバイド期			ムンディガクI		ナールIII								
				ナマーズガIA（アナウIA）		ナールII	メヘルガルII								
									初期農耕文化					
前7000年	サマッラ期					ナールI	メヘルガルI		農耕・牧畜のはじまり					

*AF: Afghanistan＝アフガニスタン
*ST: Southern Turkmenistan＝南部トルクメニスタン
*BMAC: Bactria Margiana Archaeological Complex＝バクトリア・マルギアナ考古文化複合

表 2 インダス平原における主要遺跡の編年

年代	南部バローチスターン*	カッチー	シンド	パンジャーブ	ハリヤーナー	ゴーマル・バンヌー	グジャラート
前1800年	メーヒー メヘルガルVIII ピーラクIA		アムリーIIID	《ポスト・インダス文明期》ハラッパー5			ランガプルIII / ランガプルIIC / ランガプルIIA・IIB
前2000年	クッリ	ナウシャローIV	《ハラッパー式土器新段階》アムリーIIIC / チャヌフダローIc	モヘンジョダロB期上層 / ハラッパー4 / ハラッパー3C	ミタータルIIB		ロータルB / ドーラーヴィーラーV・VI
前2200年				ハラッパー3			
前2350年		ナウシャローIII	《ハラッパー式土器中段階》アムリーIIIB / チャヌフダローIb	モヘンジョダロB期 / ハラッパー3B	ミタータルIIA		ロータルA / ドーラーヴィーラーIV
前2500年	ニンドーワリ / ミリ・カラーIV	ナウシャローII	《ハラッパー式土器古段階》アムリーIIIA	モヘンジョダロA期 / ハラッパー3A	カーリーバンガンII / ファルマーナーII	ガンディ・ウマル・ハーン / マールII	ドーラーヴィーラーII・III
前2600年		ナウシャローID	チャヌフダローIa	ハラッパー2			
前2700年	《移行期》《ハラッパー式土器成立段階》ミリ・カラーIIIC / メヘルガルVIIC / ナウシャローIC / バンドー・クバー / アムリーID / ナールIV		アムリーIIA・IIB / コート・ディジーL4-3 / コート・ディジーL7-5		クナールIc / カーリーバンガンI / ファルマーナーI	ラフマーン・デーリーIIIB	グムラーIV / モーティ・ピプリ
前3000年	《先インダス文明期》ミリ・カラーIIIB / ナールIII / メヘルガルVIIB / ミリ・カラーIIIA / メヘルガルVIIA		コート・ディジーL16-8	ハラッパー1	クナールIb	ミタータルI	ドーラーヴィーラーI
前3300年	メヘルガルVI / ナールII			ハラッパー1B		ラフマーン・デーリーIIIA / グムラーIII	ローデシュワール
前3500年	メヘルガルV			ジャリールプルII	クナールIa	ラフマーン・デーリーII / グムラーII	
前4000年	メヘルガルIV			ジャリールプルI / サラーイ・コーラII		ラフマーン・デーリーIB / ラフマーン・デーリーIA	
前4500年	メヘルガルIII			サラーイ・コーラI	ギラーウル		
前5000年	メヘルガルII					ジャンディ・バーバルA / シェーリ・ハーン・タラカイ	
前5500年	ミリ・カラーII / ? メヘルガルI						
前6000年	ミリ・カラーI / ?						

*南部バローチスターンにはマクラーン地方もふくまれる

ムリーⅢB期、モヘンジョダロ中層)を「インダス文明期中期」、ナウシャローⅣ期(=アムリーⅢC期、モヘンジョダロ上層)を「インダス文明期後期」とする (Jarrige 1993)。これにハラッパー遺跡の近年の調査成果 (Kenoyer and Meadow 2000・2004、Meadow and Kenoyer 1994・2001・2005・2008) も参考にして整理すると、各遺跡が完全に同様な発展あるいは衰退の過程を経るわけではないので厳密ではないが、インダス文明期の年代観は以下のように理解できる。

前期 (=ハラッパー3A期):2600/2500〜2450/2400 BC 頃
中期 (=ハラッパー3B期):2450/2400〜2200 BC 頃
後期 (=ハラッパー3C期):2200〜1900 BC 頃

ただし第4章で詳述するように、ハラッパー式土器の編年作業にもとづく限り、現状で中期と後期を明確に区分することが困難であるため、本書ではこの時期を一括して「後半」とし、インダス文明期を「前半」と「後半」に大別して理解しておく(表1)。

ポスト・インダス文明期:紀元前1900〜1500年頃。インダス文明社会が解体あるいは衰退した直後の時期である。

2. 自然環境

(1) 地形と資源

パキスタンおよび北西インドを中心とする地域に存在する平野部と、山麓部および丘陵裾部をあわせた地域をインダス平原とよぶ。このインダス平原がインダス文明の興亡の地である。以下では本書で言及する地形を6つの主要地域に区分し、各地域で採取可能な主な資源とあわせて記述する(図1〜2、口絵3)。各資源の産出地に関しては、主としてR. ロウ (Law) の研究を参考とした (Law 2008)。

a. インド半島 (peninsular India)

本書ではあまりふれることのない地域であるが簡単に言及しておく。大部分をデカン (Deccan) 高原が占め、北部にはマールワー (Malwa) 地方が位置する。北側の境界はサトプラ (Satpura) 川とヴィンディヤー (Vindhya) 川、そしてアラヴァリー (Aravalli) 山脈である。またマールワー地方を東方から西方に向かって流下するナルマダ (Narmada) 川も重要である。半島西端には西ガーツ (Ghats) 山脈がはしり、アラビア海沿岸部とインド半島内陸部をへだてている。海抜は平均900 m であり、標高2,200 m をはかる地域もある。

アラヴァリー山脈では凍石や銅、砂岩、アマゾナイト、ナルマダ川下流のラータンプル (Ratanpur) では瑪瑙や碧玉が採取可能である。

b. 内陸の広大な沖積平野

インド・ガンジス (Indo-Gangetic) 平原の中核をなす地域である。シンド (Sind, Sindh) 州、パンジャーブ (Punjab) 州、ハリヤーナー (Haryana) 州などが位置し、3つの主要河川すなわち

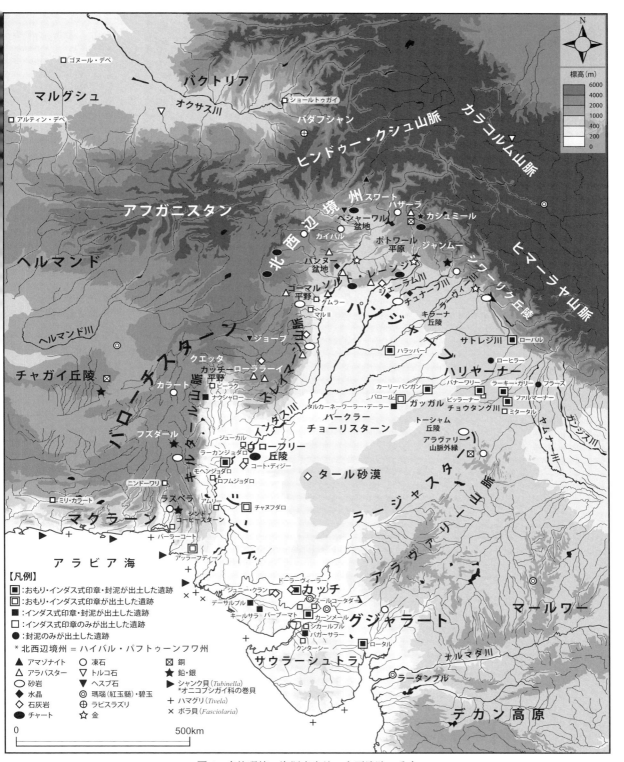

図1　自然環境・資源産出地・主要遺跡の分布

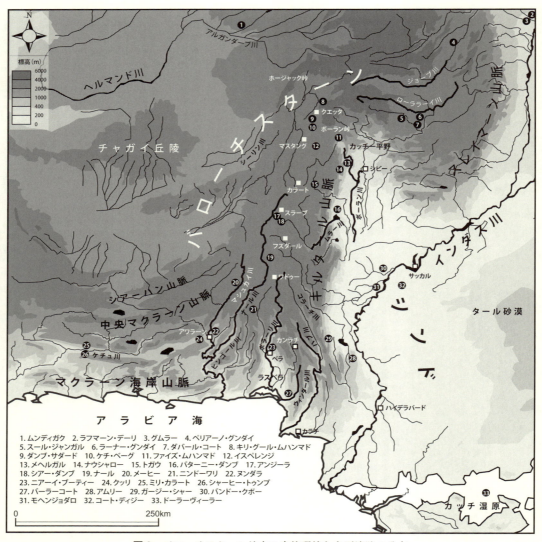

図2　バローチスターン地方の自然環境と主要遺跡の分布

インダス川、ガッガル・ハークラー (Ghaggar-Hakra) 川、そしてガンジス・ヤムナー (Ganges-Jamuna) 川が流れる。パンジャーブ地方にはインダス水系を形成する5つの川が流れており、西から東にみていくと、ジェーラム (Jhelum) 川、チュナーブ (Chenab) 川、ラーヴィー (Ravi) 川、ビアース (Beas) 川、そしてサトレジ (Sutlej) 川である。これら5つの支流はパンジナード (Panjnad) で合流し、今日の一本の大河としてのインダス川となり、アラビア海へと向かって流下する。またインド側のガッガル川はまだ季節的に流れているが、パキスタン側のハークラー川は今日ではチョーリスターン (Cholistan) 地方に古河道として確認されるだけである。ガンジス・ヤムナー川が当地域の北東の境界となる。

　シンド地方に位置するローフリー (Rohri) 丘陵ではチャートと石灰岩が採取可能であり、とく

に前者が重要である。西部パンジャーブ地方にあるソルト・レーンジ（Salt Range）ではチャートや石灰岩、アラバスター（雪花石膏）、金などが産出する。

　c．北部山脈地帯 ── インダス平原の北方の境界 ──
　巨大な山脈地帯がインダス平原の北方の境界を形成している。ヒンドゥークシュ（Hindu Kush）山脈やカラコルム（Karakorum）山脈、ヒマーラヤ（Himalaya）山脈、シワーリク（Siwalik）丘陵などがある。世界で2番目に高いK2は標高8,611mであり、パキスタンのカラコルム山脈に位置する。ちなみに標高8,850mをこえるエベレスト（Everest）山脈はネパールのヒマーラヤ山脈に位置している。
　山脈地帯とインダス平原の境界に位置するジャンムー・カシミール（Jammu-Kashmir）州では凍石、ハザラ（Hazara）地方では凍石やアラバスター、銅、鉛などが産出する。またカラコルム山脈ではトルコ石、ヒンドゥークシュ山脈をこえたところにあるアフガニスタンのバダフシャン（Badakhshan）ではラピスラズリが採取可能である。

　d．バローチスターン地方 ── インダス平原の西方の境界 ──
　インダス平原の西方の境界は2つの主要な山脈からなる。つまりキルタール（Kirthar）山脈とスレイマーン（Suleiman）山脈が、インダス平原とバローチスターン（Balochistan）地方をへだてている(4)。両山脈の西方には、いくつかの特徴的な地形が存在する（図2）。それらは北東から南西へとのびる山脈や渓谷からなり、地勢のほとんどが標高700m以上の丘陵地帯によって占められている。この地方は、3,000m級のクエッタ（Quetta）北方のザルグーン（Zargun）山系とカラート東方のハルボイ（Harboi）山系、アラビア（Arabia）海へとつづく低丘陵地帯により、北部のジョーブ・ローラライ（Zhob-Loralai）地方とクエッタ地方、中部のカラート（Kalat）地方、南部のフズダール（Huzdar）地方の3地域に大別できる。
　南北方向にのびる山間部には、ナール（Nal）川やハブ（Hab）川、マシュカイ（Mashkai）川などの河川が南方のアラビア海に向かって流下しており、重要な交通路となっている。そしてそれらの河川にともなう渓谷は、西方のイラン高原やアフガニスタンと東方のインダス平原をむすぶ交通の要所としての峠道ともなる。カッチー（Kachi）平野をぬけてアフガニスタンのカンダハルへといたるボーラン（Bolan）峠やホージャック（Khojak）峠などがその代表例である。またカッチー平野を流れるボーラン川は、南北に連なるスレイマーン山脈とキルタール山脈をぬけて東のインダス平原へと流下し、丘陵部と平野部をむすぶ交通路となっている。さらにボーラン川やジョーブ川は、他の小河川とともにバローチスターン地方とインダス平原の間に大きな扇状地をつくりだす。
　バローチスターン地方の残りの地域を形成するのは、北部〜北西部そしてアラビア海との境界であるマクラーン（Makran）沿岸部であり、岩がちな高原となっている。ちなみに、このマクラーン沿岸をぬけて東南部イラン高原へといたる交通路も重要である。北部〜北西部に位置する北西辺境州には岩がちな山脈地帯やバンヌー（Bannu）盆地などが位置しており、その南方にはゴーマル（Gomal）平野がある。ゴーマル平野とバンヌー盆地をぬけてアフガニスタンへといたるパータ

(Bata) 峠とパラチナール (Parachinar) 峠も重要な交通の要所であり、ゴーマル川は他の小河川とともにバローチスターン地方とインダス平原の間に大きな扇状地をつくりだしている。

バローチスターン地方においては、さまざまな鉱物資源を採取可能である。たとえば、スレイマーン山脈沿いでは凍石や石灰岩、砂岩、アラバスター、ベスブ石、蛇紋岩などが産出し、その他にもキルタール山脈沿いなどで凍石や灰色チャート、大理石、ザクロ石、ほたる石、ぶどう石、銅、鉛、亜鉛などが産出する。また北西辺境州に位置するカイバル (Khyber) 峠に産出する凍石も重要である。マクラーン地方に面したアラビア海ではシャンク貝 (*Tublinella*) やハマグリ (*Tivela*) などが採れる。

e. タール砂漠 ── インダス平原の東方の境界 ──

インダス平原の東方の境界はタール (Tar) 砂漠 (別名インド大砂漠) であり、南北約 805 km、東西約 403 km をはかる植生の乏しい広大な地域である。タール砂漠の西端はパキスタンのインダス平原上にのび、その北西端はチョーリスターン地方にある。東端はアラヴァリー山脈へとのび、南端はカッチ (Kutch) 湿原にまで広がる。砂漠であるので資源に乏しいが、石灰岩を産出する地点も点在する。

f. グジャラート地方 ── インダス平原の南方の境界 ──

グジャラート (Gujarat) 地方はインド亜大陸北西部に位置し、西方と南方をアラビア海に、北東をアラヴァリー山脈により囲まれている。サウラーシュトラ (Saurashtra) 半島や広大な塩原であるカッチ湿原が位置しており、カンバート (Khambhat) 湾 (別名カンベイ Cambay 湾) も有名である。

カッチ湿原には瑪瑙や碧玉、石灰岩などが産出する地点が点在し、当地域の海岸に面するアラビア海ではシャンク貝やハマグリ、ボラ (*Fasciolaria*) が採取可能である。

(2) 気候
a. 現代の気候

現代南アジアの気候は、地形、空気循環のパターン、夏季モンスーンと冬季偏西風の循環的変動にもとづき非常に多様性に富んでいる。現代の気候下においては、バローチスターン地方の大部分をのぞくすべての地域が、夏季モンスーンと冬季偏西風がもたらす気温と降水量の季節的変化に影響を受けている。

夏季モンスーンは冬季低気圧の発達に起因し、発生後そのまま居座り、とくに 4 月と 5 月そして 6 月にこの広大な大陸をあたためる。この現象は海水と内陸部の温度差拡大を助長し、やがて貿易風が海側から北東方向に吹きはじめる。たっぷりと湿気をふくんだ貿易風が、半島の海岸部や西ガーツ山脈沿い、そして遠く離れた北方のヒマーラヤ山脈の尾根沿いに激しい雨をもたらす。ヒマーラヤ山脈にぶつかった貿易風は西方に向きを変え、最終的に北部パンジャーブ地方へとのがれ、当地に雨をもたらすことになる。

時期は場所によって異なるが、6月から9月までが雨季になる地域が多い（ちなみに乾季は11月から4月まで）。降雨のあり方はモンスーンの勢力にもとづいており、たとえば、グジャラート地方では1日で250〜500 mm の降雨を記録する場合もあるが、モンスーンの勢力が弱いと同地域は厳しい旱魃に悩まされることもある。モンスーンの後は3月まで比較的過ごしやすい気候がつづく。

　ガンジス平原では夏季モンスーンによる降水量は多大であるが、インダス川上流域と下流域における降水量はかなり低い。上流域で200〜300 mm 以下、下流域で100〜300 mm 以下である。ただし降水量は少ないが、インダス川流域においては夏季におけるヒマーラヤ山脈の雪解け水などの重要性も考慮する必要がある。バローチスターン地方においては、夏季モンスーンによる降雨が認められる地域はカッチー平野とラス・ベラ（Las Bela）地域に限定される。バローチスターン地方の年間降水量は南部で約100 mm、北部で約400 mm である。このうち12月から3月にかけての冬季の降雨・降雪が、年間降水量の大部分を占める(5)。このように夏雨型と冬・春雨型が混在していることが、当地域の一つの特徴である(6)。

　b．古環境と環境変動

　次に当地域の古環境と環境変動に関する諸研究を概観し、先インダス文明期、インダス文明期およびポスト・インダス文明期における様相をまとめておく。

　1）インダス文明発見当初の見解

　インダス文明期における植生は当時の湿潤な気候のおかげで現代よりもずっと豊かであった、と主張した研究者もいた。たとえば、J. マーシャル（Marshall）は、インダス文明期における当地域は現代よりも降水量が多かったと主張している（Marshall 1931）。バローチスターン地方における先史遺跡の密集的分布は現代よりも豊かな生産的環境が存在したことを証明し、インダス式印章に刻まれたゾウやトラ、サイのモチーフは現代よりも湿潤な環境が存在したことを示すと考えたからである。乾燥地域に棲息する動物であるライオンのモチーフの不在も、そうした見解を裏づけるものとして理解されていた。

　さらに日干煉瓦よりも雨に強い焼成煉瓦の建物への積極的な利用は激しい降雨への対策であり、モヘンジョダロを特徴づける排水路や排水溝などの卓越した水利施設は現在よりも多かった降水量に対応するためにつくられたにちがいない、との推察もなされた。この考えには R. E. M. ウィーラー（Wheeler）も賛成している。ウィーラーは煉瓦を大量に焼成するためには燃料も大量に必要であるとの推測から、当地域における当時の木材資源の豊富さについても指摘している（ウィーラー 1966）。

　しかしインダス文明期の気候が現在よりも湿潤多雨であり、当地には現在よりも豊かな植生と生産的環境が存在したであろう、というこの仮説は1960年代には完全に否定されるにいたっている（Madella and Fuller 2006、Possehl 2003、Wright 2010 など）。では現在の見解はどのようなものとなっているのか。

2）近年の研究成果にもとづく見解

　N. R. フェドトレ（Phadtre）がおこなったヒマーラヤ山脈の高山泥炭から採取した花粉分析によれば、紀元前 5400～4100 年頃においてはマツ花粉に比べてカシ花粉がかなり多いと報告されている（Phadtre 2000）。これは気候が寒冷であり、モンスーンが穏やかであったことを示す分析結果である。いっぽう紀元前 4000～2500 年頃においてはマツ花粉の量がかなり多くみとめられることから、この期間はモンスーンがかなり強力であったことを示しているという。紀元前 2000～1500 年頃においては、フェドトレが「過去 10000 万年間でもっとも弱いモンスーン・イベント」（Phadtre 2000：122）と指摘するモンスーン勢力の大減退と寒冷化があったと推察されている。この花粉分析の成果は、南部パキスタンの海岸から採取された海洋コアの分析からもあとづけられている（von Rad et al. 1999）。モンスーンに由来する堆積厚の比較にもとづくこの分析は、降水量がもっとも低かった不安定期をふくむ紀元前 2000～1750 年頃のモンスーン勢力の最大値と降水量の変動を示しているとされる。

　北西インドに位置するガッガル川に関連する河床や氾濫原、窪地、砂丘などから採取された土壌サンプルの分析結果からは、年代ごとの降水量の変化が指摘された（Courty 1989・1990・1995）。つまり降水量の多かった 10500 年前頃から変化がはじまり、5000 年前頃には降水量が減少し乾燥化が強まったとされ、乾燥化は紀元前 4000～2500 年頃に本格的にはじまったものと理解されている。さらに Y. エンゼル（Enzel）らがおこなった湖床の堆積サンプルの分析から、紀元前 2894～2643 年頃に乾燥期をみとめうるとの見解もえられた（Enzel et al. 1999）。

　また紀元前 4000 年頃まで（～紀元前 4000 年頃）の期間は、冬季の雨をふくむ高い降水量によって特徴づけられる湿潤な気候がつづいていたとされ、それにつづく期間は偏西風の南下とモンスーンの減退に起因する降水量の減少によって特徴づけられる、とする近年の研究成果もある（Bryson and Swain 1981、Clift et al. 2008、Singh et al. 1990、Staubwasser et al. 2003）。

　以上のような近年えられた多角的なデータを総合的に検討し、当地における降水量と乾燥化の長期的傾向を整理したのが、M. マデッラ（Madella）と D. Q. フューラー（Fuller）である。彼らは近年の調査成果と C14 年代にもとづいて、以下のような環境の長期的変動パターンを復元した（Madella and Fuller 2006）。

　紀元前 12500 年頃：一時的な乾燥期をともなうが、高い降水量をみとめうる。

　紀元前 8500 年頃：一時的な乾燥期をともなうが、高い降水量をみとめうる。

　紀元前 8500～7000 年頃：一時的な乾燥期を複数回ともなうが、高い降水量をみとめうる。

　紀元前 7000～5200 年頃：前段階から同様な変動パターンが継続するが、より頻繁で厳しい乾燥期をともなう。

　紀元前 3950～3700 年頃：乾燥化傾向が強まりモンスーンによる夏季の降水量は減少したが、冬季の降水量は常に高かった。

　紀元前 2800 年頃～：降水量は減少し、乾燥化のレベルは現代とほぼ同じになる。

　紀元前 2200 年頃～：深刻な乾燥化にみまわれた。

　現状のデータから総合的に判断すると、本書であつかう時期における当該地域の古環境は以下の

ようにまとめることができる。

　先インダス文明期（紀元前3000〜2700年頃）：乾燥化傾向にあったが、基本的には湿度は高く、降水量も多かった。

　移行期〜インダス文明期前半（紀元前2700〜2350/2200年頃）：乾燥化傾向にあり、湿度と降水量は減少する傾向にあった。

　インダス文明期後半〜ポスト・インダス文明期（紀元前2200年頃〜）：厳しい乾燥化傾向にあった。

　以上のように本書においてもっとも重要な時期である、都市出現期としての移行期〜インダス文明期前半においては、急激な環境変化はみとめられず、基本的に乾燥化傾向にあったものと推察される。今のところ、現代の環境とほぼ同様であったと理解しておいてよい。むしろ先インダス文明期の方が現代よりも湿度は高く、降水量も多い気候下にあったようである。

　もちろん毎年のようにまったく同じ気候であったわけではないが、長期間にわたって著しく気候が異なることはなかったし、季節ごとの降水量の増減、気温や天候の劇的変化にも長期的傾向はなかったものと推察される。インダス文明後半からは乾燥化傾向が強まったようであるが、大局的にみれば、当該地域は沖積世をとおして、現代と同じような環境下にあったのであり、2つの主要な季節に特徴づけられていた。つまり、雨季と乾季である。

3. インダス文明社会の概要

　ここでは本書の検討対象であるインダス文明の概要を述べておく。ただし本書は概説書ではないし、くわえてインダス文明に関する優れた概説書はすでに数多く存在するので、詳細を述べることはしない。また小西正捷が監修した「インダス文明とモヘンジョダロ展」（小西監修 1986）および近藤英夫が監修した「世界四大文明　インダス文明展」（NHK・NHKプロモーション編 2000）の図録には、インダス文明のとくに遺物に関するカラー写真が豊富に掲載されているので、本書において詳しく言及できない側面については、両図録で確認していただければ、より理解が深まるものと思われる。

　さてインダス文明とは、紀元前2600年頃に現在のパキスタンおよび北西インドを中心とする地域に成立した南アジア最古の文明社会のことである。文明という社会システムが解体する紀元前1900年頃までのおよそ700年間にわたり、社会的・文化的な変容を経ながら、モヘンジョダロやハラッパーなどの主要な大規模遺跡を中心として、南北1,500km、東西1,800kmにおよぶ広大な範囲に展開した（口絵3）。メソポタミア文明やエジプト文明と比較しても、当文明社会の範囲は広大である。この広大な範囲に2,600箇所にものぼるインダス文明関連の遺跡が確認されており、そのうちの9割以上が小規模な村落遺跡であるとされる。この割合は当文明社会における小規模な村落遺跡への比重の高さを示しており、これがインダス文明社会の特徴の一つともなっている。

　このインダス文明については、「統一性」に特徴づけられる文明社会であり、広大な版図において統一的な物質文化的様相を示す、という1920年代の文明の発見当初以来の根強い通説が長らく

「常識」として認識されてきた（ウィーラー 1966・1971、Marshall 1931、Mackay 1938、Vats 1940 など）。古代文明社会が一つの社会システムとして、ある程度の社会的・文化的そして物質文化的統一性を有することは当然であり、インダス文明についても、確かに統一的な側面をみとめることができる。たとえば、インダス文明を特徴づける物質文化の一つで、インダス文字や統一された制度にもとづくおもり、インダス式印章、ハラッパー式土器などに現れる、いわゆる「ハラッパー文化」は広範に分布し、「インダス様式」ともいうべき「統一性」を体現している（口絵3）。

しかしながら最近の研究成果にもとづき、これまでの「常識」は徐々に見直されつつあり、当文明社会が内包していた「多様性」という側面についても積極的に議論されるようになってきた（Possehl 2003、Shinde et al. 2011b など）。実際に各地における物質文化の様相には、在地の文化伝統にもとづいた多様な側面をもみとめることができるのである。一例として、土器の様相をみてみると以下のようになる。[9]

口絵3に示した①・②とした地域（青色部分）、とくにモヘンジョダロとチャヌフダロ、ハラッパーではハラッパー式土器がきわめて優勢である（Dales and Kenoyer 1986、Marshall 1931、Mackay 1938、Vats 1940 など）。いっぽう③としたカーリーバンガン（Kalibangan）やバナーワリー（Banawali）が立地するガッガル川流域（赤色部分）ではハラッパー式土器は万遍なく出土するものの、出土数としてはきわめて客体的な様相を示す。つまりガッガル川流域に伝統的に存在したソーティ・シースワール（Sothi-Siswal）式土器が主体となるのである（Sharma 1982・1993、Shinde et al. 2011b など）。

ドーラーヴィーラー（Dholavira）やロータル（Lothal）などが立地する④としたカッチおよびグジャラート地方（紫色部分）においても、ハラッパー式土器は客体的な出土状況を示している。当地域に伝統的に存在するアナルタ（Anarta）式土器（Ajithprasad 2002 など）とソーラト・ハラッパー（Sorath Harappan）式土器と呼称されるハラッパー式土器と関係性をもちながらも地域的特色をつよく発現する土器型式が主体となる（木村 2009、Dhavalikar et al. 1996、Herman 1996、Joshi 1990、Kharakwal et al. 2012、Possehl 1980・1991、Possehl and Raval 1989、Possehl and Herman 1990、Rao 1963、Sonawane and Ajitprasad 1994、Shinde 1992 など）。

⑤とした地域（黄色部分）では、グムラー（Gumla）の最上層においてハラッパー式土器が出土するが、出土数としてはやはりきわめて客体的な様相を示す。つまりゴーマル地方に伝統的に存在した北方型コート・ディジー式土器が主体となる[10]（Dani 1970-71 など）。

また⑥とした地域（緑色部分）では、ハラッパー式土器と器形などの点で関係性をもちながらも、まったく異なる彩文様式に特徴づけられるクッリ（Kulli）式土器が展開している（近藤ほか 2007、Casal 1966、Jarrige 1994、Jarrige et al. 2011、Possehl 1986、Quivron 2008、Shudai et al. 2010・2013、Stein 1931 など）。さらにこの地域では、ニンドーワリ（Nindowari）をのぞいてはインダス式印章を確認することもできない。

⑦とした地域（青色部分）に立地するショールトゥガイ（Shortugai）でもハラッパー式土器とインダス式印章1点が出土するものの、やはりきわめて客体的なあり方を示している（Francfort 1989）。⑧とした地域（橙色部分）に立地するアルティン・デペ（Altyn Depe）からはインダス式

印章 2 点（Masson 1988）、ゴヌール・デペ（Gonur Depe）からはインダス式印章 1 点（Sarianidi 2006）がそれぞれ報告されるのみであり、ハラッパー式土器の報告はない。

くわえて時期的に併行する⑨とした中央インドや西インドでは、ハラッパー式土器やインダス式印章などが出土しない在地の伝統地域文化が展開していたことも明らかとなっている。代表的なものとしては、アーハール（Ahar）文化（Misra 1997、Shinde 2002、Shinde and Possehl 2005 など）や西インド金石併用文化、デカン金石併用文化（Shinde 2000・2002 など）などをあげることができる。ただしこれらの諸文化についても、遺構などの側面からインダス文明社会との関係性が指摘されてはいる（Shinde 2002、Shinde and Possehl 2005 など）。

より多角的かつ詳細な議論が求められていることはいうまでもないが、以上のような土器の様相から推察すれば、ハラッパー文化が代表する「統一性」と伝統地域諸社会が有していた「多様性」という二つの側面が絶妙なバランスのもとに均衡状態を維持していた、という状況がインダス文明社会の実態ではないかと思われる。口絵 3 に示したように、この文明社会は、濃さの違う灰色の連なりとしてではなく、多様な色彩が集い分有（シェアリング）する社会であったと理解した方がよさそうだ。この「統一性と多様性の均衡構造」の実態については、本書の終章でくわしく議論する。

ただし王も国家も一つの中心も存在せず、さらに神殿の存在も明確ではないこの社会が、一つの文明社会としてどのようにして統治あるいは運営されていたのかは、いまだによくわかってない。現状ではモヘンジョダロやハラッパーなどの都市と理解される大規模遺跡を中心に運営されていた都市社会あるいは都市文明であった、などと想定されているにすぎないのである。

また当時の国際関係に目を向ければ、インダス文明社会はメソポタミアやアラビア湾岸、南トルクメニアなどの西方世界とも交易・交流関係をもっていたことが明らかとなっている。第 5 章で詳しく検討するインダス式印章とその押捺痕を留める封泥の広範な分布は、当時の国際関係の存在を証明する根拠の一つである。

そしてこの文明社会は紀元前 1900 年頃に解体する。その理由としては、対メソポタミア交易の停止説や環境変動説、インダス川の河道変動説、ガッガル・ハークラー川消滅原因説などがあげられるが、どれか一つの原因により解体したのではなく、いくつかの原因が複合的に影響しあったものと理解しておいてよい。

文明社会解体後の南アジアにインダス文明から「継承されたもの」と「継承されなかったもの」をみてみると、前者としては農耕にかかわる技術や牛車、家屋の形態、土器などの日常品、後者としてはインダス文字やおもり、インダス式印章、ハラッパー式土器、角と植物の信仰体系を表すとされる図柄、記念碑的建造物（大沐浴場）などをあげることができる。

ここで注目すべきは、「継承されなかったもの」がすべて先に述べたハラッパー文化に関連する要素であるという事実だ。なぜならば、インダス文明社会の解体とは、ハラッパー文化を創りだし、維持していた「原理」の喪失であると理解することが可能となるからである。この「原理」の検討は、インダス文明の統治あるいは運営のシステムを考える際の重要な手がかりともなるであろう。

文明社会の統一性的な側面を創りだしていた「原理」が喪失し、文明社会が解体したのちには、インダス文明期において「多様性」の側面を体現していた伝統地域文化が顕在化する様相をみとめ

ることができる。これがポスト・ハラッパー文化期の様相となる。

第3節　本書で検討する考古資料と分析の視点

　次章から各論に入るが、その前に本節では本書で検討する考古資料と分析の視点についてまとめておきたい。

1. 都市を特徴づけていた物質文化

　本書の目的は、南アジア最古の都市の出現とそれにともなう社会変革の諸側面を考古学的に検討し、都市とは何かを問うことである。こうした目的にしたがい、都市の出現を論じるのであるから、当たり前のことであるが、本書においては都市の生成過程にかかわる諸側面を詳細に検討することが重要となる。したがって、南アジアにおける都市の出現は紀元前2600年頃の出来事であるとされるので、新石器時代からの長期間にわたる生産力や人口などの順調な成長を無視するわけではないが、まずは紀元前2600年前後に時期をしぼって議論をおこなえば十分であると考える。
　インダス文明の都市は、それを特徴づけるハードウェア（物質文化）とソフトウェア（権力構造や世界観）にもとづいて構造化されていた。つまり、このハードウェアとソフトウェアのうち、都市出現以前にはみとめられず、都市出現以後にみとめられるようになる諸側面の生成過程を考古学的に検討すればよい。なぜならば、そうした諸側面には都市の出現という出来事や都市の性質にかかわる重要な側面が反映されているはずだからである。
　ソフトウェアについてはハードウェアに関する考古学的研究をとおしてアプローチ可能になるものと考えられるので、本書ではまず都市を特徴づけていた物質文化に着目する。インダス文明の場合、都市出現以前にはみとめられず、都市出現以後にみとめられるようになるハードウェアとしては、「都市とよばれるモヘンジョダロのような空間」「おもり」「インダス式印章」「インダス文字」「ハラッパー式彩文土器」「角と植物の信仰体系を表すとされる図柄」などをあげることができる。前節で述べたように、これらはインダス文明社会の解体にともない消滅してしまうハラッパー文化を体現する諸要素でもあった。
　本書ではこれらの諸要素のうち、とくに、都市とよばれるモヘンジョダロのような空間（第3章）、ハラッパー式彩文土器（第4章）、インダス式印章（第5章）という三要素の生成過程を検討する。おもりの詳細については、第2章において前3千年紀の南アジアにおける都市を考えるための諸側面を整理するなかで詳細な検討をくわえる。またインダス式印章の主モチーフでもあるインダス文字については第5章で、角と植物の信仰体系を表すとされる図柄に関しては、これがハラッパー式彩文土器とインダス式印章を特徴づける文様体系の成立と深くかかわることから第4章、第5章および終章においてふれることにしたい。

2. 本書の構成と分析の視点 ── 社会進化論にとらわれない議論をおこなうために ──

(1) 本書の構成

　本書は、都市の性質を、空間・遺構という側面から追究する第3章と、遺物という側面から追究する第4章・第5章を骨子とする。

　前項で述べたように、第2章において前3千年紀の南アジアにおける都市を考えるための諸側面を整理し、第3章では都市とよばれるモヘンジョダロのような空間がどのようにして創りだされたのかを、その立地条件・居住形態・人口・交換様式の側面から検討する。そして第4章ではハラッパー式彩文土器、第5章ではインダス式印章の生成過程をそれぞれ明らかにする。これら諸側面の検討は、都市の出現という現象や都市の性質にかかわる重要な側面を詳らかにするものと予測できるので、終章においてそれまでの議論を総括するかたちで本書の目的を達成する。

(2) 本書における分析の視点

　本書における議論は、きわめてオーソドックスな考古学的研究にもとづく。次章においても都市に関する研究史を整理したうえで本書における研究の視座を提示するが、以下ではその導入として本書でおこなう分析の視点について簡潔にふれておこう。

　都市出現以前にはみとめられず、都市出現以後にみとめられるようになる上記諸側面の生成過程を検討する際の分析の視点、いいかえれば、著者の本書における基本コンセプトは、K. クリスチアンセン（Kristiansen）の「発明」に関する議論（Kristiansen 2005）を引き合いにだすとわかりやすく説明できる[11]。

　クリスチアンセンは、技術変化における「革新 innovation」と「発明 invention」を次のように定義する（Kristiansen 2005）。

　革新：現在おこなわれていることに徐々に新しい要素がくわわり、効率性などの面で変化していく歴史的過程。農耕牧畜などが典型例。

　発明：技術的にまったく新しいもので、それによって新しい構造やシステム、社会・経済的実践が可能になる、歴史的事件。車輪と荷車の融合や文字などが典型例。

　「発明」に関しては、都市の組織化された知識と周辺地域の専門化された知識の融合が新たな「発明」や慣例を生じさせた可能性があること、異なる分野における多様な革新の歴史的プロセスの結果であることを指摘する。さらに「発明」は、各地で展開する伝統地域文化間にみられる相互作用としての伝達、変容そして再構造化のプロセスであるとする[12]（Kristiansen 2005）。

　またクリスチアンセンは、「発明」や「革新」は常に受け入れられるわけではなく、現行の社会システムやその世界観などに適合しなければ採用されないので、「発明」が採用されたとしても、モノのかたちなどは地域文化の世界観に適合するために変容する場合もあるし、地域的な装飾を施される場合もあるとも指摘している[13]（Kristiansen 2005、Kristiansen and Larsson 2005）。

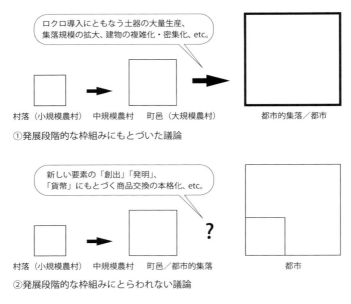

図3 本書における分析の視点

　都市の成立過程や役割を考古学的に論じる場合、新石器時代からの生産力や技術的側面の順調な成長を期待し、長期間における遺構・遺物の変化を、経済効率や技術・機能的効率の向上を念頭においた進化論にもとづき検討するのも一つの方法である。実際に従来の議論では、都市の出現とはこうした進化主義のもとでの発展段階的な枠組みにもとづいた「革新」的な現象としてとらえられ、「生産力や技術力が徐々に発展し、遺物や遺構に、より複雑かつ効率的な側面がみとめられるようになり、やがて社会の中で重要な役割を果たす都市が成立する」というようないわゆる「都市化」の議論が再生産されてきた（図3-①）。

　こうした議論では、たとえば、ロクロ導入にともなう土器の大量生産の開始や人口・集落規模の拡大、ある遺跡内における建物の複雑化・密集化などが、安易に都市の成立を証明する手がかりや都市の指標にされてしまったりする。少し大袈裟ないい方であると思うし、実際には誰も次のような単純な理解で満足してはいないはずであるが、「都市を検討する際には、新石器時代から順を追って議論をおこさなければならず、発展段階的な枠組み以外はありえない」というような「暗黙の了解」が存在しているかのようでもある。

　さて、なぜ著者の本書における基本コンセプトがクリスチアンセンの「発明」に関する議論を引き合いにだすことでわかりやすく説明できるのかというと、次のような理由による。つまり先に述べた都市出現以前にはみとめられず、都市出現以後にみとめられるようになる諸側面を考察する場合には、「革新」のような比較的長い時間をかけた進化論的あるいは歴史的プロセスではなく、むしろ「発明」という歴史的事件に類似するような現象が生じている可能性を想定した議論が有効なのではないか、と考えているからである。

　「発明」とは、各地で展開する伝統地域諸文化間の相互作用の活発化にともない、既存の特定の

地域的伝統や知識・技術的要素を組み合わせたり、再構造化すること、あるいは中心の組織化された知識と周辺地域の専門化された知識が融合すること、によって短期間に生じる現象であった。

　すなわち、本書における著者の基本コンセプトとは、発展段階的な枠組みにとらわれることなく、一定の範囲に同時期に存在した集落間の有機的関係性を構造的に把握したうえで、その関係性のもとに、短期間のうちにさまざまな要素が生成された可能性を考慮し、都市の生成過程や役割を明らかにする、という内容になる。こうしたコンセプトにもとづき、先に述べた諸側面の生成過程（図3-②に示した「？」の部分）を集中的に検討していけば、都市とは何か、という問いにたいする明確かつ新しい答えを導きだすことが可能になるものと考える。

註
（1）この討議では、「インダス文明」「初期インダス文化」「先インダス文化」という用語が次のように定義づけられた。「インダス文明」：モヘンジョダロ（Mohenjodaro）やハラッパーでみられる成熟しきった文化段階。「初期インダス文化」：層位的に「インダス文明」のすぐ下にある多様な文化、または層位的な関係。それ以外にもインダス文明以前と編年された小規模な遺跡において発見される多様な文化をもふくむ。ただしアムリー（Amri）の初期にはインダス文明につながる要素をみとめることができないのでふくまれない。「先インダス文化」：「初期インダス文化」に先立つ文化で、バローチスターン地方にみられるような、インダス文明へと発展していった文化より早い段階に位置づけられるもの、またはそれが認められた層位（桑山 1975）。
（2）半減値5370 BCを基準に一括修正されたMASCA（Museum Applied Science Center for Archaeology）修正値である（Possehl 1989）。ポーセルはMASCA修正値を集成し、その平均値を算出するという方法で、先インダス文明期（ポーセルの先都市期）に「3200〜2600 BC」、移行期に「2600〜2500 BC」、インダス文明期（ポーセルの都市期）に「2500〜？1900 BC」、ポスト・インダス文明期（ポーセルのポスト都市期）に「？1900〜？1000 BC」という年代観をあたえている（Possehl 1993・1999）。個別のMASCA修正値については、ポーセルの集成（Possehl 1989）を参照していただきたい。またポーセルが集成したC14年代のデータは、インドのムンバイーにあるタタ基礎研究所（Tata Institute of Fundamental Research）、アフマダーバードにある国立物理学研究所（National Physical Research Laboratory）、ペンシルバニア大学附属博物館考古科学研究センター（Museum Applied Science Center for Archaeology, University Museum, University of Pennsylvania）および大英博物館で測定されたものである。
（3）ハラッパーにおいては、1期＝ラーヴィー（Ravi）期に「3300（？）〜2800（？）BC頃」、2期＝コート・ディジー（Kot Diji）期（あるいは初期ハラッパー期）に「2800（？）〜2600/2500 BC頃」、3A期＝ハラッパーA期に「2600/2500〜2450/2400 BC頃」、3B期＝ハラッパーB期に「2450/2400〜2200 BC頃」、3C期＝ハラッパーC期に「2200〜1900 BC頃」、4期＝移行期（Transitional）に「1900〜1800（？）BC頃」、5期＝後期ハラッパー（Late Harappa）期に「1800（？）〜＜1500 BC頃」の年代観があたえられている（Meadow and Kenoyer 1994・2001・2005・2008, Kenoyer and Meadow 2000・2004）。いっぽうメヘルガル（以下MRG）とナウシャロー（以下NSH）においては、MRG IA期に「＋6000〜5000 BC」、MRG IB期/MRG II期に「5000〜4300 BC」、MRG III期に「4000〜3500 BC」、MRG IV期に「3500〜3200 BC」、MRG V期に「3200〜3000 BC」、MRG VI期に「3000〜2700 BC」、MRG VII期＝NSH I期（先インダス文明 Pre-/Early Harappan期）に「2700〜2500 BC」、NSH II期・III期・IV期（インダス文明 Mature Harappan期）に「2500〜1900 BC」、そして当地域におけるポスト・インダス文明期にたいしてはピーラク（Pirak）の調査成果にもとづき、「1900〜1300 BC」という年代観があたえられている（Jarrige *et al.*

1995、Jarrige 1986・1988・1989・1990・1993・1994・1996・1997、Jarrige and Quivron 2008、Jarrige and Santoni et al. 1979）。

（4）　バローチスターン地方とは、パキスタンの北西辺境州（North-West Frontier Province、現カイバル・パクトゥンクワ Khyber Pakhtunkhwa 州）の一部やアフガニスタンのカンダハル（Kandahar）地方とヘルマンド（Helmand）地方、イランのシースターン（Sistan）地方とバローチスターン地方から構成される広大な丘陵地帯を意味する。

（5）　先に述べた地形とこのような気候条件から、バローチスターン地方において農耕が可能な土地は全体の4％以下と見込まれている（Franke-Vogt 2008、宗䑓 1997 など）。この4％以下という数値は灌漑を利用した場合もふくめての数値であることから、バローチスターン地方の農耕地潜在率はきわめて低いといわざるをえない。

（6）　夏季モンスーン以外に起因する降雨で特筆すべきものは、地中海の諸現象に由来するもので、中東をとおりバローチスターン地方南沿岸を通過するサイクロンにもとづく冬季の雨である。それは最終的にインド亜大陸北西部まで進出する。このサイクロンにもとづく冬季の雨の多くは、インダス平原北部、北部山脈地帯の麓そして西ヒマラヤ山脈に降りそそぐ。

（7）　概説書に関して刊行年が古い順に記しておけば、欧文の代表的なものとしては、Piggot 1950、Allchin and Allchin 1968・1982・1997、Jansen et al. ed. 1991、Lal 1997、Kenoyer 1998、Possehl 2003、Agrawal and Kharakwal 2003、Chakrabarti 2006、Agrawal 2007、Wright 2010 などを、邦文の代表的なものとしては、曽野・西川 1970、辛島ほか 1980、小西 1999、近藤編著 2000、近藤 2010、長田 2013b などをあげることができる。邦訳としては、マッケー 1943、ウィーラー 1966・1971、マッケイ 1984、ターパル 1990、ダーニー 1995 などがある。また概説書ではないが、長田俊樹が代表を務めた総合地球環境学研究所のインダス・プロジェクトから刊行されたインダス文明関連発掘遺跡集成（上杉 2010）は遺跡の概要を網羅したとても便利な文献である。

（8）　発掘された遺跡は全体の3％にすぎず、しかも発掘面積は最大の場合でも遺跡全体の2割以下にすぎない。

（9）　各土器型式の詳細は、第2章と第4章においてくわしく検討する。

（10）　マール（Maru）II は文明期を中心とする時期の遺跡であるとされるが（Khan Farid et al. 2000 など）、詳細は不明である。

（11）　本書においては直接ふれないが、T. アール（Earle）の議論（Earle 1981・1991・1997・2002、Earle and Kristiansen 2010）からも学ぶところが大きかった。とくに「独立専業　independent specialization」と「従属専業　attached specialization」の議論（Earle 1981）は、専門工芸の出現過程を考える場合に大変示唆深いといえる。アールは専業を独立専業と従属専業に分類する。独立専業とは一般マーケットの需要にたいする生産活動（大量生産など）を意味し、日用品の製作が主体であり、従属専業とは一部エリートの管理統制下にあるお抱えないしお雇い工芸を意味し、政治・交易に用いるための奢侈品・貴重品を主として生産するものである、と定義づけられる（Brunfiel and Earle 1987、Earle 1981、西秋 2000）。西秋良宏が指摘するように、前者は経済主因、後者は政治主因でうまれたものとして理解することができる（西秋 2000：5）。経済主因でうまれた独立専業の出現については発展段階な枠組みにもとづく議論でおおかた説明できるものと推察されるが、政治主因でうまれた従属専業の出現に関しては異なる視点に立脚した議論が求められるものと考える。なぜならば、従属専業については、その性質上、ある社会変革にともなって、ある明確な目的のもとに、短期間のうちに創りだされうるという可能性を想定できるからである。

（12）　「発明」が生じるための要素としては、「①新しいものに対する必要性」「②発明を構成する要素がすでに存在していること」「③発明の立案者となるその分野での専門家」の3つが重要であると述べている（Kristiansen 2005）。第5章ではインダス式印章の生成過程について論じるのであるが、その際、これら

の3つの要素を検討するかたちで議論を組み立てる。

(13) クリスチアンセンの「発明」に関する議論とともに、西秋良宏の「起源」に関する理論的整理(西秋 2004)もたいへん示唆深い。西秋は起源を外的要因と内的要因の二側面からとらえている。外的要因としては伝播・移住・移民・文化変容を、内的要因としては発明という事象を想定する。後者に関してはまったく新奇なものを構想・考案することは稀であり、大半はすでにあるものを組み合わせたり、一部を代替えして生みだされるとしている。そして「新たな文化要素が出現することは、ある文化において新たな行動パターンが生じるということであり、その文化の変化と不可分な事象である。つまり、起源論とは所与の文化における文化変化の過程を追及することに他ならない」(西秋 2004：59)とする。

第1章

都市はどのように考えられてきたか

　都市研究は古代文明社会を研究する者にとって、現在においても常に話題の中心にある。古代文明社会とは古代都市社会を意味し、文明と都市は切っても切りはなせない関係にあるとの通念が存在している、といっても過言ではない。文明研究＝都市研究という枠組みで、都市についての議論を展開している研究者も少なくないはずだ。

　文明の成立も都市の誕生も、いってしまえば、人類史上における一つの社会変化のパターンである。考古学者は社会変化や文化変化の過程を追究することが大好きであるし、さらにそれが文明の成立や都市の誕生というビッグイベントとかかわるものであれば、なおさらである。そのため都市研究に関しては、すでにそれなりの研究史が存在する。

　とくに V. G. チャイルド（Childe）の都市の定義（Childe 1950・1957）を嚆矢とする一連の都市の定義に関する研究は、誰しもが知るところである。我が国においても都市の定義に関する研究は活発におこなわれ（近藤編 1999 など）、この分野の研究はほぼ完了しているといってもよいだろう。本章でも概観するが、都市の定義はほぼ出揃っている。

　さらに考古学の分野では、「農耕牧畜社会が軌道にのり、生産力が順調に拡大し、人口が増加してくると、ある集落（遺跡）が比較的長い期間をかけて徐々に都市へと成長する」という進化主義のもとでの発展段階的な図式で、いわゆる「都市化」の議論が活発におこなわれてきた。メソポタミア地方に限定される話ではなく、本書であつかうインダス文明社会における都市研究もこの図式で説明されているのが現状である。その他の視点に立脚した積極的な議論はなく、都市研究といえば、社会進化論にもとづいた「都市化」のお話なのである。都市はこの枠組みのもとで消化されつづけている。そしてこうした都市研究は、だいたいの場合、都市の登場を国家（あるいは都市国家）成立の前段階に位置づけるための基礎作業ともなっている。

　本章ではこれまでの考古学分野における都市研究の概要を整理したうえで、都市とは何かを問うためには、どういった視点に立脚した議論が必要であるのかを考える。

　とはいえ、都市とは考古学に限定されるような検討対象ではない。さまざまな分野でそれぞれの方法論にもとづき多角的に議論されている、じつに魅力的な研究対象である。著者の能力の限界もあり、すべての分野における都市研究を網羅することは到底不可能であるが、考古学分野における都市研究を相対化し、新しい視点を模索する目的で、社会学と歴史学における研究もみていくことにする。

第1節　「都市はどれか」を問う研究

1. 都市の定義に関する研究

　都市研究といえば、まずあげられるのが都市の定義に関する議論である。都市に認められる共通項をみいだし、都市をどう定義し、その他の集落とどう区別するか、を問う研究だ。この分野の研究に関しては我が国においても優れた先行研究が数多く存在し、その整理作業はすでに完了しているといってもよい（川西 1999、小泉 2013、近藤編 1999 など）。
　以下では頻繁に引用されるチャイルドと M. ビータック（Bietak）の都市の定義を、R. A. E. コニングハム（Coningham）がインダス文明だけではなく、南アジアの初期歴史時代の都市をも視野にいれて設定した都市の定義と比較するかたちで検討してみたい。

（1）チャイルド・ビータック・コニングハムの都市の定義
　まず取りあげるのは、お決まりであるが、チャイルドの「都市革命 Urban Revolution」論に代表される「チャイルドの10ヵ条」としてひろく知られる定義である（Childe 1950：3, 9-16・1957）。この定義は当時の南西アジアの都市発展と国家形成の状況にてらしあわせて設定されたものである。
　①大規模集落と人口の集住、②第一次産業以外の職能者（専業の工人・運送人・商人・役人・神官など）、③生産余剰の物納、④社会余剰の集中する神殿などのモニュメント、⑤知的労働に専従する支配階級、⑥文字記録システム、⑦暦や算術・幾何学・天文学、⑧芸術的表現、⑨奢侈品や原材料の長距離交易への依存、⑩支配階級に扶養された専業工人。
　次にあげるのはエジプト学者・ビータックの定義である。ビータックは西アジアの証拠にもとづき、都市と非都市の区分を以下の9つで定義している（川西 1999：103-104、Bietak 1979：103-104）。
　①高密度の集住、②コンパクトな居住形態、③住み分け、④行政・裁判・交易・交通の地域的中心、⑤非農業共同体、⑥物資・技術の集中、⑦労働・職業の分化と社会的階層性、⑧宗教上の中心、⑨避難・防御の中心。
　最後にあげるのは南アジアの歴史時代を研究するコニングハムの定義である。コニングハムは都市の定義として次の10項目をあげている（Coningham 1995）。
　①大規模な集落、②集落のある程度の計画性、③公共建造物、④：①〜③を備えた集落が、全集落の階層のトップに位置づけられる、⑤周壁、⑥文字、⑦工芸の専門家、⑧長距離交易、⑨周辺の土地の生産能力の増大を可能にする生業技術、⑩：⑨によって支えられる人口増加。
　表3にはチャイルド・ビータック・コニングハムが提示した都市の定義の対応関係を示してある。三者の定義は多岐にわたるが、たとえば、チャイルドの定義②・⑤・⑩は専業工人と社会的階

表3 都市の定義の対応関係

	V. G. チャイルド	M. ビータック	R. A. E. コニングハム
定義1	①大規模集落と人口の集住	①高密度の集住 ②コンパクトな居住形態 ③住み分け	①大規模な集落 ②集落のある程度の計画性 ⑩：⑨によって支えられる人口増加
定義2	②第一次産業以外の職能者 ⑤知的労働に専従する支配階級 ⑩支配階級に扶養された専業工人	⑤非農業共同体 ⑦労働・職業の分化と社会的階層性	⑦工芸の専門家
定義3	③生産余剰の物納	⑥物資・技術の集中	⑨周辺の土地の生産能力の増大を可能にする生業技術
定義4	④社会余剰の集中する神殿などのモニュメント	⑧宗教上の中心	③公共建造物
定義5	⑥文字記録システム	×	⑥文字
定義6	⑨奢侈品や原材料の長距離交易への依存	④行政・裁判・交易・交通の地域的中心	⑧長距離交易
定義7	⑦暦や算術・幾何学・天文学 ⑧芸術的表現	×	×
定義8	×	⑨避難・防御の中心	⑤周壁
その他	×	×	④：①〜③を備えた集落が、全集落の階層のトップに位置づけられる

層性に関するものであり、一つにまとめることが可能である。同様にビータックの定義①・②・③とコニングハムの定義①・②・⑩は居住形態と人口のあり方に関するものであり、これらもまた一つにまとめることができる。こうした観点から三者の定義を比較しやすいように、定義1〜8として以下のように再整理した。

すなわち、定義1は居住形態と人口、定義2は専業工人と社会的階層性、定義3は生産力、定義4は記念碑的建造物と宗教、定義5は文字、定義6は長距離交易、定義7は科学と芸術、そして定義8は周壁に関する内容である。ただしコニングハムの定義④は他の定義と比較した場合、より複合的な内容となっているのでここでは便宜的に「その他」としてある。

チャイルドは定義8を、ビータックは定義5と定義7を、コニングハムは定義7を考慮していないなどの相違点はあるが、表3からは、三者の都市の定義が実はおおむね共通していることを理解できるであろう。これは各々の検討対象（地域・時代など）が異なっても、考古学者の考える都市の定義はだいたい同じになる、という重要な側面を示しているものと思われる。

(2) その他の都市の定義に関する議論

その他の都市の定義に関する議論については、G. コナー（Connah）が都市の定義を厳格な定義と柔軟な定義に区分し、的確にまとめている（コナー 1993）。先に述べた「チャイルドの10カ条」は厳格な定義として位置づけられているので、ビータックとコニングハムによる定義も同様に理解することができる。いっぽう柔軟な定義というものは、以下のウィーラーの定義に代表されるものである。

ウィーラーは、「文明＝都市」という考えにもとづき、チャイルドがもっとも重要視した文字と

いう要素を「文明生活からの2次的結果」とみなしたうえで、以下のような「2つの固有の要素」からなる文明（＝都市）の定義を提示している（Wheeler 1956：132）。

①通常の食糧生産活動から解放された専門家を養うに足る規模をもつ定住集団、②組織化された永続的な統合の存在を示す公共事業と公共需要。

しかし柔軟な定義といってみても、先に述べたチャイルド・ビータック・コニングハムの都市の定義と比較してみれば、ウィーラーの定義①は表3の定義1＋定義2＋定義3、定義②は定義4＋定義8という内容であることが明らかである。したがって柔軟な定義も厳格な定義も意味するところは同じであり、前者はいくつかの指標をまとめることで、そのシンプルさが強調されているだけにすぎないと理解することも可能であろう。

（3）都市の定義とは何か

以上の都市の定義にくわえて、他の研究者が提示した定義を追加で列挙することも可能であるが、大枠を把握するには上記四者の研究をみれば十分である。なぜならば、四者がそれぞれの検討対象から導きだした都市の定義の内容が、おおむね共通していることを把握できたからである。

都市の定義の内容がおおむね共通してしまう理由を考えるには、まずチャイルドのいう「都市革命」が劇的な社会変化を意味していたわけではなく、発展段階的な順調な成長としてのゆるやかな社会変化を意味している、ということを正しく理解しておく必要がある（小泉 2013、西アジア考古学勉強会 1994）。つまりチャイルドの「都市革命」とは、「農耕・牧畜がはじまり、人々が定住し、灌漑農耕などによりもたらされた生産力が順調に成長してくると、さまざまな都市的な特徴があらわれ、やがてチャイルドの定義10項目をあわせもつような都市に発展する」という枠組みであり、その社会進化の最終的帰結として国家を位置づけ、発展段階的に国家形成を語るための基礎的な整理作業でもあったといえるのだ。

したがってチャイルドの都市の定義は、発展段階的な枠組みにもとづき、社会進化の度合いをはかるための「ものさし」として理解できる。ある遺跡（社会）がチャイルドの定義10項目のうち、多くの項目を有していれば、それだけその遺跡（社会）は発展している、というような判断基準としてのもちいられ方なのである。ビータックの都市の定義を紹介した川西宏幸も、ビータックの9項目をすべて満たした集落こそが都市であるが、そうでなければ非都市というわけではないとし、定義とは都市性をはかる「ものさし」として理解するべきだとしている（川西 1999）。

何をいいたいのかというと、チャイルドもビータックもコニングハムもそしてウィーラーも、基本的に先に述べたような発展段階的な図式にもとづき社会進化を考えているものと思われるので、社会発展の度合いをはかるための「ものさし」＝「都市の定義」は、検討対象が異なり、多少ニュアンスを異にするとしても、だいたいは同じような内容になってしまうということなのである。

こうした都市の定義に関する議論は、結局のところ、各地域・時期における社会変化の様相を問うための研究であったはずであるから、どのようにして都市が誕生し、発展してきたのか、というその過程への関心が内在していたものと思われる。しかし各遺跡においてみとめることのできる諸側面（指標）を都市の定義にあてはめるだけの議論では、都市の定義を多くみとめることのできる

遺跡とそうでないその他の遺跡を区分することは可能であろうが、都市の成立や発展の過程、役割を構造的に追究し、都市とは何かを問うための研究とはならないであろう。

　発展段階的な図式にもとづく限りにおいては、おそらく同じような社会発展の度合いをはかるための「ものさし」が再生産されるだけであり、しかも先に述べたようにその「ものさし」はすでにほぼ出揃っているというのが現状である。したがって都市の定義に関する議論に躍起になるのも、もちろん意味のない作業だとは思わないが、もしこの方向性で、どうのようにして都市が誕生し、発展してきたのか、そして都市とは何かを問うのであれば、今後はこれまでに提示された都市の定義そのものの項目内容を、各地域・時代の事例に照らし合わせて、一つ一つ考古学的に検討していくことの方がより有意義であると考える。都市の定義とは社会発展の度合いをはかるための「ものさし」なのであるから、その「ものさし」そのものの内容を詳細に検討することは社会変化の議論ともなりうるからである。

2. 社会進化論にもとづいた「都市化」に関する研究

　都市論の「常識」といえば、前項でみた都市の定義に関する議論と本項でみていく社会進化論にもとづいた「都市化」に関する議論であろう。あえてくり返すが、「農耕牧畜社会が軌道にのり、生産力が順調に拡大し、人口が増加してくると、ある集落（遺跡）が比較的長い期間をかけて徐々に都市へと成長し、権力や階級的な分化が生じ、やがて文明や国家がうまれる」という枠組みのなかで語られる「都市化」の議論のことである。

　こうした議論の大前提といえば、「都市成立のためには、食糧生産の余剰が必要である」という「常識」であり、たとえば、次のような説明がひろく知られているはずだ。「メソポタミア地方（肥沃な三日月地帯）は、農耕の起源地であるので、都市あるいは都市文明の起源地でもある」「大河川の流域では、余剰の蓄積も大規模化し、大規模な都市や国家、ひいては帝国的支配にもつながっていった。その代表的なものが、メソポタミアやエジプトの古代文明である」などの説明である（ダイアモンド 2000 など）。

　以上のような枠組みにもとづく「都市化」に関する議論は、どこでも、どの時代においてもみられるわけであるが、ここでは、もっともひろく知られている古代西アジアの事例を確認しておく。

　古代西アジアにおける「都市化」に関する議論においては、西アジアの中心に位置するメソポタミア地方では、ウバイド期に展開していた一般集落の中から「都市的性格」をもつものが現れ、紀元前4千年紀のウルク期において「本格的に都市的な性格」を帯びた集落が出現し、ウルク後期（紀元前3300年頃）に都市が誕生する、と理解されている。「農耕・牧畜が始まり、人々が定住し、生産力が順調に成長するとともに、生活環境の改善に向けた都市化への試みがウバイド期で芽生えはじめ、ウルク期において特定の集落（ウルク）で暮らしやすさの指向性が見事に結実して、都市という空間が創出される」という理解である（小泉 2001・2005・2010・2013）[1]。

　いろいろな理解の仕方があるかとは思うが、論の基本構造は、「都市的性格」「本格的に都市的な性格」の有無の確認あるいは充実度の度合い計測であるから、前項でみたチャイルドらの議論、つ

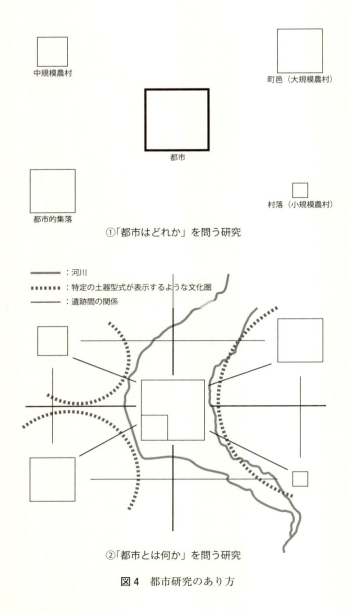

図4　都市研究のあり方

まり都市の定義に関する議論とほぼ同じである。またこのような「都市化」に関する議論では、「都市的性格」「本格的な都市的性格」として、藤田弘夫の一連の研究（藤田 1991・1993・2006、藤田・吉原編 1987）と同様に、「権力」という指標を重視する傾向があることも付け加えておいてよいだろう。

　本節では、都市の定義と社会進化論にもとづいた「都市化」に関する議論を概観した。それぞれの内容は先に確認したとおりであるが、いずれの議論も、「一定の範囲に同時期に存在した集落（遺跡）群の中で、どの集落（遺跡）が一番発展しているのか」を追求する図式になっていることがわかるだろう。

一定の範囲に同時期に存在した集落（遺跡）間の有機的関係性を考慮し、各集落（遺跡）の性質や役割を構造的に把握したうえで、都市についての議論を展開するのではなく、進化主義のもとでの発展段階的な枠組みの中に各集落（遺跡）を個別に位置づけ、「どの集落（遺跡）が都市の定義を一番多く満たしており、発展しているのか」「どの集落（遺跡）に一番強い権力構造を認めうるのか」、要するに、「都市はどれか」とシンプルに問うているのである（図4-①）。

第2節 「都市とは何か」を問う研究

1. 都市の構造的な把握を目的とした研究

　J. ジェコブス(2)は、考古学の研究成果にもとづき、都市の祖型として「原都市（proto-city）」なるものを思考実験として考察し、「原都市」は共同体と共同体の交易の場、つまり2つの異なる世界が出合う空間に定期市的な場としてはじまり、そこではさまざまなモノや情報が交換、集積され、モノの交換における「貨幣」使用の開始もあったとする（ジェコブス 1970）。ジェコブスは、都市と町、村を次のように定義する（ジェコブス 1970：302、一部加筆）。

　都市：それ自体の地元の経済から、持続的に経済成長をうみだす集落。新しい仕事が古い仕事にさかんに追加されて、分業を増やしていくところ。

　沈黙した都市：かつて都市として成長を遂げたが、成長を止めてしまっている集落。

　町：それ自体の地元経済から経済成長をうみださないし、過去にそのような経験をもったことのない集落。たまたま自力で輸出品をうみだしたとしても、そののちに、自己生産的な成長を維持させることはない。

　村：町より規模の小さな集落。

　モノ・情報・ヒトが集まる都市とは、「いろいろな輸入品を入手→それを地元で生産可能にし、やがて輸出→従来の輸入品を置換え、新たな輸入品を入手→……」という反復体系にもとづき、爆発的に成長をつづける経済機関、つまり定義にもあるように、多くの新しい仕事が古い仕事に次々に追加される集落であり、この新しい仕事が都市の分業を増大させ、多様化させると指摘する。さらにこの多様性という側面は、都市に、古くからの技術や組織を保存する余裕をもつことを可能にするという。ジェコブスの問いかけは、発展段階的な枠組みの中に各集落を個別に位置づけ、「どれが都市か」と問うようなシンプルなものではない。

　また、インドの初期歴史時代における都市の出現について考古資料と文献史料の側面から検討したM. C. ジョーシーは、都市を新たに登場した貨幣経済の中心（市場）として位置づけ、「都市の出現と発展という現象は、貨幣による交易・交換をとおして、インド亜大陸各地の伝統的社会の境界をこえて進行する経済的現象の産物である」という理解を提示している(3)（ジョーシー 2004）。

　以上のように都市をとらえるジェコブスとジョーシーは、都市の起源に関してもきわめてユニークな発想を展開している。ジェコブスは、「最初に農村がうまれ、これが町になり、やがて都市に

成長する」というこれまでの社会進化論にもとづく「常識」を「農業優先のドグマ」として退け、都市は先に述べた「原都市」としてはじまるのであり、「初めに都市ありき、そして農村が発生する」と説明する（ジェコブス 1970）。またジョーシーは、市あるいは都市の原型は、農村ではなく、特定の場所に定期的に建てられた簡易な小屋型店舗（アーパナ apana あるいはマンダパ mandapa）や遠距離交易路に点在した駅亭であるとし、それらが次第に定期的（週・月・年ごと）に開かれる市へと発展し、最終的にはさまざまな店舗が立ち並ぶ常設市（＝都市）へといたると理解している。

2.「市」の空間上の性質に関する研究

　もう一つここで確認しておくべきは、網野善彦の「市」の空間上の性質に関する議論である（網野 1987 など）。網野は、特殊な空間でかつ賤視の対象ともなるような場所がしばしば「市」の開設場所に選ばれることに着目し、「市」の非日常性と「市」の立つ場の特殊性を指摘する。

　そのような場とは、交通の要衝であったり、津や湊であったり、中洲であったりと、隔地からも人々が集まりやすい場所や異文化との接触領域あるいは境界領域でもあると理解される。また「市」の立つ場の原型はかならずしも既成の神社・寺院や教会とはかかわりがないという意味で、非宗教的であってもよく、むしろ「権力」の方がこういう場をあとから掌握していくというかたちが結果的にでてくるとも指摘している。

　本節で確認した議論の内容は、前節で概観した「都市はどれか」というシンプルな問題設定にもとづく議論のそれとは異なっている。一定の範囲に同時期に存在する集落（遺跡）間の有機的関係性（とくに経済的関係性）を考慮したうえで、各集落（遺跡）の性質や立地を構造的に把握し、都市の役割を明確化しようとする研究であると理解できる（図7-②）。すなわち、「都市はどれか」ではなく、「都市とは何か」を問おうとしている。

第3節　インダス文明に関する都市研究

　本節では先に述べたコニングハム以外のインダス文明に関する都市研究を概観しておく。しかし実際のところ、都市がどのように出現したのか、都市とは何か、といった問題は積極的に議論されておらず、「ある遺跡が先インダス文明期からインダス文明期にかけてその規模を拡大し、面積数十ヘクタールをこえるようになれば、その遺跡は都市である」といった発展段階な図式にもとづいた「ありがちな議論」が展開されているというのが現状である。

　こうした研究の現況ではあるが、当社会に関する都市研究としては、都市の類型にもとづいた分類作業や遺跡の規模にもとづき都市を特定する作業をあげることができる。またやはり近年の発掘調査成果にもとづくハラッパーの「都市化」に関する議論についてもふれておく必要があるだろう。

1. 都市類型に関する研究

インダス文明社会において都市と位置づけられている集落は、その形態的特徴にもとづき分類され、議論されている。ただし何をもって集落（遺跡）を都市と判断するのかという基準もないので、都市類型といういい方は正確にはただしくない。ここでは研究史の整理という意味合いでその概要をまとめておく。

都市と分類されている集落は、西方に位置する城塞区域と東方に位置する市街区域が周壁によりそれぞれに隔てられる「分離型都市」と両者が同一の周壁内に配置される「一体型都市」に分類されている（小磯 1998b、近藤 2004 など）。

・分離型都市：モヘンジョダロ、ハラッパー、カーリーバンガン（図 5）。
・一体型都市：バナーワリー、ドーラーヴィーラー、ロータルなど（図 6）。

両類型の分布傾向については、インダス文明の中心地とされるシンド地方やパンジャーブ地方では分離型都市が特徴的であり、その周辺部にあたるガッガル川流域やグジャラート地方では一体型都市が特徴的であると指摘されている。

このようにインダス文明における都市と分類されている集落（遺跡）の形態は、中心地としてのモヘンジョダロと決して同一ではないことがわかる。しかも図 5・図 6 から明らかなように、分離型と一体型にそれぞれ分類される遺跡間においてもその形態にはかなりの個体差があることがわかるだろう。しかしこれらの遺跡が都市であると仮定してみても、こうした形態差が都市計画の自由度や地域性を反映しているものなのかどうか、現状では判断する材料にとぼしい。

2. 遺跡の規模にもとづき都市を特定する研究

都市類型にもとづく分類と共通する部分もあるが、遺跡の規模にもとづき都市を特定する研究もおこなわれている。たとえば、図 5・図 6 に示した遺跡の平面図はすべて縮尺をそろえてあるので、都市と分類されている遺跡間でもそれらの規模にかなりの違いが存在することを把握できるだろう。またここでいうところの遺跡の規模とは、あくまでも現地表上に現れているマウンド部分の大きさを計測したものである。

M. ヤンセン（Jansen）は集落の大きさを「3〜6 ha」「6〜12 ha」といった具合に単に任意の数字の倍数で機械的に 8 階級に分類している（Jansen 1981）。いっぽう J. M. ケノイヤー（Kenoyer）はインダス文明の社会的側面を考慮して、以下のようなより具体的な分類案を提示した（Kenoyer 1998）。

第 1 級：50 ha 以上。建築物の主体が焼成煉瓦であり、また日干煉瓦の大規模な基壇の構築もみられる。
第 2 級：10〜50 ha。焼成煉瓦は主に排水溝に限られ、日干煉瓦が多くもちいられた。グジャラート地方のように産地に近い場合は石材の使用もみられる。

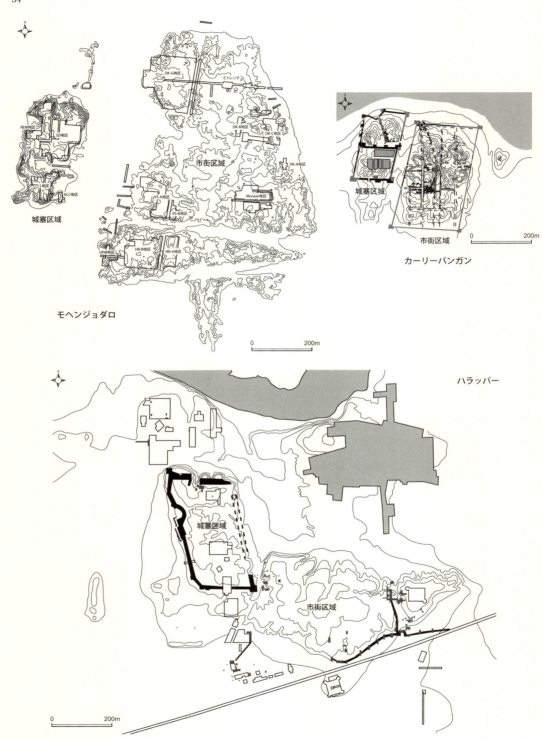

図5 分離型プランに特徴づけられる遺跡の平面図

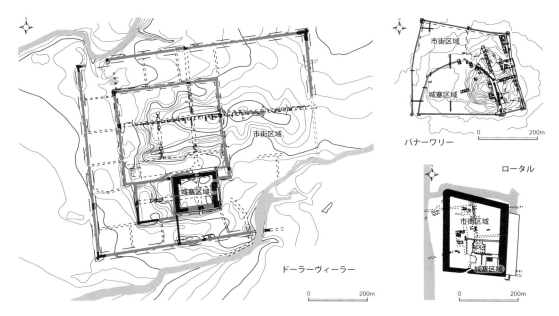

図6　一体型プランに特徴づけられる遺跡の平面図

第3級：5〜10 ha。チャヌフダロ（Chanufudaro）のように焼成煉瓦がもちいられる例外もあるが、ほとんどの場合が日干煉瓦である。

第4級：1〜5 ha。

第5級：1 ha以下。牧畜のキャンプ址と考えられ、地表には土器片などが散在するだけである。ただし、炉址や窯址がみられる場合もあり、ある程度の期間にわたって居住された場所もあったらしい。

　また上記のケノイヤーの分類案を参考にして、小磯学はインダス文明に関連する遺跡を「100 haを越えるもの」「20〜80 ha前後のもの」「20 haより小さいもの」の3つに分類している（小磯1999）。

　すでにお気づきかと思うが、ケノイヤーの分類基準が示すように、規模の大きい集落（遺跡）が都市であり、規模の小さい集落（遺跡）は都市的集落や大・中・小規模農村である、という前提がこうした分類作業の「暗黙の了解」となっているものと考えられる。

　集落（遺跡）の規模が大きければ、焼成煉瓦が多用され、記念碑的建造物や排水溝などのいわゆる「都市的な要素」をより多くみとめることができるのである。前節でみた「都市はどれか」を問う議論を想起させる内容であろう。しかし先に指摘したとおり、何をもって集落（遺跡）を都市と判断するのかの基準がないので、遺跡の規模にもとづき都市を特定する研究についても今後の議論をまたねばならない。

3. ハラッパーの「都市化」に関する研究

　これまでモヘンジョダロ（Mackay 1938、Marshall 1931）やカーリーバンガン（Lal 1979・1981、Lal and Thapar 1967、Thapar 1973・1985）、バナーワリー（ビシュト 2000、Bisht 1993・1999、Bisht and Shashi Asthana 1979）、ラキー・ガリー（Rakhigarhi）（Nath 1998・1999）、ドーラーヴィーラー（ビシュト 2000、Bisht 1991・1999）、ロータル（Rao 1979）といった遺跡が発掘調査されてきた。これらの遺跡は、主に先に述べたような形態的特徴とその規模からインダス文明を代表する都市遺跡であると判断され、そうした認識にもとづき研究がすすめられている。

　こうした研究状況のなかでハラッパーでは長期にわたる発掘調査が実施され、紀元前3300～1500年頃までの遺跡の発展と衰退という一連のプロセスが明らかとなりつつある。つまりハラッパーは、先インダス文明期からポスト・インダス文明期までの文化変遷あるいは社会変化・変容のあり方を層位的に追跡できる唯一の遺跡なのである（鎌田 1998、小磯 1998a、Dales and Kenoyer et al. 1991、Kenoyer 1991a、Kenoyer and Meadow 2000・2004、Meadow and Kenoyer 1994・2001・2005・2008）。ハラッパーにおける遺跡の変遷過程のおおよそは以下のとおりである。

　1期（3300（？）～2800（？）BC頃）に居住が開始され、生産力を徐々に成長させながら、交易や社会・宗教上のセンターとしての重要性を増していった。続く2期（2800（？）～2600/2500 BC頃）になると遺跡は大型化し、巨大な日干煉瓦づくりの基壇や街路、区画整備の登場、文字や専門工芸の萌芽などのいわゆる初期インダス様式（Early Indus Style）とよばれる諸要素の出現に代表されるように、都市の基礎的要素が整ったとされる。そして3A期（2600/2500～2450/2400 BC頃）に複雑な完成した都市へと発展をとげ、3B期（2450/2400～2200 BC頃）を経て、3C期（2200～1900 BC頃）に遺跡の広い範囲で区画整備を無視した建物の建築などがはじまり、やがて都市としての機能を失っていく。

　以上のような「人々が定住し、生産力が順調に成長してくると、さまざまな都市的な特徴が現れ、やがて完成した都市に発展する」というハラッパーの発掘調査成果にもとづくこの理解もまた、ここまでくり返し述べてきた発展段階的な枠組みのもとでの「都市化」の議論であるといえる。

　そしてインダス文明に関する都市の議論は、このハラッパーでの理解を敷衍させるかたちでおこなわれている、というのが実状なのである。つまり「先インダス文明期に存在した特定の集落（遺跡）が徐々にその規模を拡大させ、都市的性格を整え、やがて都市へと成長していく」という理解である。

　ただし、ここで留意しておかなければならない点がある。それはこの「都市化」と理解されるプロセスは、ハラッパーの「都市化」に関する議論であるということである。インダス文明を研究する者は、まずはあらゆる都市がハラッパーと同様なプロセスを経て出現するとは限らないことを認識する必要があるし、そもそも2期における初期インダス様式とよばれる諸要素や「都市化」の契

機が、本当にすべて自前のものとして発展段階的に出現したものなのかどうかも問わなくてはならないはずだ。

既存の「ありがちなストーリー」に立脚したインダス文明の都市に関する議論を、やみくもに継承・展開するのではなく、一度「常識」を疑ってみる必要があるのではなかろうか。

第4節　都市をどのように考えるべきか

本章では、都市に関する議論を、「都市はどれか」を問う研究と「都市とは何か」を問う研究に分けて整理してみた。著者の視野の狭さも影響し、考古学と社会学、歴史学の分野におけるごく一部の研究しかとりあげられていないが、これまでの考古学分野における都市研究の概要を整理したうえで、「都市とは何か」を問うためにはどういった視点に立脚した議論が必要であるのか、を考える分には十分であると思う。(7)

「都市はどれか」を問う研究とは、都市の定義に関する研究からも明らかなように、進化主義のもとでの発展段階的な枠組みに各遺跡を個別に位置づけたうえでおこなわれる「社会進化の度合い計測」であると理解することができた。つまり、「どの遺跡が都市の定義を一番多く満たしており、発展しているのか」「どの遺跡に一番強い権力構造をみとめうるのか」を問う図式である（図4-①）。この場合、貨幣や商品交換の有無は考慮されない点も指摘しておいてよい。実際に、既存の都市の定義には、貨幣の有無などの指標がみあたらない。

遺跡から出土した遺構・遺物の検討にもとづいて考古学的に都市について論じる場合、だいたいの考古学者はこの図式をうたがうことはない。なぜならば、考古学者は遺構・遺物の型式学的変化を追究し、生産様式の発展の様相をいわゆる史的唯物史観にもとづき進化論的に復元することが大好きだからである。ゆえに、この発展段階的な図式に則って都市を説明する傾向にあり、そうした論説こそが説得力をもつと理解されてしまっている。先に確認したハラッパーの「都市化」に関する研究も、この図式にもとづいていた。

こうした事実は、「都市の定義に代表される指標をより多く有する集落が勝ち組であり、そうではない集落を負け組として未発展段階に位置づける」というような理解を許容したままに、都市についての理解を深めようとしない現在の学界動向を体現しているものと理解してよいだろう。

念のため断っておくが、著者は以上のような既存の都市論を否定しているわけではなく、有効な場合もあると評価している。しかしながら、こうした研究動向のなかにあっては、「都市とは何か」という本書の命題にたいする答えがでてきそうもないこともまた事実だ。やはり、われわれ考古学者は、都市とは人間があるタイミングでとりうる社会の一つのあり方である、という柔軟な認識のもと、発展段階的な枠組みのなかに位置づけられることで矮小化され、過小評価されつづけてきた都市の性質あるいは歴史的意義が存在する可能性を考慮すべきである。

それでは、「都市とは何か」という本書の問いに答えるには、どのようなアプローチが有効なのであろうか。重視されるべき視点は、「集落（遺跡）のすべてが都市となるわけではなく、都市の

成立によって、諸集落（遺跡）間の関係が刷新され、都市を中核に据えるかたちで集落（遺跡）間の機能が明示化する」といった、ある社会における都市の果たす役割を明確化し、構造的に把握することである。

前節の「都市とは何か」を問う研究において確認したように、「都市はどれか」と問う既存のシンプルな見方から、一定の範囲に同時期に存在する集落（遺跡）間の有機的関係性を考慮したうえで、各集落（遺跡）の性質や立地を把握しつつ、「都市がいつ、どこに、何の目的で、どのようにして出現したのか」を問うという見方へのシフトがもっとも重要なのである（図4-②）。

これは、都市を社会の発展段階上に位置づける単純な議論ではなく、都市が常設的な空間や施設として新たに付加された社会状況なのか、あるいはそれが未分化の状態もしくは曖昧な状態で維持された社会状況なのか、を識別することでもある。発展段階的にとらえないという視点をもつ以上は、都市が突如出現することもありうるし、唐突に消滅することもありうる、という見方を導入することにもなるであろう。

以上のような視座のもとに、次章以降では、「都市とは何か」という普遍的な問いに具体的な答えをあたえてゆくことにしよう。

註

（1）　小泉龍人は、西アジアにおける「都市化」とは集落での生活という目線から、物質的にも精神的にもより快適な暮らしを求める過程そのものであると結論づけ（小泉 2005・2010・2013）、一般的集落と都市の中間的な存在として都市的集落を位置づけて、古代西アジアの都市を一般集落や都市的集落から区別するための必要十分条件として、「①都市計画性」「②行政機構」「③祭祀施設」の三項目を提唱している（小泉 2001・2013）。これら3つの指標をすべて満たせば都市、一部でも欠ければ都市的集落、ほとんどなければ一般集落と判断されることになる。本書表3と比較すれば、小泉の必要十分条件①は定義1、②は定義2＋定義6、③は定義4との対応を指摘でき、小泉が提唱する都市の必要十分条件もまた発展段階的な図式にもとづいた社会進化の度合いをはかる「ものさし」として位置づけることが可能である。

（2）　ジェコブスは、1950年代のニューヨークで推進された都市再開発に真っ向から反対し、市民運動を組織して抵抗した建築ジャーナリストである。『アメリカ大都市の死と生』（ジェコブス 1969）の著者といえば、ご存知の方も多いと思う。

（3）　金融関連の仕事にも従事していた農民（ヴァイシャ・グリハパティ vaisya grihapati）は、貨幣経済の浸透にともない、バラモン教の階級制度においてより上位に位置づけられるシュレーシュティン（shrestin）に転化していったとされる（ジョーシー 2004：132）。またV. K. タークル（Thakur）は、貨幣経済にもとづく都市の出現にはガニカー（ganika）すなわち娼婦の出現もともなっていたという興味深い指摘をおこなっている（Thakur 1981, Thakur ed. 1994）。彼女たちは国家あるいは社会の所有物とみなされ、大きな威信をえるにいたった。彼女たちの仕事は富裕な都市住民や貴族、商人、王子たちに快楽をあたえることであり、その見返りとして多くの財貨を手にしたという。またジョーシーは古代インドの貨幣システムは、アケメネス朝の貨幣システムに影響を受けたものであることは明らかであるとし、初期歴史時代における都市化を考えるあたり、外部社会との関係性を考慮する必要性も指摘している（ジョーシー 2004：133）。

（4）　野生の動植物や天然資源、それらの加工品を製作・貯蔵したりする場として最初に都市がうまれ、やがて動物の飼育や穀物の栽培などに必要な広い土地が都市から離れたところに求められて、農村がうまれる、

という図式である。
（5） 時には村の定期的なフェスティバルなどと関連して物資の流通・売買がおこなわれることもあったとする。
（6） 網野自身は都市について直接言及しているわけではないが、「市」を都市と置き換えてみれば、後者を考える場合にも大いに参考となる。
（7） この他にも終章でふれる人類学分野における都市研究なども大いに参考となる。

第2章

都市を考えるための諸側面

　次章から各論にはいるが、本章ではその導入部として、前3千年紀の南アジアにおける都市生成とその実態を考えるための諸側面を整理しておく。

第1節　前3千年紀の南アジアを特徴づける交換様式

1. 交換様式を考えるための諸側面

　まずは、前3千年紀の南アジアにおける「貨幣」と交換様式を考えるために、互酬性交換と商品交換、および「貨幣」とその起源について整理する。

（1）互酬性交換と商品交換

　互酬性交換（贈与とお返しあるいは贈与交換）とは、モノの贈与によって負い目あるいは負債をうみだし、その負い目から生じる義理と、義理によるお返し、すなわち対抗贈与を誘導する「贈与のメカニズム」として人間の暮らしのなかに埋め込まれた、社会関係を連鎖的に持続していくためのシステムである。このシステムは個人と集団間にむすばれる紐帯を特徴づける社会関係の生産と再生産の基盤ともなる（小馬 2002：134）。
　また互酬性の原理は小さな世帯のなかにある原理ではなく、世帯間をこえた氏族共同体、さらに氏族共同体をこえた紐帯を創りだし、より上位のレベルに共同体（高次の共同体）を創りだす原理でもある（サーリンズ 1984）。そしてここで重要なのは、互酬原理によるかぎり、共同体は成層化するが、けっして位階秩序にはいたらないという点だ。互酬システムは、定住化が不可避的にもたらす富の格差や権力の集中を解消することで、同じレベルで、一つの共同体（氏族ないし部族）が上位に立つことをみとめないし、一人の首長が他の首長にたいして優越した地位に立つことをみとめない。すなわち、絶対的で中心化された権力をもちえないということであり、国家の形成を抑止するシステムなのである（柄谷 2010・2014）。
　この贈与のメカニズムにもとづく互酬性交換というものは、人間の営む社会、文化に常にみられるもので、それは歴史上あらゆる時代、あらゆる地域に、いわば時空をこえてみいだされる。人間世界を成り立たせている基本原則であって、このメカニズムをもたない歴史は存在しない。また互

酬性交換はモノの対面的な手渡しにもとづく。対面的な手渡しとは、与え手が自分の人格を刻印した「人格性を帯びたモノ」を受け渡すことであり（今村 2000、上野 1996、小馬編著 2002、中沢 2002、マリノフスキー 1972、モース 1973・2009、山崎 1996、リーチ 1990、レヴィ＝ストロース 1972・1976・1977 など）、すなわち、お互いの「顔」の見える交換ということができる。

これにたいして、商品交換（貨幣と商品あるいは市場交換）とは、貨幣によってモノに数量的な等価基準をあてはめることを通じて、交換当事者の関係を交換の場面限りのものとして、その都度清算していくシステムである。それゆえ、原則として、商品交換にはいかなる負い目も義理も生じることはない[2]（小馬 2002：134）。いいかえるならば、お互いの「顔」の見えない交換となる。

この商品交換は、本来的には、伝統地域社会（伝統的部族社会など）を特徴づける「掟」あるいは「しがらみ」につきまとわれるような互酬原理が支配的な場では成り立たないという原則をもつ。なぜならば、その場を支配する交換されるモノに付帯する人格性、つまりお互いの「顔」が見えるという「日常性」が、商品交換を平然と拒否するからだ。互酬原理が支配的な場を生きる人々にとっては、お互いの「顔」の見えない商品交換など「非日常性」をおびた行為でしかないのである。この原則からの大きな逸脱は社会の非難の的となることはいうまでもない（今村 2000、上野 1996、小馬編著 2002、中沢 2002、マリノフスキー 1972、モース 1973・2009、山崎 1996、リーチ 1990、レヴィ＝ストロース 1972・1976・1977 など）。

とはいえ、これはあくまでも原則であり、現実においてはある程度の柔軟性がみられる。実際に、人類史が示すように、互酬性交換（互酬原理）と商品交換（市場交換原理）は、意識的に区別・分離され、矛盾なく接合できている限りにおいては、一つの社会で共存してきた社会慣行である[3]（小馬編著 2002 など）。問題は、本来的には相容れない性質をもつ両者を、意識的に区別・分離せず、急速に接合してしまった場合に生じる。商品交換が、互酬原理が幅をきかせる場に急速に浸透した場合には、その接合面に必ずある種の矛盾が生じてしまうのである。貨幣にもとづく市場交換原理の容赦のない浸透により、伝統的部族社会の構造が急速に解体してしまった多くの例をわれわれは歴史のなかによく知っているだろう（上野 1996、網野・阿部 1982、山崎 1996[4] など）。

以上の事実は、互酬原理にもとづき生きている人間が、自前の伝統的社会・文化を保持し、解体させることなく、商品交換を本格的にスタートさせたい場合には、両者を意識的に区別・分離し、矛盾なく接合する必要がある、ということを示唆する。商品交換が基本的には互酬原理の支配的な場では成りたないという原則をふまえるならば、すなわち、その場合、人間は互酬原理に支配された場とは異なる空間を用意する必要に迫られる、ということだ。[5]

（2）「貨幣」とその起源

貨幣とは教科書的に述べれば、「モノ（商品）の価値の尺度であって、モノ（商品）に内在する価値を具体的に示す働きと、そのモノ（商品）の流通を媒介する働きをになう交換財または交通手段」を意味する（黒田 2003、メンガー 1982・1984 など）。

ただし本書であつかう貨幣とは、現代の感覚でいうところの法制化された貨幣（いわゆる一般目的貨幣）ではなく、国家的権力によって認証される以前から存在してきた「交換財または交通手段」

を念頭に置いている。そこで一般目的貨幣と区別するために、本書では古代社会における貨幣を、「貨幣」と括弧付で記す。ここで重要なポイントは、古代社会における「貨幣」について考える場合、「貨幣」をわれわれがもつ現代の感覚で限定的にとらえてはいけない、ということである。

では古代社会における「貨幣」とは、どのようなものだったのか。本書では、K. メンガー（Menger）の貨幣起源論を引き合いにだして説明する（メンガー 1982・1984）。図7は、とある市（市場）Xにおける三者（A、B、C）間の交換のあり方を示したものである。メンガーは貨幣の起源を次のように考えた。

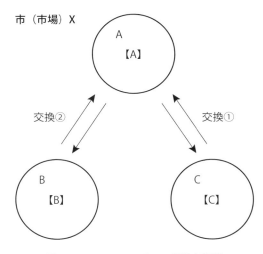

図7　カール・メンガーの貨幣起源論

AはBのもつ【B】が欲しいが、BはAのもつ【A】は欲しくない。この場合、A【A】とB【B】の物々交換は成立しない。実際に、さまざまな地から人が集まるような市（市場）においては、自分の所有しているモノ（商品）が相手の欲しいモノ（商品）と一致する可能性は限りなく低いので、純粋な物々交換という手段は実はかなり非効率なのである（「欲求の二重の一致」の困難）。

BはCのもつ【C】を欲しており、CはAのもつ【A】が欲しい。そこで、Aはまず【A】と【C】を交換し、次に【C】と【B】を交換することで当初の目的を達成できることになる。

この場合、【C】はAを介して、CからBへ移動した「モノ（商品）の流通を媒介する働きをになう交換財または交通手段」、つまり貨幣として機能したと理解することができる。

メンガーによれば、モノ（商品）の違いにより市場性の差違があるので、図7を用いて説明したような「媒介的な交換」がくり返されているうちに、最初から機会と需要に応じて再度交換をおこなうという意図で、人々はより市場性に富んだモノ（商品）を媒介とする交換に訴えるようになり、自己強化的な過程により、やがて「みんながもっとも受け取る財」つまり「市場性のもっとも高いモノ（商品）／販売可能性のもっとも高いモノ（商品）」が自然とみいだされてくるという。

はじめは洞察力・実行力に優れた個人によってその有効性が認識される。しかし他の社会構成員がこれを模倣することによって、やがて同一社会内の人々に一般的に認識され受け入れられると、このモノ（商品）はまさにそのことにより他から隔絶した市場性をもつモノ（商品）となり、「一般的に通用する交換財または交通手段」となる。そして実習と模倣、教育と習慣のくり返しが、あらゆる経済活動をおこなう個人の行為を機械的画一化の方向にもっていくことに助けられて、地方ごと時代ごとに、市場性のもっとも高いモノ（商品）の一部分が、いたる所で、（一般通用交換媒介物という意味での）貨幣になったというのである（メンガー 1982・1984）。

いったん貨幣が成立してしまうと、純粋な物々交換はほとんど不可能となり、モノ（商品）の交換を目指すものは、手持ちのモノ（商品）をまず「一般的に通用する交換財または交通手段」に替えることを余儀なくされるようになる。貨幣とは、このような地位を獲得したモノ（商品）であり、

個人の意図せざる結果として成立する社会制度の一つである、とメンガーは説明する。人間社会の初期段階から一定のモノ（商品）が貨幣として存在してきたのであり、それは、国家的あるいは法的強制がないなかで、経済的諸関係から自然発生的にうまれきたのである。これが、いわゆるメンガーの貨幣起源論である。また他方でメンガーは、国家の体系的な施策によって、貨幣の市場性がより一層高まるとも考えている（メンガー 1982・1984）。

以上のようなプロセスで成立した貨幣は、地方ごと時代ごとに存在する「もっとも市場性の高いモノ（商品）」であればよいのであるから、ポランニーらが指摘するように、適当な領域から選ばれたモノ（商品）であれば、さまざまな「物品」が貨幣として機能する、ということである（ポランニー 2003・2004など）。

実際に歴史上、古代社会の人々は、度量衡システムなどの共通の価値基準を併用し、経済効率を高めるかたちで、一定の範囲内において、量化可能なさまざまな市場性の高い「物品」を「貨幣」としてもちいてきた。いわゆる手交貨幣や商品貨幣である。それらは1枚、2枚と数えられる計数貨幣あるいは重さではかる秤量貨幣であった。

古代社会における「貨幣」の一例を、前3千年紀中～後半の南メソポタミアにおける楔形文書から知ることができる。M. A. ポウェル（Powell）の研究によれば、大麦や鉛、銅、青銅、錫、銀、金が「貨幣」として用いられ、大麦と鉛、銅、青銅は低価値の「貨幣」、錫は中価値の「貨幣」、銀は高価値の「貨幣」、そして金は銀のさらに上位に位置づけられていたことが指摘されている（Powell 1996）。他の文書には、「貨幣」として使用されていたと理解可能なパンやインゴット、コイル、さらには銀製カップや宝石などの単語もみとめられるという。また前3千年紀の終末期には、ナツメヤシも「貨幣」として使用されていたことがわかっている（Widdell 2005）。

さらにこのような事実にくわえて、世界史的にみれば、米、子安貝、布、銅線や小合金蹄鉄などの金属、不可食の特殊な木の実、紙巻タバコ、家畜そして奴隷（人間）をはじめとするさまざまな量化可能かつ市場性の高い「物品」が、度量衡システムなどの共通の価値基準と併用されることで、一定の範囲内において「貨幣」として使用されてきた事例をわれわれはすでに知っている（黒田 2003、北條 2014、メンガー 1982・1984、ポランニー 2003・2004、ホルスト＝クレンゲル 1980・1983など）。

そして古代社会における「貨幣」を考える場合、社会構成員間に共通の価値基準や合意が存在していたとはいえ、「われわれが所与としてしまっている一国一通貨制度が、ありうるべき唯一の安定した存在形態なのでは決してない」（黒田 2003：14）のであり、現代のように広範囲において同一価値の「貨幣」のみが使用されていた、と想定する必要はない。

なぜならば、各地域に存在する小規模農村などでは少額取引の割合が高く、小地域内で通用すればよい零細額面の「貨幣」が重要であっただろうし、いっぽう地域の中心となるような大規模集落では高額取引で用いられる高額の「貨幣」が求められたことが推察されるからである。さらに特定の商品の取引に特定の「貨幣」が好まれることもあり、古代社会においては、「貨幣」は多元的かつ互換性をもつことが普通であったと考えられる（黒田 2003）。

世界史的にみれば、一国内においてさえ諸「貨幣」が変動相場をともなって競合的・分業的に併

存する構造がむしろ支配的であったのであり、諸「貨幣」が併存・競存するということは、さまざまなレベルの重層的な市場に応じて、それぞれの市場にそれなりの安定性を与えることが可能になることを意味する（黒田 2003）。くわえて、消費可能かつ収穫時期などの季節性を有する穀物などが「貨幣」として使用されている場合には、「貨幣」が多元的であることは、変動する「貨幣」を補完可能であるという意味でむしろ理想的であったはずである。

2. 前3千年紀の南アジアにおける商品交換

古代社会における「貨幣」の起源とその実態については、メンガーや黒田らの議論に依拠するとしても、文字資料の使えない前3千年紀の南アジアにおける「貨幣」を考古学的に類推するにはなお困難がともなう。しかしながらインダス文明社会の場合、「貨幣」とそれにもとづく商品交換を推察するための手がかりがある。モヘンジョダロやハラッパーなどの遺跡から、多数の報告がなされているおもりとインダス式印章という特徴的な遺物だ。本項では両遺物に検討をくわえ、前3千年紀の南アジアにおける「貨幣」と商品交換について整理する。

（1）商品交換の存在を裏づける遺物

a．おもり

主としてローフリー丘陵産の縞目のあるチャート[12]でつくられた立方体もしくは直方体のおもりである（NHK・NHKプロモーション編 2000：132、669～680 など）。ハラッパーからは青銅製の上皿天秤が報告され（Kenoyer 2010）、モヘンジョダロからは多数のビーズとおもり16点が上皿天秤（てこ台と2個1組の銅製皿）とともに同じ部屋から発見されており（Puri 1936-37：41）、おもりの使用方法を具体的に類推できる。

表4に示した通り、0.86gを基準単位とした2進法（1：2：4：8：16：32：64）と10進法（160：200：320：640：1,600：3,200：6,400：8,000：12,800）を併用するシステムにもとづき運用されていたと考えられている[13]（Kenoyer 1998・2010）。なお表4に示した「重さ（平均）」とは、2進法と10進法にもとづく「比率」を参考に、各遺跡ごとに、特定の比率に対応するおもりを抽出し、各分類項目の重さの総計を出土数で割って導きだした数値である[14]。

もっとも一般的なおもりは約13.7g、最小のおもり（ハラッパー出土）で約0.30g、最大のおもり（モヘンジョダロ出土）で約1417.5gをはかり、バラエティに富む。本書では、議論の便宜上、500g以上（正確には544.77～1417.5g）を「特大型」[15]、100～499g（正確には120.81～273.59g）を「大型」、10～99g（正確には13.67～54.73）を「中型」、10g未満（正確には0.30～7.21g）を「小型」と4つのカテゴリーに分類しておく。

またおもり製作の明確な証拠は、今のところ、モヘンジョダロとハラッパー、小規模であるが紅玉髄製ビーズをはじめとする工芸品の製作センターであったと理解されるチャヌフダロのインダス文明期のみに認めることができる（Kenoyer 2000）。おもりの主な原石が基本的にローフリー丘陵に限定されること（Law 2008）や先に述べた重さの規格も考慮すれば、きわめて意図的・作為的

表4 おもりの重さと出土傾向

比率	ハラッパー (Kenoyer 2010) 重さ*(平均)	ハラッパー (Vats 1940) 重さ (平均)	モヘンジョダロ (Mackay 1938) 重さ (平均)	チャヌフダロ (Mackay 1943) 重さ (平均)	ロータル (Rao 1979) 重さ (平均)	ファルマーナー (Shinde et al. 2011) 重さ (平均)	カーンメール (Kharakwal et al. 2012) 重さ (平均)
1/3	0.30						
2/3	0.60			0.58			
1	0.86	0.95	0.87	0.89			
1 1/3	1.25				1.22		
2	1.78	1.66	1.77	1.71			
1/3×7	2.10			1.96			
1/3×8		2.66	2.28	2.37			
4	3.52	3.50	3.43	3.55	3.53		
8	6.61	6.83	6.83	6.95	7.21	7.09	6.85
16	13.86	13.67	13.73	13.73	13.67		
18	15.50						
32	26.70	27.06	27.41	27.50	27.22		28.10
64	51.97	54.73	54.36	52.68	54.04		
160	120.81	130.38	136.02	131.70	125.80 (136.6)**		135.20
200			174.50				
320	225.50		271.33	273.59**			
640			546.70	544.77			
1,600			1,417.50	1,330.68			

*重さ＝grams
**資料の破損が大きいため、残部のサイズから推定した重さ（参考値）

な製作であったことは明らかである。

　出土傾向もまた特徴的である（口絵3、表4）。すべての遺跡から万遍なく出土するのではなく、モヘンジョダロやハラッパー、チャヌフダロ、カーリーバンガン、ドーラーヴィーラーといった各地域に点在する拠点的集落や特徴的な機能を有する遺跡からのみ限定的に出土する。その出土数についてみれば、モヘンジョダロとハラッパー、チャヌフダロ、ドーラーヴィーラーに集中するというのが実態である。[16]

　特大型～小型のすべてのサイズ・カテゴリーを有する遺跡は、モヘンジョダロとチャヌフダロ、ドーラーヴィーラーの3遺跡のみで、大型のおもりの出土もこれら3遺跡にくわえてハラッパー、カーリーバンガン、ラキー・ガリー、バナーワリー、ロータル、カーンメール、ときわめて限定的である。[17]

　また大型のおもりの出土数についても、モヘンジョダロとハラッパー、チャヌフダロ、ドーラーヴィーラーに集中する。各地に点在するその他の中・小規模遺跡においては中・小サイズのおもりに限定される傾向があり、出土数はきわめて少ない（Kenoyer 2010）。

ハラッパー (Kenoyer 2010)	ハラッパー (Vats 1940)	モヘンジョダロ (Mackay 1938)	チャヌフダロ (Mackay 1943)	ロータル (Rao 1979)	ファルマーナー (Shinde et al. 2011)	カーンメール (Kharakwal et al. 2012)	出土数 (合計)
出土数	出土数	出土数	出土数	出土数	出土数	出土数	
2							2
1			2				3
7	1	5	1				14
8				1			9
13	12	13		3			41
4			3				7
	4	2	1				7
12	20	31	9	1			73
8	27	45	11	6	1	2	100
10	28	91	12	2			143
1							1
7	59	94	16	3		1	180
3	18	23	8	3			55
4	18	11	7	1		1	42
		1					1
1	1	4	1				7
		1	1				2
		3	1				4

b．インダス式印章と封泥

インダス式印章と封泥については第5章で詳述するので、ここではその諸特徴を簡潔にまとめるにとどめる。図表に関しては、不便であると思うが、第5章の図表を引用するかたちでそのまま使用する。

インダス式印章とは、印面に一角獣をはじめとする主モチーフと平均2〜5文字程度のインダス文字が陰刻され、裏面に紐をとおすためのつまみ（鈕）をもつ方形・押捺型の判子状の遺物である（図44・図45）。素材には主に凍石がもちいられ、これまでに2,100点あまりが発見されている。

印面に刻まれたいくつかのモチーフは単なるモチーフの集合体ではなく、相互を構造化する厳格な法則性にもとづいている。それは、「左向きの主モチーフを印面の下半に、インダス文字を印面の上半に刻み、裏面には方形または隅丸方形状のつまみをもつ」というデザイン上の厳格なルールである（図48）。インダス式印章は、ほぼ例外なく、この法則性に則り製作されているので、当該遺物は誰が見てもそれと認識できるようなデザインを有していたといえる。

また印面の縦長と横長を計測すると、インダス式印章のサイズは、その縦横長の計測値にもとづき、特大型＝70〜50 mm、大型＝50〜35 mm、中型＝35〜20 mm、小型＝20 mm以下というように4つのカテゴリーに分類できる（図52・図53）。

表5 インダス文明遺跡の居住の連続性・出土遺物・その他の諸特徴

		居住の連続性	おもり				インダス式印章			
			特大型	大型	中型	小型	特大型	大型	中型	小型
シンド	モヘンジョダロ	×	◎	◎	◎	◎	◎	◎	◎	◎
	チャヌフダロ	×	◎	○	○	○	◎	○	○	△
	アッラーフディーノ	×			△(詳細不明)				△	△
	バーラーコート	●						△	△	
	ラーカンジョダロ	×							△	
	アムリー	●							△	
	コート・ディジー	●							△(計測不可)	
	ジューカル	×							△	
	ロフムジョダロ	×							△	
	ガージ・シャー	●								
パンジャーブ	ハラッパー	●		◎	◎	◎	◎	○	◎	◎
北部ラージャスターン／ハリヤーナー	カーリーバンガン	●		○(詳細不明)				○	○	
	ラキー・ガリー	●		○(詳細不明)				?	△	△
	バナーワリー	●		○(詳細不明)					△	○
	バロール	●		△(詳細不明)					△	△
	ファルマーナー	●			△				△	
	ローパル	●		△(詳細不明)					△(詳細不明)	
	ビッラーナー	●						△	△	△
	タルカーネーワーラ・デーラー	●							△	
	ミタータル	●					コンベックス型印章のみ			
	ローヒラー	●								
	フラース	△								
	アーラムギールプル	△								
	チャンディーガル	×								
グジャラート	ドーラーヴィーラー	●	◎	◎	◎	◎		△	○	◎
	ロータル	×		△	○	○		○	◎	○
	カーンメール	●		△	△	△			△	△
	スールコータダー	×							△	
	クンターシー	×								△
	バガーサラー	×							△(詳細不明)	
	シカールプル	×							△(詳細不明)	
	パーブーマト	×							△(詳細不明)	
	キールサラ	×					コンベックス型印章のみ			
	デーサルプル	×					コンベックス型印章のみ			
	ラングプール	●								
	ロージディー	×								
	パードリー	●								
	ナゲシュワール	×								
	ナーグワーダー	×								
バローチスターン	ナウシャロー	●							△	
	ピーラク	△							△	
	ニンドーワリ	●							△	
	ペリアーノ・グンダイ	●								
	ダーバル・コート	×								
ゴーマル	グムラー	●								△
	マルⅡ	×							△(計測不可)	
	ヒシャーム・デーリ	×								
マクラーン	ミリ・カラート	●							△	
	ソトカー・コー	×								
	ソトカーゲン・ドール	×								
アフガニスタン	ショールトゥガイ	×								△

封泥	インダス文字	ハラッパー式彩文土器	有角神のモチーフ	モニュメント的建造物・城塞	周壁・突角堡	墓地
○	◎	◎	●	●		
	○	◎	●			
	△	○				
	△					
	△	○				
	△	○				
	△	○				
	△					
		△				
△	◎	◎	?	●	●	●
○	○	○	●	●	●	●
△	△	○				●
△	○	○		●	●	
	△	△				
△	○	○				●
△						●
	△		●		●	
△	△					
	△	△				
△	△					
	△					
	△					
△	○	○	●	●	●	
○	○	○		●	●	●
△	○	○			●	
	△	△		●	●	●
				●	●	
	△				●	
	△	△				
	△					
△	△					
△	△					
	△					
	△					
		△				
		△				●
	△	○	●	●		
	△					
	△	△				
		△				
		△				
	△	△				
	△	○				
	△	△				
	△	○				
	△	△			●	
	△	○				

【凡例】

居住の連続性
- ●：先インダス文明期から居住開始
- ×：インダス文明期から居住開始
- △：ポスト・インダス文明期から居住開始？

おもり
- ◎：多（50点以上）
- ○：少（49〜11点）
- △：極少（10点以下）
- ＊特大型・大型に関しては出土総数が少ないので相対的に判断した。

インダス式印章
- ◎：多（20点以上）
- ○：少（19〜11点）
- △：極少（10点以下）
- ＊特大型・大型に関しては出土総数が少ないので相対的に判断した。

封泥
- ◎：多（20点以上）
- ○：少（19〜11点）
- △：極少（10点以下）

インダス文字

インダス式印章に2〜5文字程度陰刻されることが普通であるので、凡例は基本的にインダス式印章と共通。護符・銅製小板や土器に陰刻される例もあるが出土数は少ない。

ハラッパー式彩文土器

報告書等に詳細な記載がないため、全出土数のカウントは不可能。報告書等掲載の実測図・写真の数から「多＝◎」「少＝○」「極少＝△」を判断した。

その他
- ●：あり

出土傾向については、メソポタミアやアラビア湾岸、南トルクメニアからの報告もあるが、基本的にモヘンジョダロとハラッパーに集中し、インダス平原各地に点在する特定の中・小規模遺跡からも数は少ないが出土する（図49、表5・表12～14）。

また特大型をふくむすべてのカテゴリーをもつ遺跡は、モヘンジョダロとハラッパー、チャヌフダロの3遺跡に限定される。先に述べたが、前二者はインダス文明社会で中心的な役割をはたした遺跡であり、チャヌフダロはインダス文明における工芸品の生産センターであったとされる遺跡である。このことは遺跡の重要性や性格に応じて、各サイズ・カテゴリーが異なる分布傾向をみせることを示している。

さらに印章を押捺した封泥も発見されている。ただし封泥の出土傾向と印章の出土傾向は一致しない（表5）。インダス文明の港湾遺跡として理解されるロータルにおいて95点という最多の出土をみとめることができる一方で、モヘンジョダロからの出土はわずか19点とすくない。こうした封泥の分布傾向の違いは、商取引・交易活動などにおける各遺跡の性格差・機能差を示している可能性があるだろう。

（2）「貨幣」と商品交換

ここまでおもりとインダス式印章について整理してきたが、両遺物は厳格な法則性に則って製作されていることが明らかである。誰が見てもそれと認識できるような法則性とデザインは、これらを使用していた社会構成員間の共通の価値基準の存在を示唆する。何のための共通の価値基準かといえば、秤量や判子とかかわる両遺物の機能を考慮するに、おそらく、インダス文明社会におけるモノや情報の動きを円滑にし、かつ統制するという行為にかかわる「合意」あるいは「信用」のための共通の価値基準であろう。[18]

さきに古代社会においてはさまざまな量化可能かつ市場性の高い「物品」が「貨幣」として使用されていたことを確認したが、ある特定の「貨幣」をより広範囲で通用させ、商取引などの場面における経済効率を高めるためには、商品の移動と決済という経済行為上で使用される「貨幣」に「信用」をあたえる必要がある。両遺物は、そのような役割をになっていたものと考えられる。印章にほぼかならず刻まれているインダス文字も、こうした役割と関連するシステムであったのではなかろうか。

さらに表5から明らかなように、印章の方が広範囲から出土するものの、主要遺跡に関してみれば、両遺物の出土傾向はおおかた一致する。つまり、特大型～小型のおもりを有する遺跡からは同様に特大型～小型の印章も出土し、中・小型のおもりのみを有する遺跡からは同様に中・小型の印章のみが出土するのである。こうした状況は、おもりと印章が密接な関係をもって併用されていたことを物語っている。

さてインダス文明社会においては文字が未解読であるから、メソポタミアなどの事例よりも証拠はとぼしいが、彼らが特定の「貨幣」を一定の範囲内において通用させるために共有していたと考えられる共通の価値基準あるいは「信用」の一側面は考古学的に指摘しえた。

他の古代社会と同様に、インダス文明社会においても、小麦や大麦、鉛、銅、青銅、錫、銀、金

などのさまざまな「物品」をみとめることができる。すなわち、少なくとも、モヘンジョダロやハラッパーのように大量のおもりと印章を有する遺跡においては、量化可能かつ市場性の高いさまざまな「物品」が、「貨幣」として使用されていたとみて何ら問題ないだろう。現在手元にあるデータにもとづく限りにおいては、前3千年紀の南アジアにおける「貨幣」を特定することはできないが、本書では、ひとまず「貨幣」の存在を確かめられれば十分である。

またさきに述べたおもりと印章の特徴的かつ広範な分布傾向は、共通の「貨幣」が広範に分布する特定の遺跡間のみでもちいられていた可能性を示唆する。したがって、すべての集落（遺跡）で、同じように「貨幣」が使用されていたわけではないことには留意しておく必要がある。

以上のように、インダス文明社会においても、多様な「貨幣」が併存・競存していたのであり、「貨幣」を媒介としたモノの交換である商品交換が、「特定の場所」でおこなわれていたものと考えられる。

3. 前3千年紀の南アジアにおける互酬性交換と商品交換の併存

前3千年紀の南アジアにおける「貨幣」と商品交換の存在についてはここまでに述べたとおりであるが、実際は、おもりも印章・封泥も出土しない小規模遺跡の方が圧倒的に多い。2,600箇所にものぼるインダス文明関連遺跡のうち、それらの遺物を認めることができるのは表5に示した遺跡にすぎないのである。

こうした事実は、前項で指摘したように商品交換は特定の集落（遺跡）あるいは特定の集落（遺跡）間でのみおこなわれていたのであり、文明期においてもなお原始的な物々交換をふくむ互酬性交換にもっぱら依存する集落（遺跡）が数多く存在していたことを示唆する。むしろ、おもりも印章・封泥も出土しない小規模遺跡の方が圧倒的に多いという事実からは、前3千年紀の南アジアにおいて商品交換をおこなえる場はきわめて限定的であったとの理解が整合的であると思われる。

またこれもさきに述べたが、おもりと印章の出土傾向は遺跡ごとに異なる（表5）。モヘンジョダロやハラッパー、ドーラーヴィーラーなどからは（特）大型〜小型のおもりと印章が大量に出土するが、その他の遺跡からは中・小型のおもりと印章が少量しか出土しないといった具合にである。これは、前者においては高額「貨幣」と少額「貨幣」の併用にもとづく商品交換が本格的におこなわれており、後者においては少額「貨幣」のみにもっぱら依存した定期的かつ小規模な商品交換が互酬性交換を補完するかたちで併存していたことを示しているのかもしれない。

以上のように、前3千年紀の南アジアを特徴づける交換様式とは、地域ごとあるいは遺跡ごとに一様ではないが、互酬性交換と商品交換の併存により特徴づけられていたものと判断できる。

第2節　前4千年紀後半から前3千年紀前半における地域文化の様相

本節では前4千年紀後半から前3千年紀前半のインダス平原における地域文化の様相を整理す

る。インダス文明が成立する以前に、どのような地域文化が当地に存在していたのかを把握することが目的である。地域文化の様相を整理するにあたっては、分布範囲を明確に把握することのできる土器資料と印章資料に着目する。なお、土器に関しては第4章で、印章に関しては第5章で改めて詳細な検討をくわえる。

1. 先インダス文明期以前の様相

当該期においては、地域色豊かな土器型式に特徴づけられる文化を各地に認めることができる。各地域文化はその土器型式の特徴によって、トチ・ゴーマル（Tochi-Gomal）文化、ハークラー文化、アムリー文化、ケチ・ベーグ（Kechi-Beg）文化、ナール文化などに分類される（図8）。

トチ・ゴーマル式土器は、直口鉢を中心とする器種構成と黒・赤・白の顔料で幾何学文を主とする多様な彩文を描くことを第一の特徴とする（Khan Farid et al. 2000・2002）。その分布は、ゴーマル地方のグムラーⅡ期（Dani 1970-1971）とラフマーン・デーリ（Rehman Dehli）Ⅰ・Ⅱ期（Durrani 1988、Durrani et al. 1991、Durrani and Wright 1992など）、バンヌー地方（Allchin et al. 1986）を中心に、ポトワール（Potwar）平原（Halim 1972a・1972b）、西部パンジャーブ地方のジャリールプル（Jalirpur）（Mughal 1972・1974など）やハラッパー1B期[19]（Kenoyer and Meadow 2000など）におよぶ。

ハークラー式土器としては、口縁部や頸部、肩部などに黒・茶色で帯状文を施したもの、櫛描文様を施したもの、器面全体に黒色スリップを施したものなどをあげることができる。簡素な幾何学文はみられるが、動植物文は描かれない。分布は、ガッガル・ハークラー川流域を中心とする（Mughal 1997など）。

アムリー式土器は、連続鋸歯文や斜格子文などの幾何学文を主とする文様構成に特徴づけられる（Casal 1963・1979、Flam 1993b・1996など）。ハークラー式土器や後述するバローチスターン丘陵に分布する諸土器型式との関係性を指摘されることもあるが、その分布はアムリーを中心としたシンド地方南部に限定される。

ケチ・ベーグ式土器は、深鉢の外面や鉢の内面に幾何学文様をびっしりと描くことを特徴とする。動植物文などの具象文はあまりみとめられない。メヘルガルなどが立地するカッチー平野をふくめ、バローチスターン北部を中心に分布する（Franke-Vogt 2008、Jarrige et al. 1995、Konasukawa et al. 2012など）。

ナール式土器は、コブウシやピーパル（インド菩提樹）などの多様な動植物文から構成される具象文と階段形文などの多様なパターンの幾何学文に特徴づけられる土器型式である（Franke-Vogt 2003-04・2005・2008、Hargreaves 1929、Shudai et al. 2009など）。彩文を描く際に、青、緑、赤、黄などの顔料を多用することが最大の特徴である。主として直口鉢や有肩壺、屈曲鉢などの器種から構成され、ナールをはじめバローチスターン中〜南部を中心に、シンド地方西部の一部にも分布する。

さらに、マクラーン地方には鉢の内面にヤギなどの動物文や卍文などの幾何学文を描くことを特

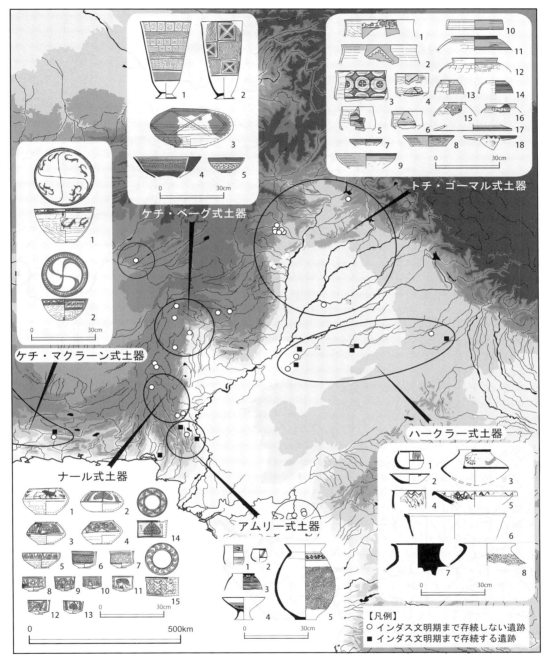

図8 先インダス文明期以前(前4千年紀後半)の様相

徴とするエミール(Emir)灰色土器などから構成されるケチ・マクラーン(Kechi-Makran)式土器(Bezenval 2005、Besenval and Marquis 1993、Konasukawa *et al.* 2011など)、グジャラート地方には在地の諸土器型式(Ajithprasad 2002など)が分布する。

なお当該期のインダス平原においては、印章資料は明確に把握することはできない。

2. 先インダス文明期の様相

　先インダス文明期においても、前代と同様に、地域色豊かな土器型式に特徴づけられる文化を各地に認めることができる。各地域文化はその土器型式の特徴によって、コート・ディジー文化やクエッタ文化、ソーティ・シースワール文化などに分類される（図9）。

　コート・ディジー式土器は、動植物文や幾何学文などの彩文は描かず、口縁部や頸部、肩部などに黒・茶色で帯状文を施すことを第一の特徴とし、鍔付広口短頸壺などの特殊な器種をみとめることができる。器種構成の相違にもとづき、シンド型とゴーマル型に分類可能である。前者はシンド地方に位置するコート・ディジーの16～4層（Khan 1965）を中心に、北部シンド地方、チョーリスターン地方などでも確認されている（Mughal 1997、Mallah 2008、Shaikh et al. 2003-04 など）。いっぽう後者は、彩文こそ描かれなくなるものの、器種構成は前代のトチ・ゴーマル式土器から型式学的に連続するものと理解でき、分布範囲もほぼ同様である。つまりその分布は、ゴーマル地方のグムラーⅢ期（Dani 1970-1971）とラフマーン・デーリⅢA期（Durrani 1988、Durrani et al. 1991、Durrani and Wright 1992 など）、バンヌー地方（Allchin et al. 1986）を中心に、ポトワール平原（Halim 1972a・1972b）、西部パンジャーブ地方（Jenkins 1994a、Mughal 1972・1974 など）にもおよぶ。

　クエッタ文化を特徴づけるファイズ・ムハンマド（Faiz Mohammad）式土器は、コブウシ、トリ、ピーパルなどの動植物文から構成される具象文や階段形文をはじめとする幾何学文を鉢の内面に描くことを特徴とする。カッチー平野のメヘルガルやナウシャロー、クエッタ地方のダンブ・サダート（Damb Sadaat）などを中心に分布し（Fairservis 1956・1959・1975、Franke-Vogt 2008、Jarrige et al. 1995、Jarrige 1986・1988・1989・1990・1993・1994・1996・1997、Konasukawa et al. 2011、Quivron 1994、Raikes 1968、Samzun 1992、Santoni 1989、Shashi Asthana 1985、Wright 1984・1989a・1989b など）、その彩文要素はアフガニスタンのムンディガク（Mundigak）Ⅳ1期（Casal 1961）やイランのシャフリ・ソフタ（Shahr-I Sokhta）Ⅳ期（Biscione 1990、Lamberg-Karlovsky and Tosi 1973、Piperno and Salvatori 2007、Sajjadi et al. 2003、Tosi 1968・1969）においてもみとめることができる。

　ソーティ・シースワール式土器は、コート・ディジー式土器と同様に黒・茶色帯状文を主とするデザインを志向するが、その他にも斜格子文や動物文、抽象化された角文や植物文をはじめとする多様な彩文をみとめることができる。黒・茶色顔料とともに白色顔料をもちいることも当土器型式の特徴の一つである。主として、壺、台付き甕、鉢などから構成され、小型の器種も目立つ。インド北西部のガッガル川流域に位置するカーリーバンガンやバナーワリー、東部パンジャーブ地方を中心に分布する（徐 1989a、Bisht 1993・1999・2000、Bisht and Shashi Asthana 1979、Dikshit 1984、Frenchman 1972、Lal 1979、Lal and Thapar 1967、Lal et al. 2003、Manmohan et al. 2011、Shaffer 1981・1987、Sharma 1982、Suraj Bhan 1971-72・1973・1975 など）。

　さらにシンド地方南部には前代にひきつづきアムリー式土器、グジャラート地方にはアナルタ式

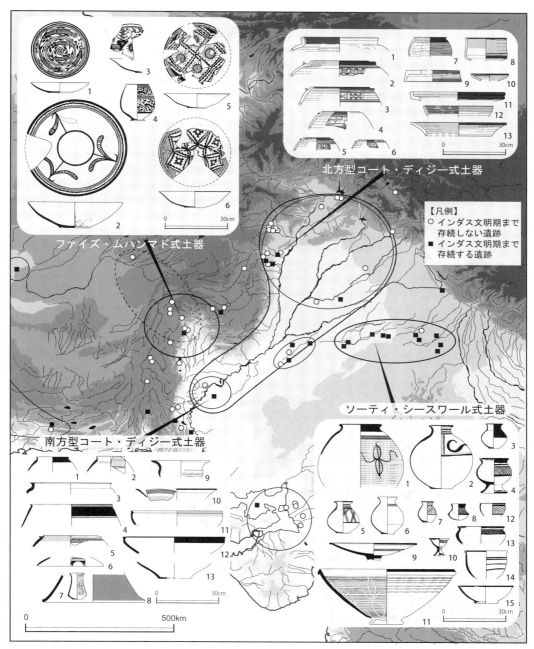

図9　先インダス文明期の様相

土器などの諸土器型式（Ajithprasad 2002、Shinde 1998 など）が分布する。

　また当該期のインダス平原において、印章資料をはじめて明確にみとめうるようになる。ただし出土数は、インダス式印章に比べればきわめて少ない。分布傾向は、図10に示したとおりである。直線構成の幾何学文と同心円文を基調モチーフとし、方形や円形、不定形、動物形の印面形態に特徴づけられる印章が、ゴーマルに位置するラフマーン・デーリ、西部パンジャーブに位置するハ

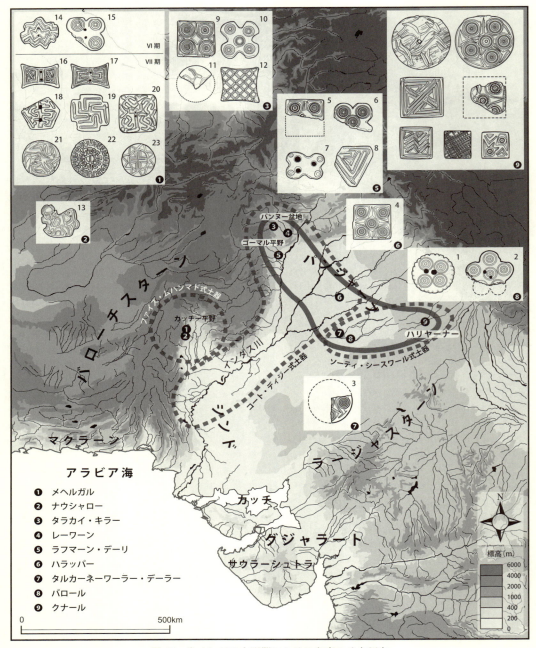

図10　先インダス文明期における印章の分布傾向

ラッパー、ハリヤーナー地方に位置するクナール（Kunal）（Acharya 2008）などの諸遺跡から出土している。

　さきに確認したそれぞれの地域に特徴的に展開していた土器型式の分布傾向と比較してみれば、先インダス文明期における印章は特定の土器型式が表示するような地域社会に限定されることなく、広い範囲に分布していることが明らかである（図10の太線枠）。出土数は2点のみであるが、

印章の押捺痕をとどめた封泥もこの分布範囲内から出土している。

3. 移行期の様相

　移行期とは、序章で述べたように先インダス文明期からインダス文明期への過渡期を意味する（Possehl 1990）。この移行期は、さきに確認した先インダス文明期の地域諸文化が維持されつつも、土器の様相が変化する段階として位置づけることが可能である。そうした様相はシンド地方とカッチー平野の関係によってもっとも典型的にとらえることができる（上杉 2008、上杉・小茄子川 2008、Jarrige 1993、Shudai et al. 2013）。

　先インダス文明期には肩部に波状文を施す鍔付広口短頸壺がコート・ディジーに存在したが、これとは大きく異なる大区画の幾何学文あるいは交叉円文を描く鍔付広口短頸壺が移行期に出現する。このタイプの鍔付広口短頸壺は、図11に示したようにシンド地方からカッチー平野、さらに東南部イラン高原でも確認される（Biscione 1990、Pracchia 1985、Quivron 1994、Tosi 1970b）。このシンド地方とカッチー平野の関係性については、両地域の中間地点に位置するバンドー・クボー（Bhando Qubo）出土土器の様相からもうかがうことができる（Shaikh and Veesar 2000-01）。

　いっぽうバローチスターン高原内部でも新たな動きが生じていたことが、簡略化・様式化された植物文を内面に描く浅鉢と器面に軟らかな泥を塗布し貝殻腹縁による刺突で装飾を施したものと推察されるウエット・ウェア（Wet ware）の分布にみることができる（図11）。前者はゴーマル平野からジョーブ・ローララーイー地方（Fairservis 1959）、カッチー平野（Jarrige et al. 1995、Jarrige 1993・1996、Pracchia 1985）に広く分布し、さらにはアフガニスタンのムンディガクⅣ3期（Casal 1961）、イランのシャフリ・ソフタⅣ期（Biscione 1990、Piperno and Salvatori 2007、Sajjadi et al. 2003）にも分布する。ウエット・ウェアもゴーマル平野（Durrani and Wright 1992）からカッチー平野（Jarrige et al. 1995、Jarrige 1993・1996、Pracchia 1985）、南部バローチスターン高原（Fairservis 1956・1959）、さらにはモヘンジョダロ（Dales and Kenoyer 1986）、ハラッパー（Kenoyer and Meadow 2000）、カーリーバンガン（Lal et al. 2003）と断片的かつ限定的ながらもインダス平原においても広く出土する。

　他にもこうした広域に分布する要素としては、魚鱗文や外反して立ち上がる口縁を有する広口壺などをあげることができる。さらにこの時期には角文と植物文を組み合わせた「角+植物」という特徴的なスタイルもインダス平原の広い範囲で確認されるようになる（永嶺 2000）（図11）。

　以上、前4千年紀後半から前3千年紀前半にかけてのインダス平原における地域文化の様相を、分布範囲を明確に把握することのできる土器資料と印章資料に着目して整理した。土器と印章についての詳細はそれぞれ第4章と第5章で詳述するが、ここで確認しておきたいのは次の事実である。

　すなわち、文明社会が成立する直前の移行期においてこそ特徴的な土器や諸要素が広範囲に動

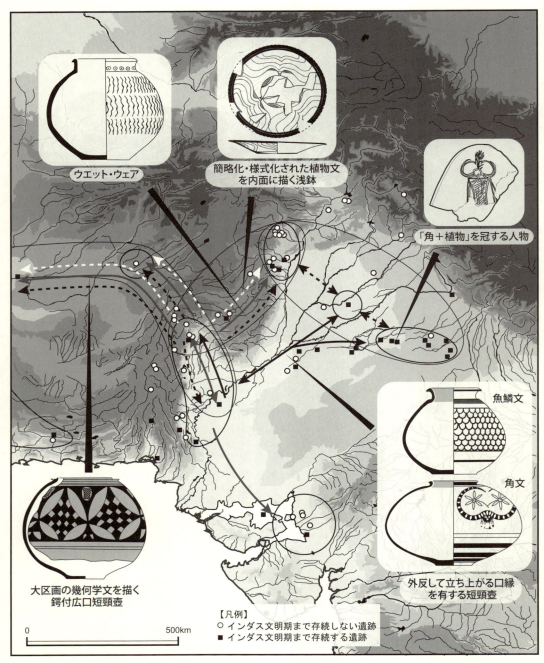

図11　移行期における地域間交流の様相

き、地域文化の枠をこえた活発な地域間交流をみとめうるようになるが、インダス文明成立以前のインダス平原においては、それぞれに特徴的な土器型式が、ゆるやかな交流関係を保ちつつも、明確な分布圏を有するかたちで各地に展開しており、地域文化の盤石な様相を認めることができる、ということである。

第2章 都市を考えるための諸側面 59

また前節で述べた「貨幣」と商品交換にひきつけるならば、特定の土器型式が表示するような地域文化圏をこえて分布する先インダス文明期における印章の登場は非常に重要となる。

第3節　インダス文明期におけるモヘンジョダロ以外の主要遺跡の概要

次章においてモヘンジョダロの詳細を検討するが、モヘンジョダロのあり方を相対化する目的で、ここではインダス文明期のいくつかの主要遺跡の概要を、とくに立地条件、居住の連続性、居住形態、交換様式の諸側面から整理しておく（表5）。遺跡分布などの情報は、図1・口絵3を参照していただきたい。

ラーヴィー川流域に位置するハラッパー、ガッガル川流域に位置するカーリーバンガンおよびバナーワリー、そして当時アラビア海に面していたカッチ地方のカーディール（Khadirbet）島に位置するドーラーヴィーラーは、文明期から居住が開始された集落ではなく、先インダス文明期からすでに居住が開始されていたことが確認されている。

インダス文明期における居住形態については、第1章第3節の1で確認したとおりであり、ハラッパーとカーリーバンガンが分離型、バナーワリーとドーラーヴィーラーが一体型に分類可能である。前二者においては周壁・突角堡の一部と墓地が確認されており、後二者では周壁・突角堡の一部のみが確認されている。

また表5に示したように、出土傾向に違いはあるものの、これらの遺跡からはおもりと印章・封泥がともに出土しており、商品交換がおこなわれていたことを推察できる。その他の出土遺物に関しては、ハラッパーに関しては例外的にハラッパー文化が非常に優勢となるものの、これらの遺跡は文明期以前から居住が開始されているので、自前の伝統文化とハラッパー文化が混在した様相を呈する。割合的には、在地伝統文化の方がハラッパー文化よりも優勢となる。

いっぽうインダス川下流域のシンド地方に位置するチャヌフダロとグジャラート地方のキャンベイ湾の湾口から10km内陸にはいったところに位置するロータルは、上記4遺跡とは異なり、文明期から居住が開始されたことが確認されている。

文明期の居住形態に関しては、チャヌフダロにおいては城塞区域や周壁、墓地をみとめることはできないが、一体型に分類可能であるロータルにおいては周壁・突角堡の一部と墓地が確認されている。

上記4遺跡と同様に、両遺跡からもおもりと印章・封泥がともに出土しており、商品交換がおこなわれていたことを推察できる。その他出土遺物に関しては、この2遺跡は文明期からの居住であるので、チャヌフダロではハラッパー文化のみを、ロータルではハラッパー文化が優勢的にみられるという様相となる。

その他の主な遺跡に関する先インダス文明期から文明期への居住の連続性や諸側面についても表5に示したが、ここで強調しておきたい事項は、さきに確認した6遺跡をふくめ、インダス文明期の遺跡というのは、「文明期以前から居住が連続する集落」と「文明期から居住が開始される集落」

に分類できるということである。

　前節に引きつけるかたちであえてくり返しておくが、文明期の居住形態や交換様式、ハラッパー文化関連遺物の有無などにもとづき、同様にインダス文明遺跡と判断できる集落（遺跡）であっても、実際には次の2パターンを明確に区別し、把握しておく必要があるということである。すなわち、「各地域に伝統的に存在した盤石な地域文化に組み込まれていた集落（遺跡）が、文明期にいたり、インダス文明遺跡へと変化・変容したパターン」と「インダス文明遺跡が、文明期に、新たに創られたパターン」である。

　またインダス文明期の集落（遺跡）は基本的に古河道とその支流または旧海岸線に近接して分布するが、河道沿いに近接して立地していたという事実は、洪水の危険性ととなりあわせであった可能性を示唆するものである。しかし本節で確認した「文明期以前から居住が連続する集落」に関しては、比較的長い期間にわたってその地での居住が安定的に維持されていたわけであるから、洪水の危険性はそれほどのものではなかったと推察しておいて構わないだろう。

　さてモヘンジョダロは、以上のどちらのパターンとして理解でき、どのような特徴を有するのであろうか。次章で詳しく検討することにしよう。

註
（1）　本書で言及する交換様式については、柄谷行人の一連の研究（柄谷 2010・2014）を参考にしていることを明記しておく。
（2）　資本主義的な市場経済が進むと、かならず階級格差などの矛盾が生じることが示しているように、商品交換は、自由で平等な関係をとおして、恐怖にもとづく階級支配とは異なる種類の階級支配を創りだす。商品交換のこの重要な側面についても注意しておく必要がある。
（3）　柄谷行人が指摘するように、どんな社会構成体も、ただ一つの交換様式にのみもとづいているということはありえない。「交換様式」には、「互酬交換」「略取と再分配（支配と保護）」「商品交換」「それらを超える何かとしてのX」という4つのタイプがあり、どんな社会構成体も4つの交換様式の接合からなり、どの交換様式が支配的であるかによって、社会のあり方は違ってくる（柄谷 2010・2014）。
（4）　著者自身は、インド北東部のナガランド州において、互酬原理にもとづいていた伝統的ナガの社会構造が、キリスト教とともに急速に流入してきた市場交換原理にのみ込まれ、解体されていくプロセスを観察した（小茄子川 2015）。
（5）　「商品交換は、共同体の終えるところに、すなわち、共同体が他の共同体または他の共同体の成員と接触する点に始まる」「しかし、物はひとたび共同体の体外生活において商品となると、ただちに、また反作用をおよぼして、共同体の内部生活においても商品となる」（マルクス 1975）。マルクスは、商品交換が共同体と共同体の間にはじまるということをくり返し強調している。
（6）　メンガーは、「貨幣の起源にかんする理論的な研究は、自己充足的な自然経済から、媒介なしの交換交易をともなった自然経済に（実物的な交換取引に）すでに移行している発展段階の人間社会からとりかからねばならない」（メンガー 1984：382）と舞台をあらかじめ設定し、議論を展開している。
（7）　メンガーは、財価値とは、財そのものに内在しているものではなく、財と人間の欲望との関係にもとづくものであるから、この関係の変化にともなって、価値もまた発生し消滅しなければならないとする。そして、商品は、それが販売される他者との関係性によって、「販売可能性（Absatzfähigkeit）」という特性をもつ。これは、個人がある商品を支配関係に置いたとしても、その商品について彼自身が主観的に決定

することのできない性質であり、彼以外の社会構成員の規模や好みや必要性によって決まってくるものであると理解している（メンガー 1982・1984）。

（8）マルクスの「価値形態論」にも言及しておこう。一商品の価値は、他の商品との等置形態、いいかえれば、「価値形態」において生じる。マルクスは、貨幣（一般的等価物）は、ある商品Xが、他のすべての商品にたいして排他的に等価形態（＝貨幣形態）におかれるようになるときに出現すると考えた。つまり、貨幣は貨幣形態という位置に置かれた商品である、とする（マルクス 1975、柄谷 2010）。

（9）黒田明伸は、「制度として確立させずとも、ある財（取引を媒介する財）を通貨として機能させるよう、地域の人々の間に緩い合意が自ずとできあがってくる。これこそが、歴史上さまざまなかたちをとって現れる貨幣現象を下支えしていた、見えざる基礎的なシステムなのである」（黒田 2003：49）と指摘している。メンガーの貨幣起源論と共通する理解である。

（10）K. ポランニー（Polanyi）は、「近代的貨幣のみが「全目的」貨幣であり、初期的な社会には「特定目的」の諸貨幣が存在したとして、貨幣は、共同体間の市場的商品交換関係の発展から生まれたのではなく、古代都市国家の内部簿記の必要から、債権債務や税を記録する抽象的な計算貨幣として生成した」「交換手段として用いられなくても、尺度標準あるいは支払い手段として使われることがあるのであり、その場合には、さまざまな物品がさまざまな目的に使用されるのである」とする（ポランニー 2003・2004）。いっぽうメンガーは、物々交換の発達以前に、資産賦課、献納、税、諸々の賠償といった諸種の片務的給付の確定に慣例上用いられていた財を貨幣とはみなさない（メンガー 1982・1984）。そのような財は、メンガーが貨幣の本質と考える交換媒体とはなっていないからである。

（11）M. ウィデル（Widell）は、紀元前3年紀後半における大麦と銀の交換比率を、「大麦1Lに対して銀0.028 g」と計算している（Widell 2005）。

（12）原石としてはチャート以外にも瑪瑙や石灰岩、角閃石、凍石などももちいられたが、もっとも多用されたのがローフリー丘陵産の縞目のあるチャートである。

（13）2進法と10進法の比率にあてはまらないおもりも存在する。たとえば、チャヌフダロやロータル、カーンメール（Kanmer）から出土した比率が4/5、5、6、10、21、22、24、38となるようなおもりである。出土数はそれぞれ1〜3点ほどと少ないが、遺跡差や地域差を考慮しつつ、資料の増加をまち、検討をくわえる必要があるだろう。

（14）遺跡から出土したおもりは、表面が摩耗したり、角が少し欠けたりしているものがほとんどである。したがって、遺跡ごとに特定の比率に対応するおもりを抽出する際の判断には、そうした事実を考慮したうえでのある程度の任意性が存在することを断っておく。

（15）ケノイヤーは、マメあるいは穀物の粒の重さがおもりの基準単位となったと考えている。またケノイヤーはこれらのおもりについて、市場における商取引時の使用よりもむしろ、物流管理などでおこなわれる徴税時における使用の可能性を強調する（Kenoyer 1998・2010）。

（16）ドーラーヴィーラーからは、立方体あるいは直方体のおもりが171点ほど出土しているとの報告がある（Kenoyer *et al.* 2009）。

（17）ドーラーヴィーラー出土資料の重さに関しては、データがまだ公表されていないので、発掘調査概報など（Kenoyer *et al.* 2009など）に掲載されている写真と事実記載から判断した。おもりの原材料がほぼ同じであるので、写真などから大きさがわかれば、だいたいの重さは類推が可能となる。表5中に散見される「詳細不明」についても、同様の類推方法をとったことを意味している。

（18）「ある意味で、貨幣はそもそも信用として出現したのである。たとえば、物々交換で、生産物が季節的に異なる場合、先に相手の物を受け取り、あとで自分の物を渡すことになる。その場合、何らかのシンボルが用いられる。それは信用貨幣である。金属貨幣が世界通貨となった場合でも、実際の交換においては、約束手形が用いられる。また、そのような手形がそれ自体、貨幣として使われるようになる。したがって、

貨幣にもとづく経済の世界は「信用」の世界である」（柄谷 2010：144）。そして「信用」を支えているのは、取引当事者間の共同性の観念（互酬原理）である（柄谷 2010）。

(19) 本書では、彩文要素の類似にもとづき、ハラッパーⅠB期出土のラーヴィー式土器もトチ・ゴーマル式土器の範疇でとらえている。

第3章

モヘンジョダロの創出

　本章から実際の分析作業にはいるが、まずはインダス文明社会における都市がどのように生成したのか、そして都市とは一体どのような場であったのか、を探っていきたい。

　第1章で述べたように、インダス文明に関する都市研究においては発展段階的な図式にもとづいた枠組みが幅をきかせており、「先インダス文明期の特定の集落(遺跡)が順調に成長して、インダス文明期に都市へと変貌をとげる」という理解が「常識」となってしまっている。したがって都市がどのように生成したのか、あるいは都市とは何か、という問題は不問に付されたままであるといってよい。

　A. ヤンセン(Jansen)らがおこなったモヘンジョダロの再調査(Jansen 1986・1993b、Jansen and Urban eds. 1984・1987、Urban and Jansen eds. 1983など)やハラッパーの近年の発掘調査(鎌田 1998、小磯 1998a、Dales and Kenoyer *et al.* 1991、Kenoyer 1991a、Kenoyer and Meadow 2000・2004、Meadow and Kenoyer 1994・2001・2005・2008)はインダス文明の2大遺跡にみとめられる遺構や遺物の詳細を明らかにしつつあるが、当文明社会においてこれら2遺跡が一体どのような役割を果たしていたのか、などは十分に議論されないままである。ほとんどの研究者が、両遺跡はまぎれもない都市であるに決まっているので、インダス文明社会において重要な役割を果たしていたにちがいない、という見解に満足してしまっているからだ。

　しかし都市がどのように生成したのか、都市とは何か、という問題を考えるためには、こうした見解からいったん思いきって距離をおく必要があるだろう。第1章で述べたように、「常識」にとらわれることなく、一定の範囲に同時期に存在する集落(遺跡)間の有機的関係性を考慮したうえで、各集落(遺跡)の性質や立地を把握しつつ、「都市がいつ、どこに、何の目的で、どのようにして出現したのか」、そして都市とは一体どのような性質をもっていたのか、を問わなくてはならないからである。

　分析の視点はさまざまであると思われるが、本書ではインダス文明における都市の立地条件と居住形態、人口、交換様式の四側面からアプローチしてみたい。なぜならば、これら四側面を総合的に検討した研究は不在なので、インダス文明社会における都市という空間についての新しい見解をえることが可能であり、さらには都市とは何かを考究するための重要な手がかりをもつかむことができると考えるからだ。

　したがって以下では、インダス文明における都市と理解されるモヘンジョダロに注目し、どのような場所にモヘンジョダロは建設されたのか(立地条件)、その空間とはどのような場だったのか

（居住形態）、その場に暮らしていた人々とは誰だったのか（人口）、そしてその場を特徴づけていた交換のあり方とは如何なるものだったのか（交換様式）、を考古学的に問う。

ところでこの分析視点は、モヘンジョダロ＝都市という等式が議論の前提にあるとの誤解をまねくおそれもある。したがって念のため、モヘンジョダロが都市であるのかという問いかけ自体をふくむ分析であることを申し述べておく。

さらに本章のまとめ部分では、モヘンジョダロとハラッパーをはじめとする主要遺跡の比較を試みる。モヘンジョダロの詳細を明らかにしたうえで比較検討をおこなえば、同じ都市遺跡と常識的に理解されている主要遺跡の諸側面にみられる異同を明確に把握できるものと考えるからである。

第1節　モヘンジョダロの立地条件と居住の連続性

まずはモヘンジョダロがどのような場所に、いつ建設されたのかを、インダス川の河道変動、モヘンジョダロの建設された場所、モヘンジョダロ下層の評価、の三側面から検討していく。

1. インダス川の河道変動

インダス川の上流と下流の分岐点は、パンジャーブ地方を流れる5本の大河が合流し1本のインダス川本流となるパンジナードである。インダス川上流の河道は比較的安定しているが、インダス川下流域にはハイルプール付近のローフリー丘陵とハイデラバード付近のガンジョ・タカール（Ganjo Takar）丘陵をのぞいてインダス川の流れをさまたげる障害物が存在しないため、河道変動が起こりやすい。

長さおよそ800 kmをはかるインダス川下流は北部シンド地方のほぼ中央をとおり、ハイデラバードの東方付近を流下して最終的にはアラビア海に注ぐ。平均傾斜度が1マイル（約1.6 km）について1フィート（約30 cm）という非常にゆるやかな地形を流下しているので、これも頻繁に洪水を引き起こす原因となっているものと考えられる。現在においては洪水対策としての堤防が西方のキルタール山脈からの雨水の流入を防いでいるので、インダス川下流域は比較的安定しているといえるが（Flam 1993a、Jorgenson et al. 1993、Shroder 1993）、夏季モンスーンの影響で洪水は毎年のように発生するのが普通だ。つまりモヘンジョダロが立地するインダス川下流域は、現在においてもなお氾濫原としての側面をもつと理解することが可能である。

またインダス川下流域における沖積土の堆積は、更新世からはじまった主要な地形形成に起因する。2000万年前頃まで（〜2000万年前頃）においては、インダス川古河道の扇状地性河口デルタ海岸は現在よりも少なくとも北方に300 kmのところに位置していたとされるが（Kazmi 1984）、新第三紀と第四紀をとおして起こったヒマラヤ山脈とヒンドゥークシュ山脈の急激な隆起と風化、浸食は、急峻で流れの速い季節河川をともない、インダス川下流域における沖積土の堆積を促した。更新世後期における堆積速度の上昇もあり、現在のシンド地方における沖積土の堆積は推定600 m

をはかるとされる（Lower Indus Project 1966）。

　更新世の地形は後の時代の堆積により埋没してしまっているので、現在観察可能なのは完新世における地形の歴史である。インダス川はその長い歴史の中で自然あるいは人工的な環境変化に対応するかたちで、くり返しその河道を変えてきた。したがってモヘンジョダロの立地条件を考える場合には、インダス川下流における河道変動の歴史を整理する必要がある。モヘンジョダロが建設された当時あるいはモヘンジョダロが機能していた当時に、インダス川は一体どの河道を流れていたのであろうか。

（1）インダス川下流域における河道変動の歴史

　インダス水系の複雑性を解明することを目的として、インダス川の上流域と下流域のいくつかの地点で多角的な調査がおこなわれてきた。上流域ではハラッパーが近接して立地するラーヴィー川やハラッパーに近い現在は涸河床となっているビアース川が調査されてきたが（Belcher and Belcher 2000、Wright 2010）、より詳細な調査研究は下流域においておこなわれた。

　以下では、L. フラム（Flam）が率いたシンド考古学調査プロジェクトの研究成果を参考に、インダス川下流域における河道変動の歴史を概観する。フラムらがおこなった古河道の復元作業は、地形の形成過程をさぐる現地調査、地形復元および航空写真や文献史料の使用にもとづいている（Flam 1986・1993a）。

　古河道は蛇行の痕跡としての隆起地形や窪地として認識されるのが普通である。それぞれの河道は自然土手を形成し、せまい氾濫原と窪地をともなう連続する隆起地形をつくりだすので、現地調査や航空写真からえられたデータと文献史料を総合的に検討して、北部シンド地方からアラビア海へ流下していたインダス川下流の古河道を復元する、という手法である。

　フラムらは更新世後期～完新世におけるこの地域の氾濫過程と地形の形成過程を通時的に研究し、紀元前8000年まで（～紀元前8000年）～紀元後1300年という期間のインダス川下流域における河道変動の歴史を導きだした。実際にシンド考古学調査プロジェクトは、以下に示すような現在のインダス川の河道とは大きく異なるいくつかの古河道の存在を明らかにしている。

　a. ジャコバーバード（Jacobabad）古河道（図12）

　砂洲と河道から推察されるひろい堆積域やその河道堆積物、完新世初期のものと推測されるインダス水系の河道傾斜との対応および土壌組成の相対年代という諸側面は、ジャコバーバード古河道が紀元前8000～2000年頃に流れていたとの推察を可能にする（Flam 1986・1993a）。この古河道がインダス川下流域においてもっとも北西に位置する最古の氾濫原の痕跡であり（Lower Indus Project 1965a・1965b、Holmes 1968）、このジャコバーバード古河道に対応する南東部におけるもっとも古い痕跡がサンガル（Sanghar）古河道である。

　また海岸線の位置の変動は入り江における沖積土の累積的な堆積に由来するが、完新世初期の間に、インダス川下流域の扇状地性河口デルタ海岸の位置はおそらくハイデラバードから北方にそれほど遠くない距離の位置から現在の位置までゆっくりと移動したものと考えられる（Brinkman

図 12　ジャコバーバード古河道（紀元前 8000〜2000 年頃）

and Rafiq 1971、Pithawala 1936・1959）。当概期における扇状地性河口デルタ海岸の位置は、サンガル古河道またはジャコバーバード古河道に由来する支流に関連したさまざまな証拠にもとづき（Holmes 1968）、現在みられるようなインダス川下流域南西部ではなく、南東部に位置していたとされる。

復元されるインダス川最古の古河道は、紀元前 8000〜2000 年頃に流れていたジャコバーバード古河道、シャーダードコート（Shahdadkot）古河道、シンド・ホロー（Sind Hollow）古河道、サンガル古河道から復元される通称ジャコバーバード古河道となる（図 12）。図 12 に示したように、現在のインダス川の河道のはるか西方に位置するカッチー平野を流れていたことになる。

さらに当時、インダス川下流域の東側にはジャコバーバード古河道と並行するように後述するナーラ・ナディー（Nara Nadi）とよばれる古河道が流れていた。つまりジャコバーバード古河道とナーラ・ナディー古河道に由来する沖積土堆積の急激な増加が、完新世初期間のインダス川下流域南東部における扇状地性河口デルタ海岸の形成を促していたと理解することができる。

b.　シィンドゥ・ナディー（Sindhu Nadi）古河道（図 13）

インダス川下流域北西に位置するワラー（Warah）古河道がジャコバーバード古河道に次いで古く、後者よりも大きくより卓越した規模の河道であったと推察されている（Lower Indus Project 1965a・1965b・1965c・1965d・1965e）。砂洲と河道から推察されるひろい堆積域やその河道堆積物および河道傾斜などの証拠にもとづき、ワラー古河道の諸特徴は、完新世中期間のインダス水系のものとして判断される環境と一致すると理解されている（Flam 1986・1993a）。

ワラー古河道はインダス川下流域の南東部でサマロ・ドーロ・バダーリー（Samaro-Dhoro

Badahri) 古河道と共存していたことが、完新世中期における扇状地性河口デルタ海岸の形成過程から推測される。サマロ・ドーロ・バダーリー古河道は後述するカンドーコート (Kandhkot) 古河道よりも古いと推測できるので、ワラー古河道、シンド・ホロー古河道、サマロ・ドーロ・バダーリー古河道は、少なくとも完新世中期、つまり紀元前4000年頃まで（～紀元前4000年頃）に位置づけられる。さらにこれらの古河道は紀元前4000～2000年頃には一本の河道を形成していたと考えられることから、この古河道は通称シィンドゥ・ナディー古河道とよばれ、かなりの沖積土の堆積をともなうひろい河道であったとされる（図13）。ジャコバーバード古河道からこのシィンドゥ・ナディー古河道への河道変動は、完新世初期～中期における環境変化に対応する流況の変動に関連した現象であったと考えられている。

図13 シィンドゥ・ナディー古河道（紀元前4000～2000年頃）

また当時の扇状地性河口デルタ海岸は現在みられるような南西部ではなく、サマロ・ドーロ・バダーリー古河道と関連するインダス川下流域の南東部に位置していたと考えられる。紀元前4000～2000年頃のインダス川下流域におけるシィンドゥ・ナディー古河道とナーラ・ナディー古河道に関連する扇状地性河口デルタ海岸の位置と海岸線推定ラインは暫定的なものであるが、東方ではカッチ湿原のどこかに、西方ではハイデラバードとタッタ (Thatta) 間のどこかに位置していた可能性があるという。[2] いうまでもなく、つづく完新世後期をとおして沖積土の堆積は継続し、海岸線をハイデラバードの南方へと徐々に移動させた。

くり返しになるが復元される当該期のインダス川の古河道は、紀元前4000～2000年頃に流れていたワラー古河道、シンド・ホロー古河道、サマロ・ドーロ・バダーリー古河道から復元される2番目に古い河道、つまりシィンドゥ・ナディー古河道である（図13）。この河道がインダス文明期におけるインダス川の河道であり、モヘンジョダロの東方ではなく、西方を流れていたことになる。

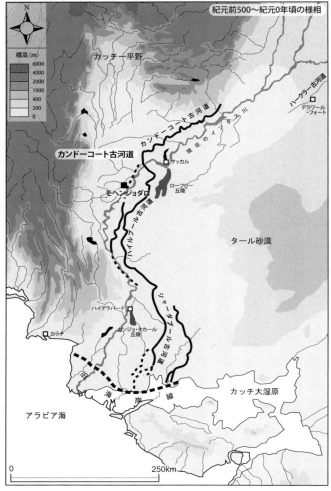

図14 カンドーコート古河道（紀元前500〜紀元0年頃）

c. カンドーコート古河道（図14）

アレクサンダー大王の遠征に同行した記録者は、シンド地方を通過した際に、サッカルとローフリー付近の石灰岩丘がつくりだす峡谷、通称サッカル峡谷（Sukkur gap）間を流れるインダス川については言及していない。この文献データにもとづいて、H. T. ランブリック（Lambrick）は、もし当時のインダス川がサッカル峡谷を通過していないのであれば、ローフリー丘陵の東側か西側付近を流れていたと推察した（Lambrick 1964）。

おそらく紀元前500年頃においては、インダス川はサッカルから西方にそれほど離れていない地点を流れていたと考えられ、この河道がカンドーコート古河道と一致する（Flam 1986・1993a）。さらに当時インダス川は現在のハイデラバードとガンジョ・タカール丘陵の東側を流れていたことが航空写真と河道痕跡から裏づけられており（Lower Indus Project 1966、Holmes 1968）、これがシャーダプール（Shahdapur）古河道と一致する（図14）。

さきに述べたジャコバーバード古河道とシィンドゥ・ナディー古河道は下流域では南東部のほぼ同じ位置で扇状地性河口デルタ海岸を形成し、上流域ではジャコバーバード古河道とワラー古河道が互いに流況を調整していたものと考えられる。また両古河道の中流域はシンド・ホロー古河道であり共通していた。しかしカンドーコート古河道はシィンドゥ・ナディー古河道とは共通点をもたない。さらにカンドーコート古河道は、シィンドゥ・ナディー古河道と比較すると、はげしく蛇行する一本の狭く深い河道であったとされる。

完新世中期〜後期の環境は基本的に同様であったと考えられているので、シィンドゥ・ナディー古河道からカンドーコート古河道への変化の原因は環境変化にあるとは思われない。おそらく河道変動にともないインダス川下流域における扇状地性河口デルタの形成地点が東南部から中央部へと移動し、その結果としてシィンドゥ・ナディー古河道の流路が西方から中央へ移動したものと考え

られる。
(3)

　復元されるインダス川の古河道は、紀元前500年～紀元0年頃に流れていたカンドーコート古河道、ハイルプール（Khaipur）古河道、シャーダプール古河道から復元される流路、総称カンドーコート古河道である（図14）。ギリシアとローマの地理学者および編年史家がのこした記録も駆使し、ランブリックにより復元された古河道であり（Lambrick 1964）、現在のインダス川に先行するものであると考えられている（Lower Indus Project 1965a・1965b・1965c・1965d・1965e）。

d. 現代の河道

　13世紀頃から現代までのインダス川の河道である。インダス川は石灰岩質の地盤のしっかりしたサッカル峡谷を流れるようになり、河道は比較的安定した。このサッカル峡谷の形成時期はアラビア語の文献によれば紀元900～1300年頃とされる。

　また今日のシンド地方におけるインダス川の河道は、洪水対策としての堤防によって人為的に制御されており、張りめぐらされた灌漑用の運河が洪水時の自然流路に取ってかわっている箇所もある。

（2）ナーラ・ナディー古河道とガッガル・ハークラー川

　さきにふれたナーラ・ナディー古河道は、北東方向からアラビア海へ向かって流下するガッガル・ハークラー川（別名サラスヴァティー川）の南の延長線上にある。インダス川下流域の東端にみとめることができるこの古河道は、衛星画像や航空写真で簡単に見つけることができる。

　北東部ではフォート・アッバス（Fort Abbas）からフォート・デラワール（Fort Derawar）までがハークラー川（Mughal 1992a・1997）、フォート・デラワールからローフリー丘陵の南東ではライニー（Raini）古河道とワヒンダ（Wahinda）古河道により特徴づけられる。そこから南東に流れを変え、タール砂漠西端を流れ、カッチ湿原まで流下する。これがナーラ・ナディーの主要河道であった（図13）。

　ナーラ古河道はインダス川下流域東端のもっとも低い地形上を流れる。この地形にもとづく急峻な河道傾斜からは、おそらくフォート・デラワール付近のハークラー川からライニー古河道とワヒンダ古河道をとおりナーラ古河道北部までが広大な蛇行平原であったことが推察される。さらにそこから南方においては、ナーラ古河道は南東方向に流れを変え、河道左岸の自然堤防をこえるような季節的な大規模洪水を引き起こし、その洪水にともなう沖積土は、東部から南東部の広い地域に堆積したものと考えられている。
(4)

　ガッガル川はヒマラヤ山脈の麓に源泉をもち、インダス文明期においては南西方向に流下しチョーリスターン地方でハークラー川と合流した。くり返しになるが、ガッガル・ハークラー川は南方に流下しナーラ・ナディー古河道に注いでいたということになる。現在においては、ハークラー川はチョーリスターン地方に古河道として認識されるだけであり、ガッガル川は雨季に水が流れる季節河川となっている。またインダス文明期におけるガッガル川は、砂丘からサンプリングした鉱物の光ルミネッセンス年代測定法の結果などにもとづき、砂丘を浸食するような大河ではな
(5)

かったことが証明されている（長田 2013a）。

　その規模はともかくとして、ここで確認すべき事項は、ガッガル・ハークラー－ナーラ・ナディー古河道は、紀元前 4000～2000 年頃においては、シィンドゥ・ナディー古河道と対をなす恒常的に流れる川であったということである（図 13）（Allchin *et al.* 1978、Holmes 1968、Lambrick 1964、Lower Indus Project 1965a・1965b・1965c・1965d・1965e・1966、Wilhelmy 1969 など）。

2. モヘンジョダロが建設された場所

　前章第 3 節で確認したように、インダス文明期の遺跡は基本的に古河道とその支流または旧海岸線に近接して分布している。モヘンジョダロもその例外ではない。前項ではインダス川下流域におけるインダス川の河道変動の歴史を確認した。インダス文明期におけるインダス川下流の様相は現在と大きく異なっており、モヘンジョダロはシィンドゥ・ナディー古河道の南東 25 km 以内（～25 km）に立地していた。さらにインダス川下流域の東側にはシィンドゥ・ナディー古河道に並走するかたちでナーラ・ナディー古河道が流れていたのである。つまりモヘンジョダロは両河の間、いいかえるならば、中洲的な環境に立地していたということになる（図 13）。

　しかしインダス川下流域北西部の等高線の向きから復元される地形は、北西から南東方向に向かって標高が低くなるように傾いているので（Jorgensen *et al.* 1993）、モヘンジョダロの立地は考えうる限りでは非常にあやういものであったと思われる。先行研究によれば、ダムや運河、堤防で流水を制御された現代のインダス川でさえも、洪水時の流水は本流の両側およそ 10～20 km の範囲におよぶという（Deutsch and Ruggles 1978）。したがって現在のような流水の制御がなかったインダス文明期においては、シィンドゥ・ナディー古河道の洪水時には大量の水がモヘンジョダロまで直接流れてきていたはずである。

　モヘンジョダロが更新世の地形成形に由来する小高い丘の上に立地しているとはいえ、建設者らはなぜこのような危険な氾濫原を、モヘンジョダロ建設の地として選択する必要があったのであろうか。その理由を考えるために、次にインダス川下流域における先インダス文明期～移行期とインダス文明期における遺跡の分布傾向を比較検討してみる。

（1）先インダス文明期～移行期における遺跡の分布傾向

　先インダス文明期～移行期のインダス平原における地域諸文化の様相については、前章第 2 節ですでに整理してある（図 9・図 11）。図 15 にはインダス川下流域における先インダス文明期～移行期の遺跡分布を示した。当該期においてはコート・ディジー文化、アムリー文化、クエッタ文化といった地域諸文化をみとめることができた。[6]

　コート・ディジー文化の遺跡は、北部シンド地方～チョーリスターン地方にかけて分布する。指標遺跡であるコート・ディジー（Khan 1965）をはじめ、詳細はまだ明らかではないがチョーリスターン地方においては 27.3 ha をはかるガマンワーラー（Gamanwalla）や 22.5 ha をはかるジャルワーリー（Jalwali）をふくむ 32 遺跡が報告されている[7]（Mughal 1997）。またシャー・アブドゥル・

図 15　先インダス文明期～移行期におけるインダス川下流域の様相

ラティーフ（Shah Abdul Latif）大学がおこなった調査では、こちらも詳細はまだ明らかではないものの、ローフリー丘陵の周辺において29遺跡が新たに発見された（Mallah 2008、Shaikh *et al.* 2003-04）。

　アムリー文化の遺跡は、キルタール山脈とその麓、シンド・コーヒースターン（Sindh Kohistan）地方などが位置するインダス川下流域の西端に分布する。現在までに少なくとも29遺跡が報告されている（Deva and MaCown 1949、Majumdar 1934、Flam 1981・1984・1986・1998・1999な

ど)。指標遺跡であるアムリー(Casal 1963、Majumdar 1934)やガージー・シャー(Ghazi Shah)(Flam 1993b・1996)などがその代表格である。

クエッタ文化の遺跡はバローチスターンのクエッタ地方やカッチー平野を中心に分布する。メヘルガル(Jarrige et al. 1995)やナウシャロー(Jarrige 1986・1988・1989・1990・1996)、ダンブ・サダートなど(de Cardi 1965・1983、Fairservis 1956・1959・1975)がその代表例である。

またコート・ディジー文化とクエッタ文化の混在をみとめることができるバンドー・クボー(Shaikh and Veesar 2000-01)は非常に重要である。なぜならば、図15から明らかなように周囲に遺跡が分布していない両文化の中間地点に位置しているからである。このことはシィンドゥ・ナディー古河道とナーラ・ナディー古河道にはさまれた地域が西方世界へと通じる丘陵部の諸文化と平野部の諸文化の接触領域あるいは境界領域でもあったことを示唆している。

さてこの時期の最大の特徴は、つづくインダス文明期にモヘンジョダロが建設されることになるシィンドゥ・ナディー古河道とナーラ・ナディー古河道にはさまれた地域に分布する遺跡の過疎具合とその周辺地域に分布する遺跡の過密具合という対照的な様相である、と理解してよいだろう。つまり前章第2節でも確認したが、移行期においてこそ特徴的な土器や諸要素が広範囲にうごき、地域文化の枠をこえた活発な地域間交流をみとめうるようになるが、シィンドゥ・ナディー古河道とナーラ・ナディー古河道にはさまれた地域の周辺地域には地域色豊かな土器型式に特徴づけられるような盤石な地域諸文化が展開していたのである。

(2) インダス文明期における遺跡の分布傾向

図16にインダス川下流域におけるインダス文明期の遺跡分布を示した。ハラッパー式彩文土器の編年作業の成果(上杉・小茄子川 2008、鎌田 2000、Kamada 1990、Quivron 2000)にもとづき、インダス文明期最初期(=ハラッパー式土器古段階)に位置づけられるハラッパー文化の遺跡とそれ以降に位置づけられるハラッパー文化の遺跡を識別できるように表示してある[9]。ここではとくに前者に注目すればよい。

インダス文明期最初期においてインダス文明を特徴づける物質文化であるハラッパー文化を有する遺跡を、先インダス文明期においてはコート・ディジー文化やアムリー文化、クエッタ文化が盤石なかたちで展開していた各地域にみとめることができる。そしてこの時期の最大の特徴は、先インダス文明期～移行期にかけて遺跡の過疎地帯であったシィンドゥ・ナディー古河道とナーラ・ナディー古河道にはさまれた地域にモヘンジョダロが出現することである(図16)。

インダス文明期の最初期以降に位置づけられるハラッパー文化の遺跡については、フラムによって識別された22遺跡(モヘンジョダロ以外すべて5ha以下)(Flam 1981・1984・1986・1998・1999など)、チョーリスターン地方で確認された31ha以上をはかるガンウェリワーラー(Ganweriwala)をふくむ73遺跡[10](Mughal 1997)、シャー・アブドゥル・ラティーフ大学の調査で新たに確認された65遺跡[11]が報告されている(Wright 2010など)。

ただしこれらの遺跡は、出土遺物や窯などの遺構がモヘンジョダロなどで検出されたものと類似しているだけであり、ドゥービー地区に位置する遺跡やガロー・ビロー(Gharo Bhiro)などのよ

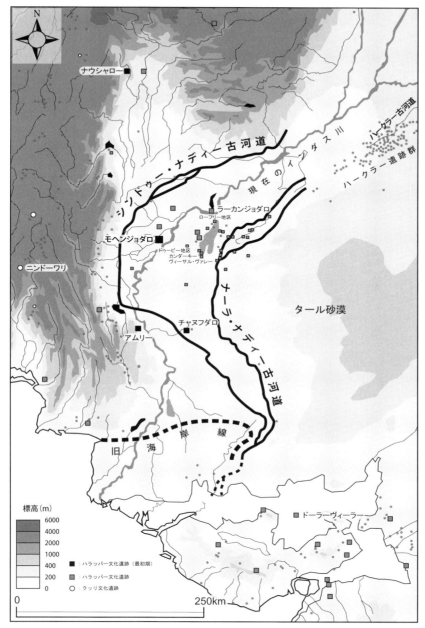

図16　インダス文明最初期におけるインダス川下流域の様相

うに砂丘上に立地する居住堆積の非常に薄い遺跡がおおい。もしかすると古河道と関連する小規模の後背湿地あるいは湖沼の近くに位置していたかもしない。ともかく沖積平野とローフリー丘陵間などの定住にあまり適さない場所に立地しているのである。

　ラーカンジョダロ（Lakhanjodaro）（Mallah 2008、Shaikh *et al.* 2007-08）のような大規模遺跡については今後の報告をまたなくてはいけないが、砂丘上に位置する34 haをはかる遺跡やナーラ・ナディー古河道の北東部に位置する砂丘上の7遺跡なども居住堆積が非常に薄い。フラムは洪

水時の避難場所として利用された可能性を指摘しているが（Flam 1981）、これらの遺跡は限定的な環境ニッチに立地している点で共通しており、居住堆積も薄いことから、主要な居住遺跡ではなく、モヘンジョダロのような大規模遺跡から何らかの理由で派生的にうみだされた遺跡であると考えられる。

（3）モヘンジョダロ下層の評価

　次にモヘンジョダロ建設のタイミングを明確にするため、当遺跡下層の様相について検討しておく。なぜならば、インダス文明期の遺構によって下層の遺構が確認できないだけであり、先インダス文明期にすでにそこには大規模な集落（遺跡）が存在していた可能性もある、という疑念をいだかれる読者もいると思われるため、この点を否定しておく必要があると考えるからだ。

　モヘンジョダロは下層から順に初期Ⅲ期、初期Ⅱ期、初期Ⅰ期、現地表面から上のマウンド部分を中間期Ⅲ期、中間期Ⅱ期、中間期Ⅰ期、後期Ⅲ期、後期Ⅱ期、後期Ⅰ期と主に建築層にもとづいて時期区分がなされている（Marshall 1931）。このうち中間期と後期の時間幅が大枠で紀元前2600～1900年頃のインダス文明期に相当する。

　モヘンジョダロの下層がインダス文明期をさかのぼる可能性をはじめて指摘したのは、DKG地区で深堀をおこなったE. J. H. マッケイ（Mackay）である（Mackay 1938）（図17）。その後、ウィーラーによる通称REM Iとよばれる深堀（ウィーラー 1966、Wheeler 1950a・1950b）（図18）やデイルズによるHR地区西区でのボーリング調査（Dales 1965b・1965c、Dales and Kenoyer 1986）、ユネスコ調査隊によるE1、E3およびE4セクションにおけるボーリング調査（Cucarzi 1987）がおこなわれ、モヘンジョダロ下層に関するデータのサンプリングがなされてきた。

　1964年から1965年にかけておこなわれたデイルズのボーリング調査では、現地表下およそ13mまで遺物包含層が連続することが確かめられた。同様にユネスコ調査隊によるボーリング調査でも、現地表下12～15mまで煉瓦の痕跡が確認されている。

　以上のようなモヘンジョダロ下層の様相を、近年の調査成果をふまえたうえで詳細に検討したのがU. フォクト（Franke-Vogt）である（Franke-Vogt 1993・1994）。フォクトはさきに述べたマッケイらの先行研究やREM I出土土器を検討したL. オルコック（Alcook）の研究（Alcook 1986）の見直しと、これまでの深堀調査で出土した土器の再検討をとおして、モヘンジョダロ下層がインダス文明期よりさかのぼるのか、否か、を議論している。フォクトによる研究成果の要点を以下に列記しておく。

1) 現在手元にあるデータにもとづいて、インダス文明期に帰属すると理解されている遺物のアセンブリッジから、先インダス文明期に帰属すると考えうる遺物を抽出することは困難である。
2) 現在確認されている遺物のなかで最古の遺物はREM Iの11層、11aおよび11b層（図18）から出土した土器群であるが、すべての土器片はインダス文明期に帰属するものとして理解される。つまり現在手元にある土器群から先インダス文明期に帰属すると考えうる土器片を抽出

することはできない。

3) DKG 地区（図 17）と REM I（図 18）で確認された基壇下の堆積が先インダス文明期に帰属する可能性はあるが、遡ったとしても移行期までである。

デイルズやユネスコ調査隊によるボーリングでも地山に達していないのが現状であるので、モヘンジョダロ下層に先インダス文明期の層が存在する可能性は完全に排除できないものの、現状のデータはモヘンジョダロの建設がインダス文明期の最初期、遡っても移行期のどこかで

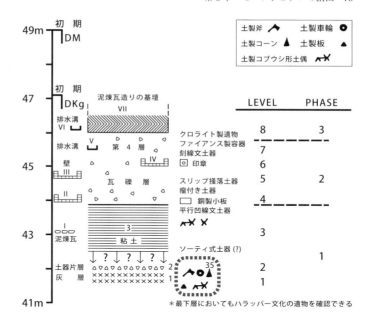

図 17　DKG 地区深堀の断面図

開始されたことを示しているものと評価できる。なによりも、フォクトの研究にあるように、モヘンジョダロ出土のほぼすべての遺物がハラッパー文化に帰属するという事実は、この遺跡の帰属年代を限定するだろう。

　こうしたデータにもとづき、ポーセルは「モヘンジョダロは、古代の「アレクサンドリア」のような「新設都市 new city」として、地山直上に建設された可能性がある」（Possehl 2003：185）、「モヘンジョダロは移行期またはインダス文明期の初期段階に建設されたものと考えられる」（Possehl 2003：211）と主張している。

　インダス川下流域の先インダス文明期と文明期における遺跡の分布傾向にみとめられる相違の原因は、インダス文明期における大規模な灌漑システムの導入には求められない。なぜならばこれまでの厳密な調査にもかかわらず、シィンドゥ・ナディー古河道とナーラ・ナディー古河道の洪水をコントロールするための運河や堤防のような灌漑システムの痕跡はまったく確認されていないからである。季節的な洪水サイクルおよび当地域の河道傾斜と地形の高低差に由来する洪水パターンにもとづく自然氾濫だけが、前3千年紀のインダス川下流域における灌漑方法であった（Flam 1986）。

　それではなぜ、モヘンジョダロはそれまで遺跡が存在していなかったシィンドゥ・ナディー古河道とナーラ・ナディー古河道にはさまれた氾濫原に建設されたのだろうか。先行研究にもあるように、先インダス文明期まで過疎地帯であったインダス川下流域の沖積平野における居住開始は、生存戦略の変化や丘陵部から平野部への交易・交流ルートの伸張、人口増加などの諸要因にもとづくかもしれない（Flam 1981・1986、Shaffer 1982）。

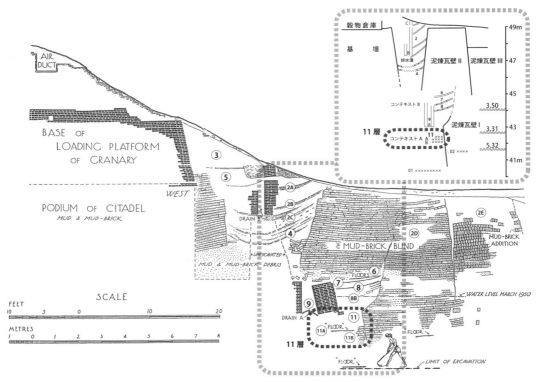

図18　REM地区深堀南壁の断面図

　しかし著者は、シィンドゥ・ナディー古河道とナーラ・ナディー古河道にはさまれた人間の制御が困難な氾濫原という手つかずの地であったからこそ、あえてこの地がモヘンジョダロ建設の場として選択されたのだ、ということを積極的に主張しておきたい。すなわち既存の地域文化が存在し、在地の伝統文化という「しがらみ」に縛られた土地ではなく、過去に利用されたことのないまっさらな地が戦略的に選択された可能性が高いということだ。さらにこの場所が西方世界へと通じる丘陵部の諸文化と平野部の諸文化の接触領域あるいは境界領域であり、河川を介しアラビア海にも簡単にアクセス可能であったことも重要な要素であると思われる。

　さてここで、第1章第2節の2で述べた網野善彦の議論（網野 1987）が必然的に想起されるだろう。モヘンジョダロが建設された場が、いわゆる中洲的な特徴を有しているからである。

第2節　モヘンジョダロの居住形態

　インダス文明期の最初期、さかのぼっても移行期に、二つの川に挟まれた何の「しがらみ」もないまっさらな地に建設された可能性の高いモヘンジョダロに、人々はどのようにして暮らしていたのか。本節ではモヘンジョダロに認められる遺構を検討することで、当時の居住形態を考えてみたい。

ただし現状では、中間期と後期に帰属する遺構の平面プランを明確にとらえることができるだけであり、壁の厚い建物は初期に帰属し、後期においては初期の建物に影響されるかたちで壁の厚さが減少するというような最近の研究（Wilkins 2005）もあるものの、各建物の正確な帰属時期の把握は困難である。

というのも、初期の発掘調査（Mackay 1938、Marshall 1931）にもとづく遺物の帰属時期の決定が、基準高あるいはマウンドの地表からの深さにもとづいており、必ずしも厳密な層位的把握がなされているわけではないからである。したがって本書ではモヘンジョダロ建設当時の居住形態が問題であるので、中間期Ⅲ期、中間期Ⅱ期、中間期Ⅰ期に帰属すると判断される建物を中心に検討する。

1. モヘンジョダロのレイアウト

まずはモヘンジョダロのレイアウトを確認しておく。第1章第3節の1でもふれたがそのレイアウトはきわめて特徴的であり、西方に高いマウンドとしての城塞区域、東方に低いマウンドとしての市街区域が位置している（図19）。遺跡全体を囲むような周壁は確認されていない。城塞区域と市街区域を合わせたマウンドの総面積は、現在の地表上に確認できるマウンドの面積から割りだすと約55 ha（城塞区域8 ha＋市街区域47 ha）となる（Jansen 1993a・1993b）。55 haというと総面積が小さすぎるという印象をいだかれる読者もいるかもしれないが、100 haや85 haなどのよく引き合いにだされる面積は、城塞区域と市街区域の間に位置する空間とともにマウンド全体をふくむ方形の空間全域をはかったものである[12]。

さてこのモヘンジョダロは計画都市であるといわれるが、町並みのレイアウトの基本となっていたのは城塞区域の位置と市街区域を縦横にはしる大通りであったと考えられる。H. ワンズク（Wanzke）の研究によれば、大通りのレイアウトは太陽の位置や特定の星の位置を定点として参考にし、それらと自然景観を組み合わせて決定した可能性があるという（Wanzke 1984：35）。おそらく城塞区域のレイアウトも同様の方法で決められたのであろう。つまり町並みをレイアウトするための基準点を決める際、モヘンジョダロの北に位置するキルタール山脈の尾根などの自然地形が、太陽や特定の星の観測結果と組み合わされて利用されたと考えられているのである[13]。

またモヘンジョダロ後期にみられる不規則な建物のレイアウトは、建築と改築がくり返された数百年間のうちに採用された基準（特定の星など）が一定ではなかったことを示唆するものとして理解されている（Wanzke 1984：37）。

2. 城塞区域と市街区域の様相

さきに述べたように、モヘンジョダロは西の城塞区域、東の市街区域から構成される（図19）。後者の各区の名称はそれぞれの発掘者の名前にもとづき、DFG（UPM）地区、DK地区、DG-G地区、HR地区、MN地区、VS地区とよばれる[14]。

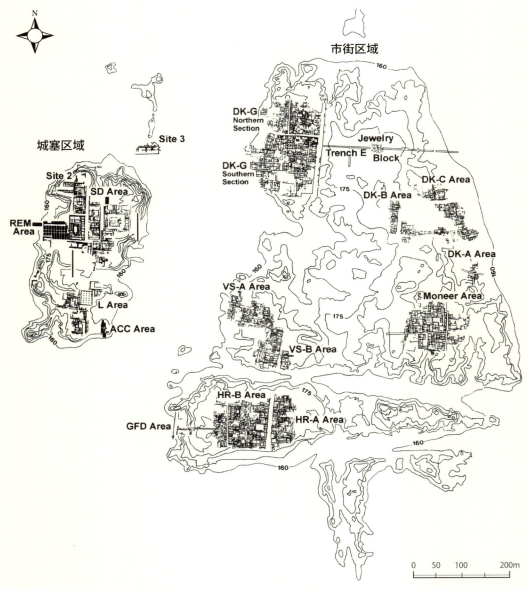

図19　モヘンジョダロの平面図（全体）

（1）城塞区域

　城塞区域は土と煉瓦片で構築された基壇上にある。大沐浴場や倉庫などと理解される特殊な建物がこの基壇上に配置されており、周囲は頑丈な焼成煉瓦の壁で囲われていたと考えられている。こうした外観が城塞区域という名称の由来であり、この名称が機能的な側面からあたえられたものではないことには注意しておく必要があるだろう。マッケイによる仏塔北側の深堀トレンチの成果(15)（Mackay 1938）から、この基壇の構築時期はインダス文明期の最初期もしくは移行期に遡る可能性が指摘されている（図17）。

また実際のところ、大沐浴場や倉庫などと呼称される遺構の機能も明らかではない。そのため、ここでは「大沐浴場」遺構や「倉庫」遺構などと記述しておくことにする。

「大沐浴場」遺構は城塞区域のほぼ中央に位置しており、主要通路を挟んだ向かいには「僧侶の大学」とよばれる遺構がある。「倉庫」遺構は「大沐浴場」遺構の南西に隣接している（図20、表6）。また以下に記してある建物や中庭の各計測値はおおよその数値であることに注意されたい。

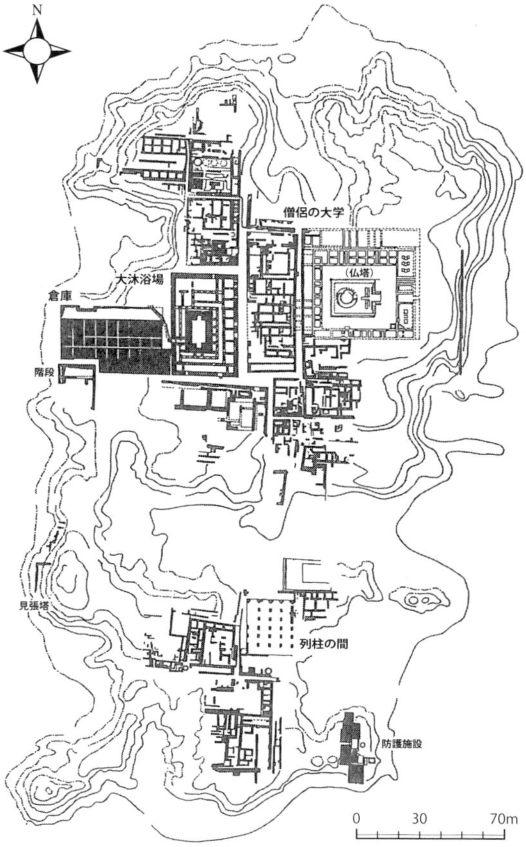

a.「大沐浴場」遺構

幅12 m、奥行き7 m、深さ2.5 mのプール状遺構である。プール部分は精緻に組まれた焼成煉瓦で構築されており、四方を囲む壁はどれも等しく厚さ1.36 mをはかる。またそれらの壁は2.4 cmのビチュメンにより覆われていたことが煉瓦列にのこされた痕跡から指摘されている。ただしプールの底も同様にビチュメンで覆われていたかどうかは不明である。

図20　城塞区域の平面図

プール東側には井戸部屋があり、この井戸からプールへの給水と仮定すると維持可能な水深は50 cmほどに満たなかったと推察されている（近藤隆 2000、Kondo *et al.* 1997）。また「大沐浴場」遺構の北側に位置するBlock 6とBlock 10にもいくつかの建物が存在するが詳細は不明である。

b.「倉庫」遺構

東西に長い50 m×27 mの規模で、27個の煉瓦積み方形基壇から構成される。各基壇の間は細い通路状となっており、その構造から木造の大型建物であったと推察される。ウィーラーにより小麦や大麦を蓄えるための「穀物倉」であると推察されたが（ウィーラー 1966・1971、Wheeler 1950a・1950b）、実際の機能はいまだに不明である。

c.「僧侶の大学」遺構

南北方向に長い70.3 m×23.9 mの大型の長方形建物であり、立地と規模から高官や僧侶の住居、または僧侶などの「大学」であったと推察されている。南北に配置された大部屋とそれらの中間に配置された多くの小部屋から構成される。

表6　住居以外の目的で使用された可能性のある遺構一覧（城塞区域）

	地区	Block No.	面積(m²)	井戸部屋	備考（出土遺物など）
1	SD-Bath Section	—	1,803	1	「大沐浴場」遺構
2	SD-Bath Section	Block 3 + 4	1,325 以上	—	一部のみ検出
3	SD-Bath Section	Block 2	1,350	—	「倉庫」遺構（穀物倉庫？）
4	SD-North Section	Block 6	973	1	各4部屋・2列の沐浴室
5		Block 1	1,730	—	「僧侶の大学」遺構、石像1体（SD2781）
6	SD-South Section	Block 2	571 以上	—	一部のみ検出
7	SD-South Section	Block 4	472 以上？	1	一部のみ検出
8	L	A	1,009 以上？	—	一部のみ検出、石像1体（L127）
9	L	B	599 以上？	—	一部のみ検出
10	L	C	664	—	列柱の間
11	L	D	548	—	一部のみ検出、石像2体（L898、L950）

d．L地区

23m×27mの大型の遺構であり、城塞区域の南端に位置する。インダス文明期にここで何がおこなわれていたのかは定かではないが、マーシャルは僧侶や神官の「集会場」と推定し（Marshall 1931）、マッケイは商取引スペースであったと推定している（Mackay 1938）。北東部には「列柱の間（集会場）」と呼称される遺構も位置している。このL地区からは石像が3体見つかっている。

（2）市街区域

DK-G、VS、HRの各地区を南北に直線上にはしる幅10mほどの第一大通り（First Street）によって特徴づけられ、大通りから枝分かれした中小の通りや路地に囲まれた各Blockに建物が密集する。およそ300軒の建物が検出されている（図19）。図22・図23に示されたローマ数字は各Blockの番号、小さいアラビア数字は各建物の番号をそれぞれ意味する。また以下に記してある建物や中庭の各計測値はおおよその数値である。

一般的な建物は基本的に方形のプランを呈しており、寝室や台所、沐浴室、トイレ、2階部屋などのいくつかの数メートル四方の部屋をもつ。平らな天井・屋根を支える柱として使用された木材の強度という制約から4mをこえる径間がある場合には部屋ではなく、中庭と判断されており（Marshall 1931：277、Sarcina 1978-79：158）、一般的な建物の中央か北側に中庭を配する場合が多い。部屋から部屋へ移動する際にはかならず中庭をとおる必要があったようである。また1階部分には基本的に窓をもたず、各建物への入口は主要な通りには面していない。井戸はすべての建物にあるわけではなく、通りにある排水路や汚水溜へと直接つながる排水溝をもつ建物もあれば、もたない建物も存在する。[16]

市街区域にある一般的な建物に関しては、A. サルシナ（Sarcina）が詳細な分析をおこなっている（Sarcina 1979・1978-79）。サルシナは分析対象とした市街区域のおよそ3.6haの建物について以下のような分類をおこなった。小磯学の先行研究（小磯 2004）を参考にして記すと以下のようになる。

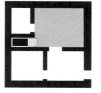

黄類
中庭が北側中央に位置し、その3方を部屋が囲む。西側中央には2階に上がる階段が設置され、また北西隅の部屋は台所である場合が多い。南側中央の部屋は他よりも大きい傾向にある。隣り合う黄類2軒、あるいは隣り合う黄類と赤類とで、より大型の住居を形成する場合もある。

赤類
中庭は北東ないし北西角に位置し、その2方を部屋が囲む。西側中央には階段が設置される場合が多い。

: 中庭

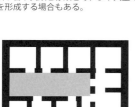

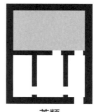

青類
中庭は建物中央から東壁または西壁までを占める長方形の空間で、その3方を部屋が囲む。

緑類
中庭は住居の中央に位置し、その4方を部屋が囲む。比較的大型の住居で壁も厚く、煉瓦敷きの部屋や井戸部屋をともなう。

茶類
中庭が建物の敷地の北側半分を占め、南側半分に部屋が並ぶ。

図21　サルシナによる建物の分類とその内容

A類：住居区域（計 2.8 ha、計 187 軒）[17]

a-1　私的住居（計 2.4 ha）

サルシナは私的住居について中庭とそれを囲む部屋の配置にもとづき、187 軒のうち 112 軒を色の名称でよぶ「黄類」「赤類」「青類」「緑類」「茶類」の5類型に分類した（図21）。また部屋割りや構造が多様であるため、定型化できない 75 軒（平均 132 m²）に関しては「類型外」として位置づけている。定型化可能な5類型、とくに数の多い黄類と赤類は市街地の各区域に万遍なくみられる。小磯が指摘するように、黄類と赤類は現代のユニットハウスのような建物として理解できるのかもしれない（小磯 2004）。

a-2　私的住居＋前庭や商業用建物、工房などの多目的区域（計 0.4 ha）

周囲を壁で囲まれた敷地内に私的住居とともに商業活動や工房にもちいられたと考えられる前庭や建物などが隣接して置かれているもの[18]（Sarcina 1978-79：171-175）。

B類：（住居区域外の）公共施設・商業用施設ないし役所的建物・宗教的建物・工房（計 0.8 ha）[19]

住居以外の目的で使用された建物、つまり分類 a-1 と a-2 以外のすべての建物が対象となる。この分類の設定基準は明確ではなく、図面上で識別できる建物や区域が、公共施設・商業用施設ないし役所的建物・宗教的建物・工房のいずれかに分類されているのかを確認できるのみであり、かつ分類 a-2 との区別が困難である。

表7　住居以外の目的で使用された可能性のある遺構一覧（市街区域）

	地区	Block No., House No.	面積(m²)	井戸部屋の数	備考（出土遺物など）
1	HR-A	Block 1, House I	688	—	600以上の遺物：印章15点、石像2体（HR 163、HR910）、チャート・石灰岩製おもり、アラバスター製枕頭、アラバスター・ファイアンス製小型遺物、碧玉・紅玉髄・ステアタイト・ラピスラズリ製装飾品、象牙製装飾品、銅製装飾品、貝製指輪・腕輪、石製腕輪、人形・動物形土偶、彩文土器、印章の捺印をとどめた尖底ゴブレット、磨石など
2	HR-A	Block 2, House III	210	1	印章数点、石像1体（HR1072）、アラバスター・ファイアンス製ビーズおよび球状遺物、3匹のサルが彫られたステアタイト製小型遺物、象牙製ヘラ、象牙片、貝製杓、貝輪未成品15点、土器、チャート製石器など
3	HR-A	Block 3, House VIII	585	1	完形貝輪2点、巻貝製品数点、完形貝殻1点、石臼1点、各種石材、炭化した小麦種など
4	HR-B	Block 2, House V（Room 37-47 含む）	1,058	2	計20個のリングストーン
5	HR-B	Block 4, House XVIII	786	1	
6	HR-B	Block 5, House XXV〜XXVIII	446	1	
7	HR-B	Block 5, House XXX	282	1	
8	HR-B	Block 5, House XXXII〜XXXVIII, XLIII〜XLVIII	504	2	
9	HR-B	Block 6, House XLVIII	540以上	1	一部のみ検出
10	HR-B	Block 6, House XLIX	660以上	1	一部のみ検出
11	HR-B	Block 7, House L	140	—	
12	DK-G (South)	Block 1（Block 4含む）	2,418	2（1基は屋外）	
13	DK-G (South)	Block 2	1,065 ?	—	一部のみ検出
14	DK-G (South)	Block 11	1,155以上（一部未発掘）	3（2基は屋外）	北側不明、焼成土偶数点
15	DK-G (South)	Block 12	587	1	

　サルシナの研究成果は市街区域における建物の規格性を指摘しただけではなく、市街区域には「住居として利用されていた可能性の高い建物」と「住居以外の目的で使用された可能性のある建物」が混在していることを示すものである。モヘンジョダロにおける居住形態を考えるには、後者の実態を明らかにする必要があるだろう。したがって以下では、私的住居と理解される建物の数倍〜10倍の面積を占める大型の建物であり、一般的住居と考えるには特異な構造をもつことから、マーシャルにより「用途不明の建物」と分類された建物（Marshall 1931）、サルシナの分類に則していえば分類Bの建物について詳しく検討していく（表7）。

　ただし本書ではさきに述べた理由で、中間期Ⅲ期、中間期Ⅱ期、中間期Ⅰ期に帰属しかつ全容が比較的明らかとなっていると判断される地区（HR地区とDK-G南区）の建物のみを検討する。

つまり詳細の明らかではない VS 地区（VS-A 区と VS-B 区）と DK 地区の Moneer 区（または DK-I 区）、トレンチ E、そして建物のほとんどが後期に帰属するとされる DK 地区の DK-A 区（後期Ⅲ～Ⅰに帰属）、DK-B 区（後期Ⅰに帰属）、DK-C 区（後期Ⅰに帰属）、DK-G 地区の北区（後期Ⅲ～Ⅰに帰属）は除外する。これらの地区については機会を改めて検討したい。

a. HR 地区

幅 10 m をこえる第一大通りの東側に位置する HR-A 区と西側に位置する HR-B 区からなる。面積は平面図から算出すると約 1.76 ha である。

1）HR-A 区

Block 1, House Ⅰ（図 22-①、表 7）　面積は約 688 m²（壁もふくむ）。3 つの建物からなり、各建物は入口の両側面に配置されている階段でつながっている。部屋数は 25 以上もある。特筆すべきは当建物から発見された遺物群である。印章 15 点と石像 2 体をふくむ 600 点以上の遺物が発見されており（Ardeleanu-Jansen 1984、Jansen 1985、Mackay 1931）、ヤンセンはその 98％ を「高価なアイテム」として分類している（Jansen 1993b）。一般的住居とは明らかに異なる構造と出土遺物からは、商取引をおこなうための商館のような機能を想定できる。

Block 2, House Ⅲ（図 22-②、表 7）　一般的住居よりも壁が厚いことから 2 階建てであったと推測される。面積は約 210 m²。石膏で丁寧に補強された煉瓦づくりの部屋には垂直式排水溝が設置されており、表通りの排水路につながっている。入口近くには井戸部屋がある。印章数点、動物形石像、その他に大型の彩文土器に入った貝輪未成品 15 点などが報告されている。規模は大きくないが、建物の構造と出土遺物の内容が一般的ではなく、工房あるいは商館としての機能を想定できる。

Block 3, House Ⅷ（図 22-③、表 7）　かならずしも正確ではないが中間期Ⅱに建設され、中間期Ⅰに改築されたのちに焼失したものと考えられる。HR-A 地区の北部に位置する。南壁 26 m、奥行き 29.5 m をはかる（面積は約 585 m²）。垂直式排水溝をもつ部屋や井戸部屋、沐浴室などの異なる大きさの少なくとも 6 つの部屋からなり、2 階建てであったと考えられる。壁は焼成煉瓦づくりで、厚さは 1.2～1.5 m。2 つの入口をもつが外壁に窓などはない。中庭をふくめ地上階のすべての部屋の床は焼成煉瓦敷きである。ヤンセンは出土遺物の分析はまだ中途であるとしているが（Jansen 1984a：46）、中庭南西隅からは一定量の貝製品とその原材料および廃棄物が見つかっている。この地区で見つかった遺物のうち 61.6％ が貝製品製作に関連するものである。ただしこれらの遺物群は放棄された近隣の建物から集められたものである可能性もあるという。建物の構造と規模が一般的住居と大きく異なることから、邸宅として位置づけることができるかもしれない。

2）HR-B 区

Block 2, House Ⅴ（図 22-④、表 7）　中間期に帰属する約 1,050 m² をはかる大型の建物である。最大の特徴は 14 m×19 m のよく整備された大きな中庭であり、その中庭の北側には井戸のある大部屋がある。Room 49 から 18 点、Room 47 から 1 点、Room 50 から 1 点のリングストーンが見つかっている。ただしこれらのリングストーンについては放棄された近隣の建物から集められたものである可能性もあるだろう。建物の構造が一般的住居とは大きく異なっており、のちの時代にみられる

図22　HR地区の平面図

隊商の取引場や宿泊施設としてのキャラバーン・サラーイと類似する構造をもつことから、それと同様の役割をもつ建物であった可能性があると解釈されている（Possehl 2003 など）。

Block 4, House XVIII（図22-⑤、表7）　10 m×7.5 m と 11 m×6 m をはかる 2 つの大きな中庭をもつ大型の建物である。1.25 m の分厚い壁に特徴づけられることから、おそらく 2 階立てであったと考えられる。小型の部屋を複数もち、東側には井戸をともなう沐浴室がある。建物の規模と構造が一般的住居とは大きく異なることから邸宅として位置づけることができるかもしれない。

Block 5, House XXV〜XXVIII（図22-⑥、表7）　第二大通りに面した南北に長い 19 m×23.5 m をはかる長方形の建物である。残存状況が悪いが、3 m×2.5 m の後方部と 3 m×5 m の前方部に分かれる小部屋を 6 部屋ずつ 2 列に配する。そのうち 1 部屋が井戸部屋である。全体的に壁は厚くなく、階段の痕跡もみとめられないので平屋であったと考えられる。建物の構造が一般的住居とは大きく異なることから「モヘンジョダロのモーテル」のような一時的な宿泊施設（Possehl 2003：204）、あるいは公共の集合住宅（小磯 2004）というような解釈がなされている。

Block 5, House XXX（図22-⑦、表7）　中間期に建設されたと考えられる南北に長い建物で、23.5 m×12 m をはかる。のちほどふれる Block 7, House L と同様に壁の厚さは 1.37 m と非常に厚い。また泥煉瓦で舗装された基壇に特徴づけられる 9 つの部屋や 7 m×5.8 m の中庭をもつ。井戸をともなう南側の部屋を除き、現状で確認できるすべての痕跡は建物（なくなってしまったか、建設されなかったか）の頑丈な基礎部分であると解釈できる。例外的な構造をもつので、信仰と関連する建物（神殿あるいは寺院）であると推察されている（Possehl 2003：149-150）。

Block 5, House XXXII〜XXXVIII, XLIII〜XLVIII（図22-⑧、表7）　南北に長い 14 m×36 m をはかる大型の建物である。House XXXII を北側に配置して、その南側には 4 m×6 m の 14 の小部屋を 2 列に配する。そのうち一部屋だけが井戸部屋である。各小部屋は 2 m×4 m の後方部と 4 m×4 m の前方部に分かれ、前方部に沐浴室と表通りにつながる排水溝をもつ。南端の 2 部屋は他の部屋よりも大きく複雑な構造をもち、西側の部屋には井戸がある。全体的に壁は薄く、階段の痕跡も認められないので平屋であったと考えられる。先に述べた⑥と類似する構造をもつことから、同様な役割を担っていた建物であったと推察される。

Block 6, House XLVIII と Block 6, House XLIX（図22-⑨・⑩、表7）　両建物ともに一部のみしか検出されていないが、それぞれ井戸をともなう沐浴室を南側に配し、大きな中庭に特徴づけられていたことがわかる。大きな中庭と井戸をともなう沐浴室の存在は④と共通しており、同様な役割を想定できるかもしれない。

Block 7, House L（図22-⑪、表7）　中間期に帰属するとされる建物であり、1.37 m の分厚い壁に特徴づけられる。面積は 140 m² と大きくないが、その例外的な構造から⑦との類似性が指摘されている（Possehl 2003：150）。ただし井戸部屋はもたない。

b．DK-G 南区

南区の大部分は中間期に帰属するが、中間期Ⅲ〜後期Ⅰ（およそ 200〜300 年間）にかけてめまぐるしい建物の建替えがあったとされる。後期においても前段階からのおおくの建物がそのまま残

存していたが、後期Ⅱ～Ⅰの間に大部分は工芸活動区域へと変容していったようである。とくにBlock 7 においては後期に帰属する工芸活動の痕跡が顕著である。Block 7, House Ⅸにみられる複数の小部屋に特徴づけられる建物は工芸品などを保管する「倉庫」としての位置づけが可能であると考えられる。DK-G 地区の総面積は平面図から算出すると約 1.23 ha[24]である。

Block 1（Block 4 含む）（図23-⑫、表7）　Block 1 の建物は2つの井戸部屋をふくむ多くの小部屋から構成され、中央にある壁によって東西に区分された 17.5 m×12 m と 12.5 m×12.5 m の大きな中庭をもつ。北西隅にはさらにもう一つ 12.5 m×12.5 m をはかる大きな中庭がある。面積は Block 4 をふくめると約 2,418 m² となり、かなり大型である。中央壁西側の中庭南東隅にはパン焼き窯、その南側に張り出した Room 33 の東側には2基の窯がある。Room 33 にある窯の内壁はガラス化していることから、ファイアンス製作などの高温焼成に用いられたものと考えられている（Mackay 1938：49-50）。Block 4 は 14 の小部屋からなり、その構造から「倉庫」としての役割を想定できるかもしれない。一般的住居とは大きく異なる構造から、宮殿や邸宅あるいはキャラバーン・サラーイとも推測される（Possehl 2003）。

Block 2（図23-⑬、表7）　一部のみしか検出されておらず詳細は不明であるが、後述する⑭や⑮に類似する構造をもつ。大きな中庭に特徴づけられており、一般的住居とは異なる役割を担っていた建物である可能性が高い。

Block 11（図23-⑭、表7）　現状で確認できる遺構の多くは中間期Ⅱに帰属するとされ、後期の改築の痕跡も多数確認できる。北側の一部は残存していないものの、不規則なプランを呈しており、18 m×14 m の大きな中庭と井戸を3基確認できる。中庭南側から焼成土偶数点が発見されている以外に目立った遺物は報告されていない。一般的住居とは異なる特異な構造をもつことから、マッケイはキャラバーン・サラーイもしくはホステルであると推察している（Mackay 1938：119）。先に述べた④と同様の構造をもつ。

Block 12（図23-⑮、表7）　17.5 m×12.5 m の大きな中庭に特徴づけられる大型の建物であり、南東部に井戸をともなう沐浴室をもつ。大きな中庭に特徴づけられる構造は、④や⑭と類似している。

　ここではモヘンジョダロの中間期に帰属する「住居以外の目的で使用された可能性のある建物」についてみてきた。現状で各建物の性格を断言することには困難をともなうが、建物の構造と出土遺物から判断した場合、城塞区域については従来の指摘通りに居住目的ではない可能性が高いこと、そして市街区域においても私的住居以外の建物が数多く存在していたことが明らかである。

　たとえば、商取引のための商館（①）、隊商の取引場や宿泊施設としてのキャラバーン・サラーイ（④、⑫、⑭、⑮）、一時的な宿泊施設あるいは公共の集合住宅（⑥、⑧）、そして神殿（⑦、⑪）などと推定される建物である。

　それらの建物の面積の合計は約 1 ha となり、HR 地区と DK-G 南区の面積の合計が約 3 ha であるから、全体のおよそ33% つまり 1/3 もの範囲が[25]「住居以外の目的で使用された可能性のある建物」で占められているということになる。

　都市とされる遺跡に存在する多くの建物は、あたり前のように住民が住むための住居であると考

第3章 モヘンジョダロの創出 87

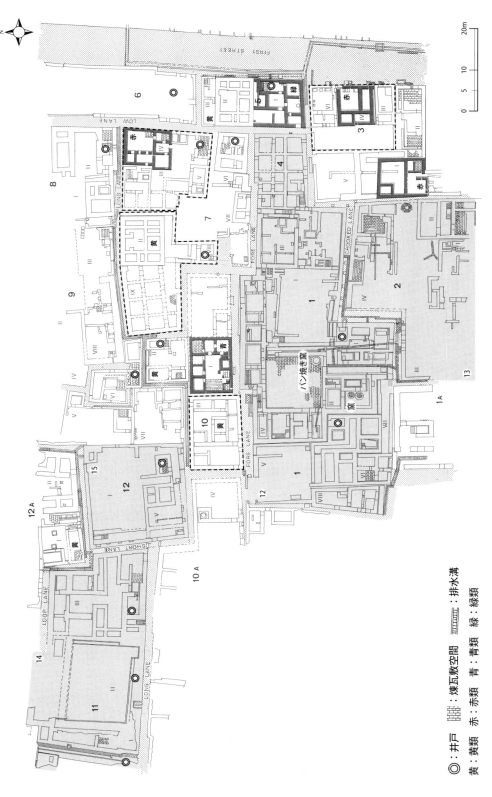

図23　DK-G南地区の平面図

えられがちであるが、以上の分析結果は、都市とされるモヘンジョダロにおいても現代都市と同様に居住以外を目的とした建物が数多く存在していた可能性を示すものである。その空間は新しい建物と古い建物、住居やオフィス、宿屋、商取引スペースなどが混在する様相を呈していた、というのが実態であろう。そして当然のことであるが、現状で確認できるすべての建物やスペースがモヘンジョダロ市民の占有施設・空間であったと考える必要もない。

また「大沐浴場」遺構と「倉庫」遺構が廃絶された後、城塞区域は工芸活動の場としても利用された。市街区域においても後期になると工芸活動の痕跡を顕著にみとめることができるようになるので、モヘンジョダロは後期において工芸活動の中心地となっていた可能性が高い（Possehl 2003）。こうした様相は前段階の中間期においても、モヘンジョダロが工芸活動の場としての役割もになっていた可能性を示唆するものである。⑫（図23-⑫、表7）などからは内壁がガラス化した2基の窯や「倉庫」と考えられる建物が確認されていることから、中間期において工房としての役割もになっていた可能性がある。

第3節　モヘンジョダロの人口

本節ではモヘンジョダロにどのような人々が暮らしていたのかを考えるために、その人口のあり方を検討してみる。とはいえ、考古学的に古代遺跡の人口を考える場合にはさまざまな困難がともなう。モヘンジョダロにおける人口問題をあつかう場合の問題点は、算出基準の数値が妥当かという点と、数世代にわたる遺跡全体を的確に時期区分できるのかという点にある。モヘンジョダロは層をなしているので、人口の算出は一時期に限定しておこなう必要があるからである。

さらに遺跡全体が各時代をとおして共通の特徴をもっていたとは考えられないので、各時期において、遺跡のどの部分が居住目的で使用され、どの部分が住居以外の目的で使用されていたのかを判別しなくていけないにもかかわらず、前節からも明らかなように、埋没や初期の発掘方法などが原因で各時期ごとの遺跡全体を正確に把握することが容易ではない、というような問題点も存在する。

したがって本節でおこなう人口の算出は非常にラフなものとなるが、本書における人口算出の目的は、絶対的なデータをえるためではなく、ある傾向をさぐるために必要な相対的なデータをえることであると予め申し述べておく。

1. モヘンジョダロの居住者・行客の出自

モヘンジョダロにはどのような人々が暮らしていたのか。モヘンジョダロが建設されたその時から定住をはじめた人々、商売やなんらかの目的で当地を訪れ結婚し定住をはじめた人々、さらには現代社会でいうところの出張でモヘンジョダロをおとずれ一定期間のみ宿泊する人々などなど。いずれにしても、モヘンジョダロは、本章第1節で確認したように、既存の伝統文化の存在しない過

去に誰も居住していなかった土地に建設されたのであるから、その居住者・行客の出自は寄せ集め的な多様な様相を呈していたであろうことは容易に想像できるであろう。

モヘンジョダロ出土の人骨分析からは、原南方型、地中海型、モンゴロイド、西方短頭型の複数の人種が確認されている。ここからは今日の南アジアでみられるように複数の人種・民族が入り交じり、モヘンジョダロの人口が構成されていたことがわかる（辛島ほか 1980）。したがってモヘンジョダロでは、さまざまな言語が飛び交っていたことも推測されよう。

次にハラッパーにおけるストロンチウム・アイソトープ分析の結果にもとづいて、モヘンジョダロの人口構成についての推察もおこなっておきたい。ハラッパーもインダス文明社会における都市と理解される集落（遺跡）であり、出土の人骨分析からはモヘンジョダロと同様に原南方型、地中海型、西方短頭型、原北欧型の複数の人種の存在が確認されている（辛島ほか 1980）。ケノイヤーらがおこなっているストロンチウム・アイソトープ分析によれば、ハラッパーの墓地に埋葬されている女性と男性の出自について次のような成果がえられている。つまりハラッパーに出自をもつローカルな個人の多くは女性であり、彼女らの隣に埋葬された男性は明らかにローカルな個人ではない、というものである（Kenoyer *et al.* 2013）。

今後も同様なデータのサンプリング数を増やす必要があり、ましてやモヘンジョダロにおける研究成果でもないが、この事実はインダス文明社会における都市と理解される集落（遺跡）の居住者・行客の出自を考える際の大きな手がかりとしてよいだろう。なぜならば都市と理解される集落（遺跡）に居住していた多くの女性がローカルな人々であったのに対して、おそらく彼女らと婚姻関係にあった可能性のある多くの男性は、インダス川流域またはさらに遠方にあるさまざまな地域に出自をもつことを示唆するからである。この最新の研究成果は、都市と理解されるモヘンジョダロやハラッパーという場にはさまざまな地域を故郷とする人々が居住していた、という推察を可能にするものだ。

また多くの男性がローカルな人々ではなく、さまざまな地域に出自をもっていたことはとくに興味深い。彼らがなんらかの目的で都市と理解される地にやって来てローカルな女性と婚姻関係を結んだものと考えるならば、彼らは若年層時にこの地にやって来た可能性が高いと推察される。モヘンジョダロやハラッパーのような都市と理解される場は、なんらかの理由にもとづき、さまざまな地域から若者を惹きつける魅力的な空間であったのかもしれない。

2. 人口の季節的変動

モヘンジョダロの人口についてはいくつかの推計がある。J. M. ダッタ（Datta）は、1 ac あたり 52〜72 人の比率で 33,469 人という人口総数を算出した（Datta 1962：9-10）。ランブリックは、85 ha の面積に対して、35,000 人という数値をあたえている（Lambrick 1964：71）。これは 1 ha あたり約 400 人という計算である。[26]

W. A. フェアサービス（Fairservis）は遺跡における人口を算出する際に、発掘された住居プランとそれと同様な様相を示す現代村落における住居プランを比較した（Fairservis 1967）。西部パ

キスタンの国勢調査によれば、シンド地方とバローチスターン地方の平均的な村落における 1 世帯あたりの人口は約 5〜6 人である報告されている。発掘調査で明らかになった区域の住居数を遺跡全体に敷衍させて検討することで、その遺跡のある時期に存在したであろう居住者のおおよその数を推察することができる。つまり 1 住居あたり 6 人と推定すれば、「住居数×6 人＝その遺跡のおおよその人口」という理屈である。フェアサービスはこの方法論をもちい、低く見積もってと断りが書きをしたうえで、面積 5,500,000 sq ft（およそ 51 ha）、総住居数 10,428 のモヘンジョダロに 41,250 人という人口をあたえた (Fairservis 1967：Table 2)。1 ha あたり約 800 人という計算である。

また R. ライト（Wright）は、フェアサービスと同じ方法をもちい、発掘された住居プランと現代における住居プランとの比較にもとづき算出すると、古代都市（early city）における人口は一般的に 1 ha あたり 150〜200 人ほどであるとし、モヘンジョダロ（125〜200 ha）に 20,000〜40,000 人、ハラッパー（150 ha）に 25,000〜30,000 人という人口をあたえている（Wright 2010）。

モヘンジョダロの総面積は、各研究者の採用する算出方法によって大きく異なるが、前節の冒頭で述べたように城塞区域と市街区域を合わせたマウンドの総面積は、現在の地表上に確認できるマウンドの面積から算出した約 55 ha という数値が妥当である。また 1 ha あたりの推定人口数も各研究者によりかなり異なっている。上記の各研究者が算出した数値から判断すれば、総人口が 40,000 人ほどになるように、それぞれが主張する総面積から割りだされているものと思われる。参考程度であるが、1 ha あたり 400 人という算出基準で計算すれば 55 ha×400＝22,000 人となり、1 ha あたり 800 人という算出基準で計算すれば 55 ha×800＝44,000 人となる。

しかし人口を算出する場合は、遺跡の総面積から居住区域ではなかった可能性の高い城塞区域と前節において確認した市街区域にみとめられた「居住以外の目的で使用された可能性のある建物」の総面積が除外されるべきだ。つまり HR 地区と DK-G 南区にみとめられた「居住以外の目的で使用された可能性のある建物」の面積は合計で約 1 ha であるので、これに城塞区域 8 ha をくわえた、少なくとも 9 ha を除外しなければならないということになる。

さらに先に述べたように HR 地区と DK-G 南区の合計面積 3 ha のうちおよそ 1/3 が「住居以外の目的で使用された建物」であった可能性をふまえ、他地区においても同様に「住居以外の目的で使用された可能性のある建物」が存在したと仮定すれば、モヘンジョダロの人口はより低く見積もらなければならない。HR 地区と DK-G 南区から導きだした数値を参考に思いきって算出してみれば、市街区域 47 ha の 1/3、つまり 15.7 ha が「住居以外の目的で使用された可能性のある建物」ということになるから、人口は 1 ha あたり 400 人という算出基準で計算すれば 31.3 ha×400＝12,520 人となり、1 ha あたり 800 人という算出基準で計算すれば 31.3 ha×800＝25,040 人となる。

そして前節でみたように、市街区域の 1/3 の範囲を占める「住居以外の目的で使用された可能性のある建物」については、モヘンジョダロ市民にのみ開放されていた施設・空間であったと考える必要もない。そうした施設・空間に、隊商や商人などのようなモヘンジョダロに定住していない人々が一時的に利用・宿泊する集合住宅やキャラバン・サラーイなどがふくまれている可能性を考慮すれば、彼らの商売カレンダーに合わせて、モヘンジョダロの人口は決して固定されたもので

はなく、流動性をともなうものであったとの推測が成り立つ。それらの施設が満室になる季節もあれば、閑散とする季節もあったはずであるから、モヘンジョダロにおける人口の季節的変動はかなり大きいものであった可能性も十分に考えられるであろう。

すなわち、モヘンジョダロにおいて数万人規模の人口が季節を問わず恒常的に定住していた、という常識的なイメージは成立しないとの考えが妥当である。

第4節　前3千年紀の南アジアにおける都市生成と都市化

1. モヘンジョダロを特徴づける交換様式 ── 商品交換の本格化 ──

ここまでモヘンジョダロの立地条件と居住形態、人口の様相をみてきたが、以上のような空間でおこなわれていた交換のあり方（交換様式）が、原始的な物々交換をふくむ互酬性交換にのみ限定されていたとは到底考えにくい。前章で整理した前3千年紀の南アジアにおける「貨幣」と交換様式を念頭に置きつつ、モヘンジョダロを特徴づけていた交換様式について考えてみると次のようになる。

第2章第1節で整理したように、モヘンジョダロにおいても、大量に出土するおもりとインダス式印章という共通の価値基準に支えられるかたちで、出土遺物である小麦や大麦、鉛、銅、青銅、錫、銀、金などの量化可能かつ市場性の高いさまざまな「物品」が「貨幣」として使用されていた。すなわち、モヘンジョダロには多様な「貨幣」が併存・競存していたのであり、「貨幣」を媒介としたモノの交換である商品交換もおこなわれていたとみて何ら問題はない。

それともう一つここで確認すべき重要な点は、一定の範囲内で特定の「貨幣」を効率よく通用させるための共通の価値基準としてのおもりとインダス式印章の併用、そしてそれらの広範な分布は、モヘンジョダロ出現以前にはみられない、という事実である[28]。この事実にモヘンジョダロにおいて他に類例をみないほどの大量のおもりと印章が出土していることを加味すれば、この場において「貨幣」にもとづいた商品交換の本格化がはじまったものとの理解が可能となるだろう。いいかえるならば、モヘンジョダロの建設をもって、南アジアにおいて、はじめて互酬性交換と本格的な商品交換が併存する状況が生じたのである。

2. モヘンジョダロの創出と都市の性質

本章では、都市という場の性質を問うために、インダス文明の都市遺跡と理解されるモヘンジョダロの様相を考古学的に検討してきた。注目した側面は、どのような場所にモヘンジョダロは建設されたのか（立地条件）、その空間とはどのような場だったのか（居住形態）、その場に暮らしていた人々とは誰だったのか（人口）、そしてその場を特徴づけていた交換のあり方とはいかなるものだったのか（交換様式）である。

インダス文明期において、モヘンジョダロはシィンドゥ・ナディーとナーラ・ナディーという2つの川にはさまれた、人間の制御がきかない危険な氾濫原に立地していた。その場所は過去に利用されたことのない既存の伝統文化という「しがらみ」のない土地であり、西方世界へとつながる丘陵部の諸文化と平野部の諸文化をむすぶ接触領域あるいは境界領域でもあり、くわえて河川を介すればアラビア海へのアクセスも容易な空間であった。モヘンジョダロはそうした場所に、移行期からインダス文明期の最初期にかけて短期間のうちに建設されたのである。

またモヘンジョダロには、私的住居の他に、「住居以外の目的で使用された可能性のある建物」が数多く存在していたことが明らかとなった。さきに算出した数値が妥当であるとすれば、その割合は市街区域の1/3の範囲を占めることになる。そうした建物の多くは商取引をおこなうための商館、隊商・商人などのモヘンジョダロの住人ではない人々が取引場あるいは宿泊施設として一時的に利用するキャラバーン・サラーイや集合住宅などと想定することができるものであった。モヘンジョダロで使用されていた「貨幣」とそれを使用した本格的な商品交換の存在もまた、この場における活発な商取引とそれにかかわる人々の存在を裏づけるだろう。平面図に確認できる建物がすべて同時期に帰属する可能性はきわめて低いので、新しい建物と古い建物の混在、住居や工房、宿屋、商取引スペースの混在といった様相がモヘンジョダロにおける居住形態の実態である。

出土人骨の分析からはモヘンジョダロにはさまざまな地に出自をもつ人々、多様かつ多系統からなる形質的特徴を有する人々が混在していたことも明らかである。ハラッパーで進行中であるストロンチウム・アイソトープ分析の結果も、そうした様相を裏づける可能性が高い。したがってこの場では異なる複数の言語が飛び交っていたにちがいない。そしてモヘンジョダロにおける居住形態と「貨幣」にもとづく活発な商品交換の存在を考慮すれば、当地を訪れる人々の商売カレンダーなどにもとづき、その人口は一定ではなく、季節的な変動をともなうものであったとの推察が可能である。

さてようやくここで、本章で明らかになったモヘンジョダロの諸側面を参考として、都市という場の性質とは何か、について言及することが許されるだろう。その性質こそが、モヘンジョダロが都市であると断言するための根拠ともなる。モヘンジョダロにおいて商品交換がはじめて本格的に開始された、という事実がすべてを物語っている。

前章第2節で確認したように、「貨幣」にもとづく本格的な商品交換とは、本来的に、既存の伝統文化という「しがらみ」に付きまとわれるような互酬原理にもとづいた交換が幅を利かせる場では成り立たない。急速かつ無理矢理に両者を接合しようとすれば、さまざまな問題に直面してしまうからである。したがって、既存の伝統地域文化を解体させることなく、保持したままに、商品交換を本格的に開始するためには、互酬性交換と商品交換を可能な限り上手く接合するための場を、伝統地域文化の及ばない地に新たに設けなければならないのである。

モヘンジョダロが、過去に利用されたことのないまっさらな地に建設された理由はまさにここにあるのだ。既存の伝統文化という「しがらみ」からの脱却が第一の目的であるので、その場は居住には不向きな地であっても一向に構わない。

古代南アジアの人々は、紀元前2600年頃に、既存の伝統地域文化の接触領域あるいは境界領域

としての過去に誰も住んでいなかった、ともすれば賤視の対象ともなるような危険な氾濫原をあえて選択し、互酬原理に縛られた伝統社会内部においては成り立たない本格的な商品交換という「非日常性」を帯びた行為を、日常的な行為として常態化させるために、モヘンジョダロ＝都市を短期間のうちに創りだしたのである。

すなわち、都市とは、商品交換を本格的におこなう常設の商取引の場つまり市場としての役割を第一に要求されて、地の利のよい既存の伝統諸文化の存在しない、いわば「無縁」の地に、きわめて作為的かつ戦略的に、短期間のうちに創りだされた空間であった、と結論づけられる（都市＝市場）。したがって、本書第２章・第３章で明らかとなった都市の性質とは、「無縁・商品交換・市場」となる。

以上のことから、都市＝市場は、本来的に、伝統的に存在した集落が変化・変容を遂げて成立するものではなく、既存の集落間関係に新たに付加されるかたちで創りだされる常設的な場であることが明らかである[(29)]。いいかえるならば、都市の出現という現象は、「小さな農村から町邑、そして都市へ」といういわゆる発展段階的な図式にもとづく既存の「都市化」のプロセスでは説明することができない、ということだ。

くわえて、本章で確認した都市のもつ諸側面が、網野善彦の考える市がつくられる空間（網野1987、網野・阿部 1982）や北條芳隆の考える唐古・鍵遺跡に認めることのできる諸側面（北條2014）と共通することも指摘しておく必要があるだろう。なぜならば、都市＝市場とは時代や地域を問わず共通する性質をもつ可能性を想定しうるからである。この側面に関しては終章で改めて詳しく議論したい。

また都市でおこなわれる本格的な商品交換は匿名的な行為ではあるものの、この場に集う多数が「貨幣」と商品交換についての知識を共有しあうことで維持される、ということに留意しておく必要がある。都市は決して閉じた排他的な空間ではないが、そうだからといって誰もが自由に交換をおこなえる場ではないのである。こうした意味で、都市住民の多数（一時的な行客もふくむ）は「貨幣」と商品交換をよく理解し、「貨幣」の使用に違和感をいだかない既存の伝統文化の「しがらみ」の外にいた世代、つまり若年層を中心としていた可能性が高いのではないだろうか。これは誰が都市を必要とし、誰が都市を創ったのか、という問題でもある。この側面については、都市化の問題をあつかう次項でふれたいと思う。

3. 特定集落の都市化

インダス文明にはモヘンジョダロ以外にも都市と評価される遺跡が存在する。第１章の図５・図６に示したハラッパーやカリーバンガン、バナーワリー、ドーラーヴィーラーなどの遺跡である。本章の内容からも、それらの遺跡を無視することはできないので、ここではモヘンジョダロとの比較の観点からその他の特定集落の都市化について考え、都市の創出と都市化という異なる現象の歴史的意義を明らかにしておく。

第２章第３節で整理したように、インダス文明遺跡と判断できる集落（遺跡）は、「各地域に伝

統的に存在した盤石な地域文化に組み込まれていた集落が、文明期にいたり、インダス文明遺跡へと変化・変容したパターン」と「インダス文明遺跡が、文明期に、新たに創られたパターン」に分類可能であった。本章で検討したようにモヘンジョダロは後者に、第2章第3節で整理したようにハラッパーやカリーバンガン、バナーワリー、ドーラーヴィーラーは前者に分類される。つまり、モヘンジョダロ以外の4遺跡は、モヘンジョダロとは異なり、既存の伝統地域文化が盤石なかたちで展開していた地に、文明期以前から長期間にわたって存続していた集落なのである。したがって出土遺物についてみれば、ハラッパーに関しては例外的にハラッパー文化が非常に優勢であるが、その他3遺跡に関しては「在地伝統文化＞ハラッパー文化」という様相となっている。

　本章では、都市の性質とは「無縁・商品交換・市場」であると結論づけたが、くり返し述べてきたように、商品交換という交換様式は、本来的に、伝統地域文化の「しがらみ」に付きまとわれるような互酬原理が幅をきかせる場では成り立たない。つまりモヘンジョダロ以外の4遺跡は、モヘンジョダロとは異なり、本来的に商品交換を本格化できない性質に縛られていたのであり、自ずと都市＝市場には成りえない構造を有していたといえる。

　さて本章第1節の2で確認したように、シンド地方におけるハラッパー文化遺跡の増加は、都市＝モヘンジョダロの出現以降の出来事であった。この遺跡増加のあり方は、第1章第2節の1で確認したジェコブスの「はじめに都市ありき、そして農村が発生する」という図式に当てはまる（ジェコブス 1970）。

　都市＝市場の創出にともなう商品交換の本格化は、商品交換とそれにともなう新たな社会システムを周囲になかば強制的に波及させるという方法で、新しい集落をうみだしたり、既存の集落に大きな変化を促したものと考えられる。なぜならば、「貨幣」にもとづく商品交換は、その経済効率あるいは経済効果の高さから、長期的持続性の問題はさて置くとしても、少なくとも短期間的には決して抗えないものだからである。なぜそのように考えられるのか。第2章第1節の1（2）でも述べたが、メンガーがいうように、いったん貨幣が成立してしまうと、既存の純粋な物々交換はほとんど不可能となってしまうからである（メンガー 1982・1984）。

　以上のように、都市の出現という現象は、既存の集落間関係を刷新し、都市を中核に据えるかたちで、新しい集落をつくり出したり、各集落および集落間の機能を新たに明示化させたものと考えられる。

　ハラッパーを例にあげて説明すれば、自ずと都市には成りえない構造を有する当遺跡は、都市＝モヘンジョダロが既存の集落間関係の中に常設的な市場として新たに付加され、社会関係が大きく刷新される中で、モヘンジョダロ発の本格的な商品交換にもとづく新たな経済システムに組み込まれ、市場としての機能を強化することで、2期から3A期にかけて徐々に都市化したものと考えられるのである。前章第3節の3で確認した2期における初期インダス様式と呼称される諸要素の出現についても、モヘンジョダロとの関係性において理解されるべきであろう。[30]

　考古学的に立証しうる都市化とは、本来的に、発展段階的に説明されうるようなものではなく、ここで確認したモヘンジョダロとハラッパーの関係性に代表される社会変化であると著者は考える。いいかえるならば、農村から都市へ発展するのではなく、都市が都市を創るのである。[31]

モヘンジョダロとはやはりきわめて特殊な空間だ。「無縁・商品交換・市場」という性質上、当遺跡だけをインダス文明における唯一のオリジナル都市と位置づけることが可能であろう。できあがった構造だけをとりあげて比較されることで、モヘンジョダロと同様な都市であると常識的に評価されてきたハラッパーやカリーバンガン、バナーワリー、ドーラーヴィーラーは、「無縁」の地に立地しているわけではないので、やがてはモヘンジョダロと同等の機能をもつ都市にいたる場合があるとしても、やはりモヘンジョダロとは本来的には異なる構造を有していること、そしてそれぞれの出現プロセスは「都市の創出」と「都市化」という別次元のものであったことを理解しておくことが重要である。

　ところでモヘンジョダロ以外にもロータルのように、文明期にいたり、新たに創られた都市も存在する。このような遺跡は、モヘンジョダロの出現よりも時期が遅れることから、特定の要所に戦略的・意図的に新設された植民地的な都市との理解が妥当であろう。[32]

　また蛇足ではあるが、都市＝モヘンジョダロの諸側面を、本節で述べた都市化とからめて理解することで、誰が都市を必要とし、誰が都市を創ったのか、という問題について、以下のような推察をおこなっておきたい。

　すなわち、さまざまな地に故郷をもつ都市住民（一時的な行客も含む）は、元々は本来的に都市になりえない集落に住んでいた伝統地域社会側の人間たちであり、彼らの多数は、既存の伝統文化という「しがらみ」を知りつつも、商品交換にとくに違和感をいだかない世代の人間たちであった可能性が高い。都市を必要とし、創りだしたのも、じつは互酬原理からの脱却を志向し、商品交換をおこなうための常設の場＝市場を必要としていた伝統地域社会側の人間たちであった、という解釈である。

　いいかえるならば、既存の周辺地域社会が都市＝市場をうみだす、という図式である。モヘンジョダロが過去に誰も居住していなかった「無縁」の地に短期間のうちに建設されたという事実が、この図式を保証するだろう。このように考えてみると、本来的に都市になりえない集落に住んでいた「しがらみ」の外にいた世代の人間たちが都市を創りだし、最終的に自らの故郷も都市化させてしまう構造が存在しているようにも思われるのである。彼らは、本来的に都市になりえない自らの出身集落を、限りなく矛盾の生じない方法で、都市化させることを目的とし、「しがらみ」のない地にわざわざ都市を創りだすことを選択したのかもしれない。

　以上のような「既存の周辺地域社会側が都市＝市場を担保していた」という推察は、第４章・第５章で検討する都市＝市場で創りだされたと考えられる新たな「伝統」が、既存の伝統地域社会を特徴づける歴史的・知的伝統を基盤として成り立っていることとも密接に関係する。

　モヘンジョダロは常設市場として機能しつつ、工芸活動の場という一面ももっていた。さまざまな地に故郷をもつさまざまな階層や民族、世代に帰属する人々が日々行き来し、多種多様なモノ・情報が行き交うなかで、モヘンジョダロがやがて市場以外の機能を果たすことになるのは必然であっただろう。モヘンジョダロでみとめることができる工芸活動を示す特徴的な遺構と遺物は、この場に集積された多種多様な物資と情報にもとづき、この場において専門工芸が誕生したことを示しているものと思われる。

実際に既存の伝統文化という「しがらみ」から解放されたこの空間は、さきに言及した新たな「伝統」を内包したさまざまな新しいアイテムを創りだす場でもあった可能性が高い。第4章と第5章では、この側面を考古学的に掘りさげ、都市を特徴づけるもう一つの性質を明らかにする。

註

（1）　ヒマラヤ山脈の雪解け水もインダス川の流水量を考える場合に非常に重要である。

（2）　当時の海岸線推定ラインには諸説あるが（Lambrick 1964、Raikes 1964）、どの説も決定的とはいえない。現在よりも北方におよそ152 kmの地点であったとの推察もある（Flam 1993a）。

（3）　この現象はインダス水系によるサトレジ（Sutlej）川の吸収と対応する可能性もあることから、もしこの現象がシィンドゥ・ナディー古河道からカンドーコート古河道への変化の要因の一つであれば、それはインダス文明期に起こった可能性が高いことになるという見解もある。

（4）　当時のインダス川であるシィンドゥ・ナディー古河道に起因する洪水よりは規模が小さかったとされる。

（5）　ガッガル川の河道はハリヤーナー州やラージャスターン州などの半乾燥地域にみとめることができる（Courty 1995）。流水量が減少してしまった原因としては、乾燥説や地殻変動説などがあげられている。ヤムナー川流域は地殻変動が起こりやすいという事実にくわえて、古ヤムナー水系自体に起因する河床上昇が原因で長期間にわたる洪水が引き起こされた可能性もあるという。つまりそれらが原因となりインダス水系とガンジス水系間の分水嶺を流れる川の河道が変動し、西方への流下が滞っている間にヤムナー川はガンジス川へと流れ、最終的にガッガル・ハークラー川への流水量を減少させたかもしれないという推察である（Wright 2010など）。

（6）　各土器型式の諸特徴については、第2章第2節ですでに言及した。

（7）　残りの30遺跡のうち、19遺跡が0.1〜5 ha、8遺跡が5.1〜10 ha、3遺跡が10.1〜20 haをはかると報告されている（Mughal 1997）。ただしこれらの遺跡は明確な居住堆積を示しているわけではなく、遺物包含層をほとんどともなわない遺物散布地点のような遺跡である。

（8）　ドゥービー地区（Dubi complex）において20のワークショップ遺跡、カンダーキー（Kandharki）地区において1遺跡、タール砂漠において8遺跡が報告されている。

（9）　ハラッパー式土器については第4章で詳細に検討する。

（10）　残りの72遺跡のうち、44遺跡が0.1〜5 ha、20遺跡が5.1〜10 ha、8遺跡が10.1〜20 haをはかると報告されている（Mughal 1997）。ただしこれらの遺跡は、先インダス文明期における遺跡の様相と同様に明確な居住堆積を示しているわけではなく、遺物包含層をほとんどともなわない遺物散布地点のような遺跡である。

（11）　ドゥービー地区に12の小規模ワークショップ遺跡、ローフリー地区に18遺跡、ヴィーサル・ヴァレー（Veesar Valley）地区に3遺跡、カンダーキー地区に2遺跡、タール砂漠に22遺跡が報告されている。とくにローフリー南地区とヴィーサル・ヴァレー東地区に遺跡が密集している（Wright 2010など）。

（12）　市街区域の東方約2 kmの位置から焼成煉瓦造りの建物が発見されている（Jansen 1987・1993a）。仮に市街区域がここまで広がっているとすれば、遺跡全体の面積は200 haに達する可能性がある。さらに現在の遺跡（A区）の南方約2 kmに、B区とよばれる300 haに達するという遺跡の報告もある（Fentress 1976）。詳細が不明であるので本書ではこれ以上ふれないが、今後の調査研究がまたれる。

（13）　市や都市が創りだされる場を考える場合、日本の古墳時代研究を専門とする北條芳隆の唐古・鍵遺跡の評価（北條 2014）が非常に参考となる。北條によれば、唐古・鍵遺跡からみると冬至の日には太陽が三輪山山頂から昇り、夏至の日には石上神宮の裏山・高橋山の頂上から、さらに春分・秋分の日には竜王山

の2番目に高い尾根の頂上から昇るという。つまり唐古・鍵遺跡の建設場所は、太陽の位置を定点とし、それらを山の尾根という自然景観と組み合わせることで決定された可能性が高いというのである。さらに唐古・鍵遺跡が立地する場は通常ならば人の住まないような奈良盆地中央部の低湿地に位置しており、そこは南北東西の四方向からのアクセスが容易な場所であり、関東から九州までを視野におさめれば東西の境界領域にもあたるという。このようにモヘンジョダロと唐古・鍵遺跡の建設のあり方に類似性をみいだせることは大変興味深い。

(14) DK-G地区のみ、中間期から後期の各時期ごとに平面図が作成されている。他の地区では建物ごとにある程度の時期決定がなされているものの、公刊されている平面図は全体で中間期・後期を合わせた1枚にすぎない（Marshall 1931、Mackay 1938）。

(15) 基壇上に大型の建造物があるという事実は、外観だけではなく、主要な区域として重視すべきなのかもしれない。

(16) 市街区域では700基を超える井戸が確認されている（Jansen 1989・1993b）。すべての建物に井戸があるわけではないので、公共性の高い開放井戸と私有占有的な管井戸の存在が推測される。掘削技術と揚水技術はいまだに明らかではないが、深さは見積りで10〜20mほどをはかる。井戸1基の給水能力は約1,900L/日、給水面積は900〜1,000㎡、給水人口は40人前後とされる。この計算でいくと1日1人あたりの水使用量は約47Lとなり、これは現代のインドおよびパキスタンにおける水使用量とほぼ同等の給水能力であるという（近藤隆 2000、近藤・盛岡 1995、Kondo 1996）。また市街地には排水路や排水溝も配備されており、その流水能力は現代の下水道並みであるとされる。現地の降水のあり方にもとづき雨水流量を$Q=8.8$L/秒とすると、この数値は排水路や排水溝の規模からしてその約10％程度となるらしい。つまり雨水の他にもかなりの排水があった可能性を指摘できる（近藤隆 2000、近藤・盛岡 1995、Kondo 1996）。井戸や排水路、排水溝が、どの建物に付随しているかなども今後整理する必要があるだろう。

(17) 建物の実数や各類型に帰属する建物の数え方は、小磯学の先行研究（小磯 2004：118）にしたがう。以下にその内容を記しておく。①DK-G地区に限って中間期Ⅲ、中間期Ⅱ、中間期Ⅰ、後期Ⅲ、後期Ⅱ-Ⅰの層位ごとに図面が作られているが、サルシナの各類型の総面積の数値を修正せずに用いた。つまり建物の敷地面積の数値はあくまでも累計ということになる。②サルシナの各類型modelは住居houseを数える最小単位でもあり、これを1軒、2軒……と数える。サルシナの分類では黄類＋黄類、黄類＋赤類というような2つの類型が合体した4つの建物を4 house＝8 models（Sarcina 1978-79：190）としているが、これを8軒と数える。つまり、サルシナの5類型（108 house＝112 models）＝計112軒、類型外（75 house＝75 models）＝計75軒で、合計187軒の住居となる。

(18) 次のような建物がこの分類に含まれる。(a) 私的住居の外側にさらに前庭をもつ：DK-G地区 Block 10, House Ⅲ（図23）、DK-G地区 Block 13, House Ⅱ、DK-G地区 Block 9, House Ⅲ、VS-A地区 Block 2, House XII、HR-B地区 Block 2, House Ⅷ（図22）など。(b) 私的住居と商店（事務所）が共通の前庭に面して建つ：DK-G地区 Block 3, House Ⅲ＋Ⅳ＋Ⅵ（図23）など。(c) 私的住居と倉庫と考えられる建物などが共通の前庭を面して建ち、さらにその一角に井戸部屋をもつ：DK-G地区 Block 7, House Ⅲ＋Ⅳ＋Ⅴ（図23）、DK-G地区 Block 7, House Ⅱ＋Ⅷ＋Ⅸ（図23）など。(d) 私的住居（工房を兼ねている可能性もある）の外側に前庭をもち、さらにその一角に窯をもつ：DK-G地区 Block 9, House Ⅷなど。(e) 数軒が互いに壁を接して建つ大型の建物で、内部には幅の狭い長方形の部屋が並び通常の住居とは考えられない。井戸部屋をもつ：DK-G地区 Block 9, House Ⅰ＋Ⅹ＋XIIなど。(f) 数軒の工房（うち1軒は倉庫と考えられる）が共通の前庭に面して建ち、その一角に窯をもつ：VS-A地区 Block 3, House XXI＋XXII＋XXIVなど。(g) 私的住居と商店（公共の水飲み場を含む）が壁を接して建ち、井戸部屋をもつ。共通の前庭はもたない：VS-A地区 Block 1, House Ⅱ＋Ⅲ＋Ⅳ＋Ⅴなど。

(19) 市街地8.3haからサルシナが「住居として使用された区域＝分類A」とした2.8haを差し引くと残りの

区域は 5.5 ha となるから、分類 A 以外の建物が市街地の大半を占めることになる。したがって記述された 0.8 ha という数値はありえないのでなにかの間違いであろう。街路部分の面積を考慮したとしても、「住居以外に使用された区域＝分類 B」が市街地の大部分を占める計算になる（小磯 2004）。

(20) 第2章第2節の2でも言及したが、Moneer 区（または DK-I 区）においては、多数のビーズとおもり 16 点、上皿天秤（てこ台と2個1組の銅製皿）が同じ部屋から発見されており、この区域には貴石や半貴石をあつかう工房があったものと考えられている（Puri 1936-37：41）。

(21) トレンチ E の E 地点で確認された建物は中央に 18.4 m × 14.4 m の広い中庭をもつ。また House I の Room 1 では貴石や半貴石の一括埋納遺構が見つかっている（Marshall 1931：pl. CXIb）。

(22) DK-G 北区ではモヘンジョダロ後期においても建物が建設されつづけていることから、後期にいたってもなお主要な区域として機能していたものと考えられる。また後期における工芸活動に関する証拠も数多く報告されている。さらに当地区にある Block 18 はモヘンジョダロで最大の敷地面積を占める建物であり、拡張部分とされる Block 19（一部のみ残存、858 m^2）をふくめるならばさらに巨大になる（1870 m^2）。壁も非常に厚く、2階建ての建物であった可能が高い。一般的住居とは異なり小部屋がびっしりと配置されている。特筆すべきはその出土遺物であり、20点をこえる主に一角獣が刻まれた印章、10点をこえる銅製ナイフ・剣などの利器も発見されている（Mackay 1938：370-378）。マッケイは宮殿として位置づけたが（Mackay 1938：148-151）、建物の構造と出土遺物から判断すれば、商館あるいは倉庫としての位置づけも可能ではなかろうか。

(23) 第一通りと第二通り（Second Street）、第三通り（Street 3）を除外した面積である。

(24) 第一通りを除外した面積である。

(25) すべての路地（Lane）を除外して算出すれば、「住居以外の目的で使用された可能性のある建物」の割合はもう少し大きくなるが、ここではおおよその割合を把握できれば十分である。

(26) 先インダス文明期の大規模遺跡ラフマーン・デーリは約 22 ha をはかり、10,000 人以上の人口を擁していたと推定されている（Durrani 1981：200）。この場合、1 ha あたり約 400〜450 人という計算である。

(27) この数値は城塞区域および城塞区域と市街区域の間に存在する空間を除外したものである。それらもふくめたおおよその遺跡サイズは 3,000 ft × 2,750 ft である。またモヘンジョダロ全体の約 1/3 が発掘調査されただけであり、残りの 2/3 は未発掘である。したがって未発掘の 2/3 に関しては遺跡の表面調査にもとづき推測されている。

(28) 第2章第2節で整理したように、先インダス文明期においても一定の範囲に分布する印章をみとめることができたが、インダス式印章に比べれば、出土数は圧倒的に少なく、分布範囲もきわめて限定的であった。こうした様相は先インダス文明期における印章の使用が、当該期の社会をもっぱら特徴づけていたと考えられる互酬性交換などの「貨幣」を使用しない取引を補完する程度のものであったことを示しているものと思われる。

(29) 註（28）でも指摘したように、先インダス文明期においても一定の範囲に分布する印章を確認できるので、規模はさておき、商品交換の存在は想定可能である。しかし印章の出土数の少なさは、商品交換をおこなう場が都市のような常設的な場ではなく、先インダス文明期の集落間関係において未分離な状態の定期市程度のものであったことを想起させる。

(30) ハラッパー3A期にあたえられた C14 年代は、序章註（3）にも示したように、2600/2500〜2450/2400 BC 頃である（Meadow and Kenoyer 1994・2001・2005・2008、Kenoyer and Meadow 2000・2004）。紀元前 2600 年頃に都市＝モヘンジョダロが出現したのちに、もっともはやく都市化した集落の一つとして理解しておきたい。ちなみにポーセルの集成にもとづけば、カーリーバンガンのインダス文明期には、2178、2168、2141 cal. BC という年代があたえられている（Possehl 1993）。

(31) 都市化のプロセスでは、互酬原理が幅をきかせている伝統地域社会に、都市側から商品交換の波がひっ

きりなしに波及してくるわけであるが、その受容の仕方を誤れば、ただちに伝統社会あるいは伝統文化の解体を招いたはずであることはいうまでもない。しかしながらインダス文明の場合、受け手側である伝統地域社会は商品交換を受容しつつも、いっぽうで自前の伝統文化をしっかりと保持しているのである。こうした社会のあり方がインダス文明社会の基本構造となっているのであるが、その詳細は終章で議論する。

(32) ポーセルの集成にもとづけば、ロータルのインダス文明期には、2196、2155、2148 cal. BC という年代があたえられている（Possehl 1993）。

第4章

ハラッパー式彩文土器の創出

第1節　コート・ディジー式土器とハラッパー式土器

　本章で検討する土器型式のうち、ハラッパー式土器とはインダス文明期を特徴づける土器型式であり、コート・ディジー式土器とは先インダス文明期にインダス平原に広範に展開した土器型式の一つである。ハラッパー式土器の起源を考える場合、時間的に前後し、分布範囲がほぼ重なる両土器型式の関係性は常に注目されてきた。そして両土器型式は型式学的に連続し、コート・ディジー式土器がハラッパー式土器の祖形である、との理解が現在の南アジア考古学界における「常識」となっている。まずは、両土器型式に関する研究史を整理しておく。

1．コート・ディジー文化とコート・ディジー式土器の発見

　コート・ディジー式土器がはじめて発見されたのは、1946年のウィーラーによるハラッパー城塞部下層の発掘においてである[1]（Wheeler 1947）。ウィーラーは城塞部下層から出土した土器群はハラッパー式土器とは異質なものであると指摘し、それらを「非ハラッパー式土器 Non-Harappa sherds」と呼称した。さらにこれらの土器片はハラッパー文化とは異質な文化を示していると考え、それを「先ハラッパー文化 Pre-Harappan Culture」としている。インダス文明期に築かれた城塞の下層に存在するという層位的な関係性を指摘しただけでなく、「異質な文化」という点を強調している。

　その後、F. A. ハーン（Khan）がシンド地方のコート・ディジーを発掘し、ウィーラーがハラッパーの城塞部下層において確認した土器と類似する土器群を発見した（Khan 1965）。そしてこの土器群を「コート・ディジー式土器」、ハラッパー文化に先行する文化を「コート・ディジー文化」と命名したのである。本章で詳しくみていくが、ハーンはコート・ディジー16～4層にみられるコート・ディジー文化と3A層以降のハラッパー文化の間には劇的な変化がみとめられるとしている。さらに両文化層にみられる土器は、製作技法や彩文の側面からも異質なものであるとした。

2. コート・ディジー式土器とハラッパー式土器の起源に関する理解

(1) コート・ディジー式土器の理解

コート・ディジー式土器に関する研究は、M. R. ムガル（Mughal）の研究を嚆矢とする。コート・ディジーのA地区・深堀トレンチB Ⅳ/6出土の土器を分析対象として、22形式（Pottery Type）と特徴的な4種の彩文を抽出し、これらを「コート・ディジー式土器」の典型例とした（Mughal 1970）。

そのうえで当時、先インダス文明期の文化を示すとされていた諸遺跡出土の土器群を検討し、それらの土器群に「コート・ディジー式土器」との類似点を見いだすことで、当土器型式の広範な分布を指摘した。ムガル自身もみとめているのであるが、実際には各遺跡出土の土器群にはかなりの地域差がある。しかしながらムガルは口縁部や頸部、肩部などに施された黒・茶色の帯状文という要素を重要視し、「コート・ディジー式土器」の斉一性と広範な分布を主張したのである。

ムガルが指摘した「コート・ディジー式土器」の斉一性に関しては、小泉龍人や宗䑓秀明、徐朝龍らが器種構成を中心に検討をくわえ、批判的に見直しをおこなっている[(2)]（小泉 1988、宗䑓 1998、徐 1988・1989a、Shudai 1997、Xu 1990・1994 など）。先インダス文明期において各地域に展開した「コート・ディジー式土器」の実体とは、決して斉一的なものではなく、各地域におけるそれぞれの土器文化伝統にもとづきながら、相互にゆるやかな関係性をもつ地域色の強い土器型式群であった、というのが小泉、宗䑓、徐らの結論であり、現在のコート・ディジー式土器研究の到達点となっている。

(2) ハラッパー式土器の起源に関する理解

ハラッパー式土器の起源に関する研究としては、鎌田博子と宗䑓秀明、P. C. ジェンキンス（Jenkins）の研究をあげることができる。

鎌田博子はモヘンジョダロ下層の遺構と遺物の検討を通して、インダス文明期最初期の文化内容を整理している（鎌田 2000）。鎌田は自らのハラッパー式彩文土器の文様編年（Kamada 1990）にしたがい、ハラッパーやコート・ディジー、アムリー、ドーラーヴィーラー、ナウシャローなどの各遺跡出土の彩文土器を比較検討し、先インダス文明期にみられる彩文土器の文様がそのままハラッパー式土器の文様として連続するとした。製作技法に関しても両時期の連続性を強調している。さらにハラッパーとコート・ディジーにおいては、コート・ディジー式土器からハラッパー式土器への漸次的な変化をおえるとする（鎌田 2000、Kamada 1991・1997）。

宗䑓秀明は先インダス文明期に帰属する遺跡出土の土器群を器形という側面から整理し、カーリーバンガンとコート・ディジーにみられる特定の器種が、インダス文明期においてもひきつづき確認できるとした（宗䑓 1999）。

ジェンキンスはハラッパー出土土器の製作技術、および彩文の型式変化を検討し、2期のコート・ディジー式土器から3期のハラッパー式土器への漸次的変化を主張する。製作技術と彩文は時

期ごとに変化するが、3期のハラッパー式土器にみられる彩文が2期のコート・ディジー式土器にみられるなど、両者は型式学的に連続すると結論づけている（Jenkins 1994a）。

3. 問題の所在

　鎌田やジェンキンスらの研究により、ハラッパーとコート・ディジーにおいて、コート・ディジー式土器からハラッパー式土器への漸次的変化が確認できるとの理解が提示され、両土器型式の型式学的連続という見解が、いつの間にか「常識」となってしまっているというのが現状である。
　しかし口縁部や頸部、肩部などに黒・茶色で帯状文を施すことを主たるデザインとし、動植物文や幾何学文などを捨象したコート・ディジー式土器から、多様な彩文に特徴づけられる彩文土器をふくむハラッパー式土器への漸次的変化がおえるとは、一体どういうことなのであろうか。それにくわえて器形・器種の側面からも両土器型式の連続性は十分に説明されているとはいえない。
　つまり一部の彩文要素と器形・器種がハラッパー式土器に継承されること、層位的に連続することが強調され、両者の型式学的連続が主張されているにすぎないのである。おそらくこのような理解の根底にある論理は、第1章で述べたような現在まで批判的検証がなされないままに受け入れられてきた発展段階的な枠組みであると思われる。
　コート・ディジー式土器をはじめて発見したウィーラーとコート・ディジーを発掘したハーンは、それらがハラッパー式土器と層位上は連続することを確認しつつも、異質な土器群であり、文化的にも異質なものであると主張した。今一度、両者の関係性を検討する必要がある。本章ではコート・ディジー式土器からハラッパー式土器への漸次的変化という「常識」が妥当か、否か、を問いながら、ハラッパー式彩文土器の起源の問題を掘りさげる。

第2節　先インダス文明期の土器型式と移行期における土器の様相

1. 先インダス文明期の土器型式

　先インダス文明期において各地域にみとめることができる土器型式に関しては、第2章第2節ですでに大部分を整理してある。各土器型式の分布傾向についてはそちらに譲り、本節では各土器型式の様相をもう一度確認しておこう。
　先インダス文明期において各地域に認めることができる土器型式の代表格としては、コート・ディジー式土器やファイズ・ムハンマド式土器、ソーティ・シースワール式土器などをあげることができた[3]（図9）。第1節で述べたように先行研究（小泉 1988、宗䑓 1998、徐 1988・1989a、Shudai 1997、Xu 1990・1994など）によりコート・ディジー式土器の地域性は明らかであるので、シンド地方の土器を「シンド型コート・ディジー式土器」、ゴーマル地方を中心として展開する土器を「ゴーマル型コート・ディジー式土器」としてあつかう。

（1）コート・ディジー式土器

a. シンド型コート・ディジー式土器

シンド型コート・ディジー式土器の第一の特徴は、動植物文や幾何学文などの彩文は描かず、口縁部や頸部、肩部などに黒・茶色で帯状文を施すことである。唯一、鍔付広口短頸壺（図9-5・図34-7、8）の肩部のみに波状文を描く。鍔付広口短頸壺は、先インダス文明期においてインダス平原に広範に分布する特徴的な器種である。

製作技法の特徴は外面の口頸部以下をケズリで仕上げることである。器壁は薄く、胎土も緻密、焼成も良好であると報告されている（Khan 1965）。広口短頸壺、広口無頸壺、爪形口縁浅鉢などを中心とする器種構成はゆるやかな型式学的変化を経つつも、コート・ディジーの最下層である16層から4層まで安定した様相を呈する。

b. ゴーマル型コート・ディジー式土器

ゴーマル型コート・ディジー式土器は、前段階のトチ・ゴーマル期にみられたトチ・ゴーマル式土器から器種・器形の点で型式学的変遷がみとめられるものの、彩文という点で無文化することを指摘できる。主な器種としては広口短頸壺、鍔付広口短頸壺、直口鉢、高坏があげられる。トチ・

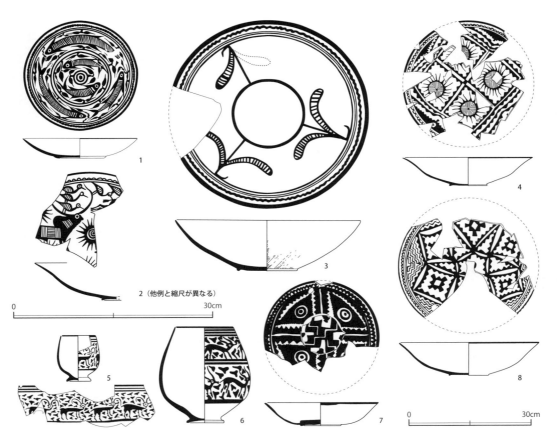

図24　ファイズ・ムハンマド式土器

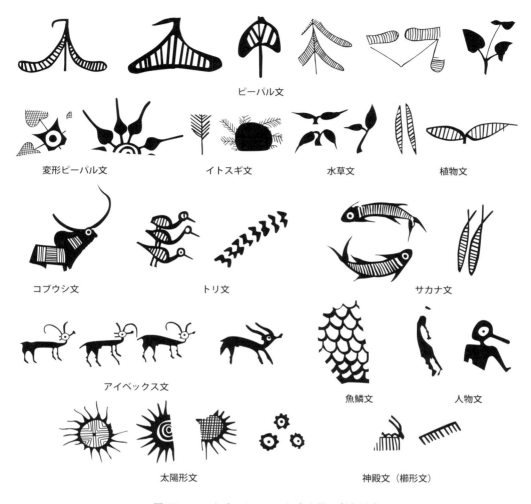

図 25　ファイズ・ムハンマド式土器の彩文要素

ゴーマル期において多彩な彩文が描かれていた直口鉢（図 9-8・図 35）も無文化し、彩文は鍔付広口短頸壺（図 9-2～6・図 35）にのみ限定されるという彩文を描く器種の変化も明らかである。

　彩文を捨象し、黒・茶色帯状文を主たるデザインとするという現象は、さきに述べたシンド型コート・ディジー式土器と同様の方向性を示しているものと考えられる。しかしその器種構成はトチ・ゴーマル期から型式学的に連続するものであり、やはりシンド型コート・ディジー式土器とは区別してとらえるべきであろう。

（2）ファイズ・ムハンマド式土器

　ファイズ・ムハンマド式土器は、動植物文などの具象文や幾何学文を鉢の内面に描くことを特徴とする（図 24）。彩文要素（図 25）としては、ピーパルなどの植物文とコブウシやトリ、サカナ、ヤギなどの動物文、階段形文（図 24-4、7、8）をはじめとする幾何学文をあげることができる。その他の文様としては、魚鱗文や人物文、太陽形文、神殿形文（図 25）がある。

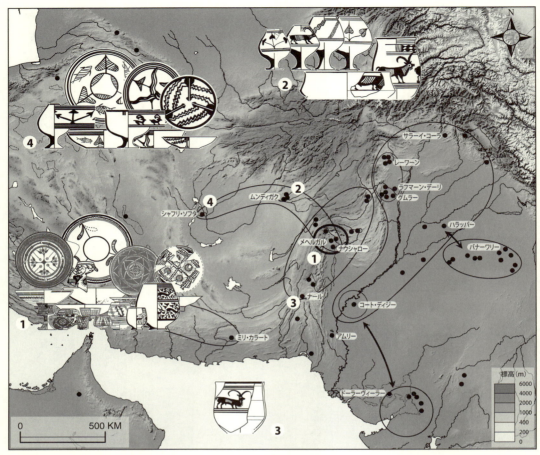

図26　ファイズ・ムハンマド式土器とそれに関連する土器群の分布傾向

　動植物文はアフガニスタンのムンディガクⅣ1期やイランのシャフリ・ソフタⅣ期においてもみとめることができるが（図9・図26）、描かれる器種が異なることと動物文の配置・構成が異なる点で、よりクエッタ地方からカッチー平野の独自性が強化され、ファイズ・ムハンマド式土器に表出している状況がうかがえる。いっぽう階段形文様は前代においてアフガニスタンから東南部イラン高原、南トルクメニア地方にひろくみられた彩文である。

　器種構成としては壺などが少なく、鉢を中心とするという特徴をもつ（図24）。またこの土器型式は灰色土器と赤色土器に分類できる。前者は還元焔焼成によるものであり、土器の大半を占める赤色土器の一群とは異なり、日常的な什器とは異なる機能を有していた可能性も考えられている（Wright 1989a・1989b）。

　同時期のシンド地方やゴーマル地方にみられる黒・茶色帯状文を主たるデザインとするコート・ディジー式土器とは、明確に異なる分布圏を有する（図9・図26）。そしてこの土器型式の注目すべき最大の特徴は、やはりコート・ディジー式土器とは異なり、具象的な彩文や幾何学文を有する多彩文土器として位置づけることができるという点である。

（3）ソーティ・シースワール式土器

ソーティ・シースワール式土器は、コート・ディジー式土器と同様に黒・茶色帯状文を主とするデザインを志向するが、その他にも多様な彩文をみとめることができる。黒・茶色帯状文以外の彩文としては、黒・茶色帯により区画することで作出したキャンパスを胴部上半に設定し、そこに斜格子文や動物文、抽象化された角文や植物文を描く（図9-1、2、4、5、7、8、12など）。その際、黒・茶色顔料とともに白色顔料をもちいることも当土器型式の特徴の一つである。

器種構成としては壺、台付き甕、高坏、鉢を中心とする。図9からも明らかなように、コート・ディジー式土器やファイズ・ムハンマド式土器と比較すると、小型の器種が多いことを指摘できる。

2. 移行期における土器の様相

移行期における土器の要素については、第2章第2節ですでに整理してあるので、詳細はそちらに譲る（図11）。当該期の様相を簡潔にまとめておくならば、次のようになる。つまり当該期は、大区画の幾何学文あるいは交叉円文を描く鍔付広口短頸壺や簡略化・様式化された植物文を内面に描く浅鉢、ウエット・ウェアをはじめとするいくつかの特徴的な土器がインダス平原の広い範囲で確認されるようになる。したがって、基本的には前代にみられた地域文化圏は保持されつつも、地域間交流が活発化した段階として位置づけることが可能である。

とくに、シンド地方とカッチー平野の中間地点に位置するバンドー・クボー出土土器の様相から、前代においては関係が希薄であった両地域間の交流関係がこの移行期に活性化した、と評価できる点は重要である。

第3節　ハラッパー式土器とその彩文様式

1. 器種・器形

ハラッパー式土器の器種構成は、大型甕や高坏、壺、鉢、コブレット、カップ、蓋、器台などからなり、土器のサイズも含め非常にバラエティに富んでいる（図27）。このような器種構成はさきに述べた先インダス文明期の土器群にはみられないものであり、文明期に新たに編成された土器型式であるといえる。とくに大型甕（図27-1）に代表される土器の大型化は特筆すべき事象である。

器形としては外反して立ち上がる口縁や爪形口縁などが特徴的である。製作技法に関しては大型の土器は回転台を駆使した粘土紐輪積み技法で、小型の土器はロクロ水挽き技法で製作されるのが普通である。また製作技法の違いとは関係なく、外面には回転ケズリの痕跡をとどめる例が多い（Dales and Kenoyer 1986、Jenkins 1994a）。ロクロ水挽き技法で製作された土器のなかにもわざわざ外面をケズリで仕上げる例が存在する。

また時期的な変化も明らかとなりつつあり、インダス・ゴブレット（図27-19、20）はハラッパー

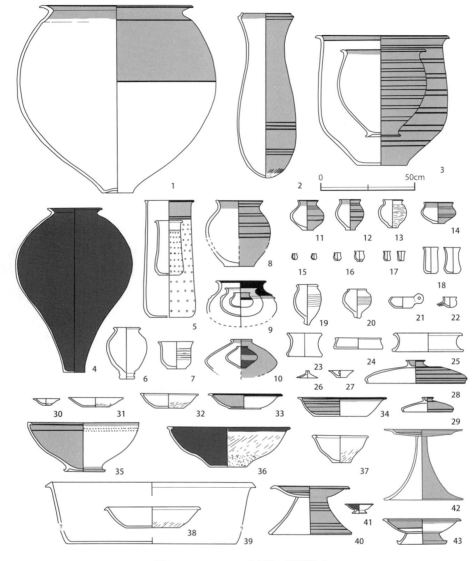

図27　ハラッパー式土器の器種構成

3C期のみから出土するとされる (Kenoyer 1991a)。

2. 彩文要素と彩文様式

(1) 彩文土器の特徴

　ハラッパー式土器のうち、彩文土器は尖底の大型甕 (図27-1)、長胴甕 (図27-2、3)、高坏 (図27-40、42) にほぼ限定される。土器型式全体に占める彩文土器の割合は、ハラッパーにおいて3%以下であると報告されている(5) (Jenkins 1994a)。このように限定された器種にのみ彩文を描くことが、ハラッパー式土器の特徴の一つである。

第4章 ハラッパー式彩文土器の創出　109

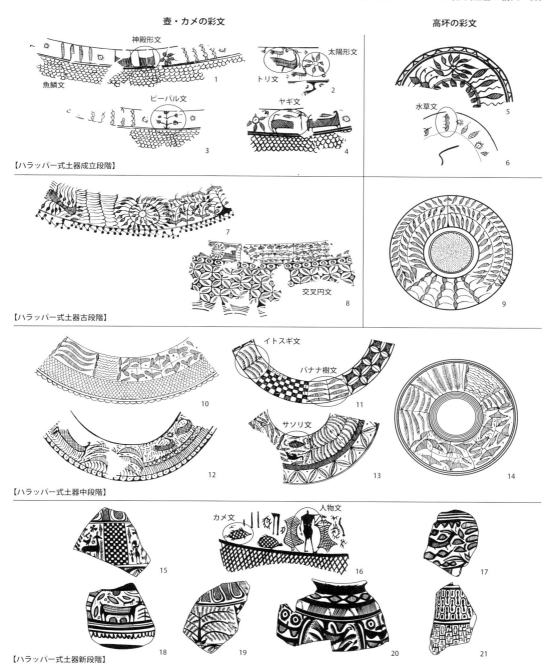

図28　ハラッパー式彩文土器の主文様帯を構成する彩文様式と彩文要素の変遷

　彩文が描かれる器種の変遷については資料の増加をまたなければならない状況であるが、ナウシャロー出土土器の研究成果によれば、インダス文明期後半になると小型壺などにも彩文を描く例が増加するようである（6）（Quivron 1994・2000）。
　その彩文は広々としたキャンパスを胴部上半に設定し、そこにある規範のもと動植物文を横位に

描き、主文様帯とするというものである（図28）。赤色スリップ上に黒色で彩文を描くことを基本とし、外面がにぶい光沢を帯びている例が多いことから、それらに関してはおそらく布ミガキにより仕上げられていることが推察される。なお胴部下半の文様帯に魚鱗文や交叉円文などの幾何学文を描く場合もあるが、以下では主文様帯を構成する基本モチーフとしての彩文についてのみ検討する。
(7)
(8)

（2）主文様帯を構成する彩文要素と彩文様式の変遷

ハラッパー式土器の彩文様式の特徴と変遷過程に関しては、鎌田博子（鎌田 2000、Kamada 1990）とG. クィヴロン（Quivron）（Quivron 2000）の先行研究がある。以下で示すハラッパー式土器の彩文変遷モデルも両氏の研究成果によるところが大きい。

ハラッパー式彩文土器の主文様帯を構成する彩文要素に関して表8にまとめた。成立段階・古段階と中～新段階では描かれる彩文要素に変化がみとめられる。主文様帯における彩文要素と彩文構成の時期ごとの変遷をまとめると以下のようになる（図28）。

a. ハラッパー式土器成立段階

植物文としてはピーパル、水草、動物文としてはサカナ、トリ、ヤギ、その他の文様としては神殿形文、太陽形文を成立段階の彩文要素としてあげることができる。比較的幅の狭い文様帯を上下の圏線によって区画し、横位に展開する彩文を描く。動物文様は種類に関係なく、右向きに描かれる。さらに文様帯に空白部分が目立つのも特徴である。

表8 主文様帯を構成する彩文要素

	彩文要素	成立段階	古段階	中～新段階
植物文	ピーパル文	○	○	○
	水草文	○	○	○
	イトスギ文	―	―	●
	バナナ樹文	―	―	●
動物文	サカナ	○	○	○
	トリ	○	○	○
	ヤギ	○	○	○
	サソリ	―	―	●
	カメ	―	―	●
幾何学文	交叉円文	―	―	●
	斜格子文	―	―	●
	菱形文	―	―	●
その他	神殿形文	○	○	○
	太陽形文	○	○	○
	人物文	―	―	●

○＝成立段階～新段階をとおしてみられる彩文要素
●＝中～新段階に新たにくわわる彩文要素

b. ハラッパー式土器古段階

成立段階のハラッパー式土器同様に肩部に主文様帯をもうけ、胴部の文様帯と区画する。主文様帯はハラッパー式土器成立段階と比較して幅広となり、器高の1/3程度を占める。彩文要素は成立段階から変化しないが、成立期に比較して文様配置が密集化する。植物文を横転させたり、ピーパルを多枝化させるなどして文様帯内を隙間なく埋めようとする傾向が顕著である。

c. ハラッパー式土器中段階

彩文要素としては古段階からの連続性をみとめうるが、個々の彩文要素は変形あるいは様式化・簡略化の傾向をみせている。植物文としてイトスギ文、バナナ樹文（banana leaves）（Satyawadi 1994）、動物文としてサソリ、さらに古段階まで

は胴部下半に限定的に描かれていた交叉円文、斜格子文、菱形文などの幾何学文が、主文様帯を構成する彩文要素として新たにくわわる。

d. ハラッパー式土器新段階

この段階にはハラッパー式土器の彩文原理が著しく変容する。もっとも顕著な変化としてみとめられるのは前段階まではみとめることのできない風景を意匠化した彩文が出現する点である。また中段階までの文様が著しく変化した例もある。彩文要素レベルでは前段からの連続性をみとめることもできるが、新たな彩文要素としてカメや人物がくわわる。

なお現状で確認できる新段階の資料は限定的であるから、以下では中段階と新段階を「中～新段階」とし一括してあつかうことにする。

3. 分布傾向

ハラッパー式土器の分布範囲は非常に広範なものであると指摘されることが普通であり、ハラッパー文化の広がりあるいはインダス文明圏は、ハラッパー式土器と次章で検討するインダス式印章の分布傾向から判断されてきた。確かに彩文が描かれた大型甕や高坏の分布は広範なものである（図29）。

しかし序章第2節の3でも述べたように、近年の調査成果はハラッパー式土器の分布傾向にも地域差があることを明らかにしつつある。とくに各遺跡出土土器に占めるハラッパー式土器の割合については、顕著な相違をみとめることができる。つまりモヘンジョダロとハラッパーではハラッパー式土器がきわめて優勢であるが、各地域に点在するその他の遺跡においては基本的に在地系統の土器が優勢であり、ハラッパー式土器は万遍なく出土するものの、出土数としてはきわめて客体的な様相を示すのである。

また南部バローチスターンを中心とした地域では、ハラッパー式土器と器形などの点で関係性をもちながらも、まったく異なる彩文様式に特

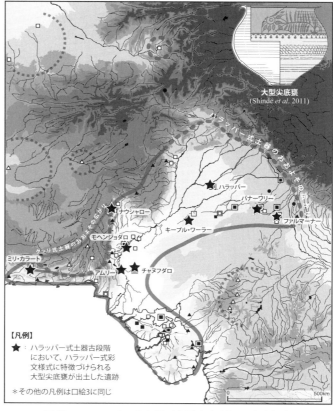

図29　ハラッパー式土器（大型尖底甕）の分布傾向

徴づけられるクッリ式土器が展開していた。次節ではこのクッリ式土器についてくわしくみていく。

第 4 節　クッリ式土器とその彩文様式

　紀元前 2600〜2000 年頃あるいはもう少しくだって紀元前 1900 年頃までの期間、つまり前節で述べたハラッパー式土器とおおよそ併行するかたちで、南部バローチスターン地方を中心に分布していたと考えられる土器型式がクッリ式土器である（近藤ほか 2007、Casal 1966、Jarrige 1994、Jarrige et al. 2011、Possehl 1986、Quivron 2008、Shudai et al. 2010・2013、Stein 1931 など）。
　ただし何をもってクッリ式土器とするかという点については、研究者間で必ずしも意見の一致をみていないのが現状だ。A. ステイン（Stein）の調査（Stein 1931、Possehl 1986）によってクッリおよびメーヒー（Mehi）から出土した土器にもさまざまな文様のバリエーションがあり、それらを一括してクッリ式土器とするのか、あるいはそれらのバリエーションが異なる時期の土器群が遺跡形成過程において混在したか、あるいは同時期の異系統土器群が一遺跡内で共存した結果とみなして、クッリ式土器という名称をより限定的にもちいるべきか、というような論点に分かれる。
　本書では、大きな丸い目をもつ動物文がその他の文様と組み合わさって特有の文様構成または意匠を構成するという点から、クッリ式土器とはこれら特有の彩文によって識別されるべきものとする（近藤ほか 2007）。
　以下ではこのクッリ式土器の詳細を確認するが、現状ではクッリ式土器の層位的検出例が限られるため、その変遷については型式学的な見地からの検討を中心とせざるをえない部分がある。したがって、断片的な資料・情報をつなぎ合わせながらの検討となることを予め申し述べておく。

1. 器種・器形

　クッリ式土器の器種としては、大型甕、有肩円筒壺（canister）、広口壺、鍔付広口短頸壺、高坏、直口鉢、広口鉢、浅鉢などの器種が存在する（図 30・図 31）。かならずしも資料が多いわけではないことから各器種の出現頻度や一時期の構成は不明であるが、総体としてはこのような器種がクッリ式土器に存在することは確実である[9]。
　器形としては爪形口縁、玉縁状口縁などが特徴的である。また爪形口縁浅鉢（図 30-5）、高坏（図 32-6）、小型壺（図 30-2）および大形無頸甕（図 30-6・図 31-10）といった器種はハラッパー式土器と共通する。胴部の文様帯を区画する境界線にもちいられる隆帯（図 31-3）は、東南部イランのバンプール（Bampur）（de Cardi 1979）やマクラーン地方のミリ・カラート（Miri Qarat）（Besenval and Marquis 1993）に特徴的な装飾技法でもある。
　このように器種・器形の点からみると、クッリ式土器には東のインダス平原、西のイラン高原、そしてバローチスターン高原にみられる諸要素がふくまれていることを理解できる。ただし器形の

第 4 章　ハラッパー式彩文土器の創出　113

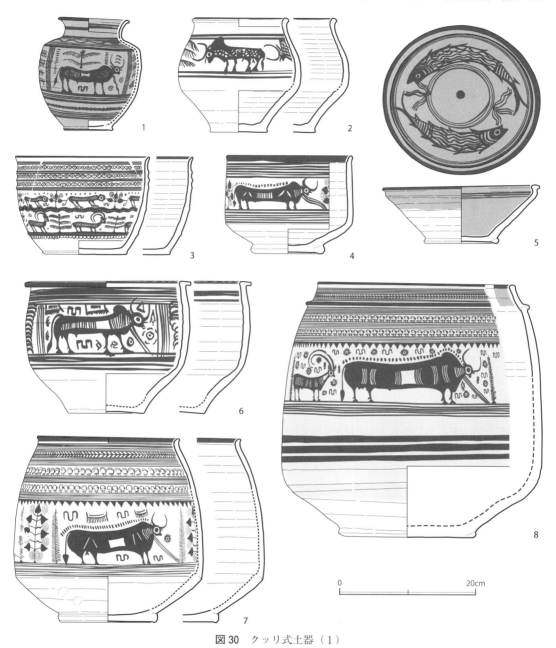

図30　クッリ式土器（1）

点でみると、かならずしも周辺地域の土器群の対応器種と相同ではない。図30・図31でみると、クッリ式土器の各器種に共通する器形の特徴として、胴部下半が膨らむ下膨れ形で、底部との間に屈曲部を設ける点、底部が幅の厚い輪高台状、口縁部が丸く仕上げられる点などをあげることができる。ハラッパー式土器に共通の器種がみられる図30-2、6・図31-10においても、これらの特徴が備わっている。このことは周辺地域からの影響を受けて共通の器種が製作されつつも、器形レベルにおいてはクッリ式土器としての独自性が存在していたことを示している。

114

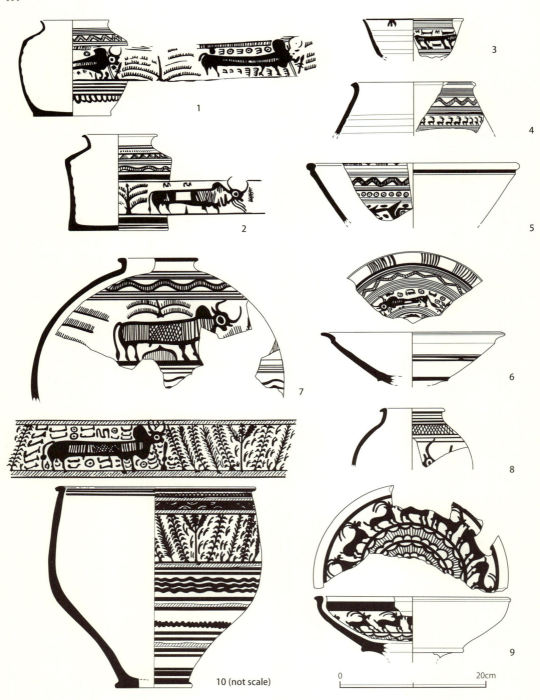

図 31　クッリ式土器（2）

2. 彩文要素と彩文様式

（1）彩文要素

　クッリ式土器の主文様帯に描かれる彩文は動物文と植物文、その他の小型文から構成される（図32）。大きな丸い目に特徴づけられる動物文としてはコブウシ、ネコ科の動物（トラあるいはチーターか）、ヤギ、トリ、サカナがある。また肩部文様帯に並列して表現される小形ヤギ文も特徴的である。

　植物文としてはピーパル文、ピーパル文を様式化して表現したと考えられる変形ピーパル文、単軸・多枝イトスギ文、両者を組み合わせたかのようなピーパル＋イトスギ文、水草文、その他の植物を表現したと思われる植物文などをあげることができる。ピーパル文は花弁をともなって表現される例が多い。

　小型文としては旗章形文、太陽形文、三角形文、曲線形文、櫛形文、神殿形文がある。小型文に関しては、たとえば、太陽形文であれば太陽、神殿文であれば神殿あるいは建物というように、何らかのモチーフを様式化あるいは抽象化して表現したものと思われる。

　また副次的な彩文要素としては、肩部文様帯に表現される連続三角形文や連続同心円文、波状文などをあげることができる（図30・図31）。

（2）主文様帯を構成する彩文様式の特徴とその変遷

　次にクッリ式土器の主文様帯を構成する彩文様式についてみてみる。その彩文様式は広々としたキャンパスを胴部上半に設定し、そこにある規範のもと先にみた彩文要素を組み合わせて横位に描き、主文様帯とするというものである（図30・図31）。

　図37-11〜14では、右向きのコブウシはその前面にピーパル文あるいはイトスギ文を配し、2〜3本の平行線（ロープか）によって、コブウシと植物がつながれたかのような表現をとっている。図30-3ではコブウシに変わり右向きのヤギと右向きのネコ科の動物が表現されるが、その前面にピーパル文やイトスギ文を表現している点は同様である。

　すなわち右向きの動物と植物が平行線によってつながれること、あるいは右向きの動物と植物が関係性をもって表現されることによって、「動物（右向き）＋植物」というセットを構成し、それが1単位として主文様帯に並列され、その周囲に小型文を配置するかたちで表現されているのである。この「動物（右向き）＋植物」という彩文構成がクッリ式土器を特徴づける第一の特徴である。いうまでもなく、本書において提示できなかった例に関しても同様な彩文構成をみとめることができる（近藤ほか 2007、Jarrige *et al.* 2011、Shudai *et al.* 2010など）。

　この「動物（右向き）＋植物」というクッリ式土器の彩文構成は、紀元前2600〜2000年頃あるいはもう少しくだって紀元前1900年頃までの期間を通して基本的には変化することはなかった（Shudai *et al.* 2010・2013、Shudai 2009-10）。ただし図37-15の例にのみ、コブウシが右向きではなく、左向きに表現されており、前方に配置されるイトスギ文と平行線によってつながれていな

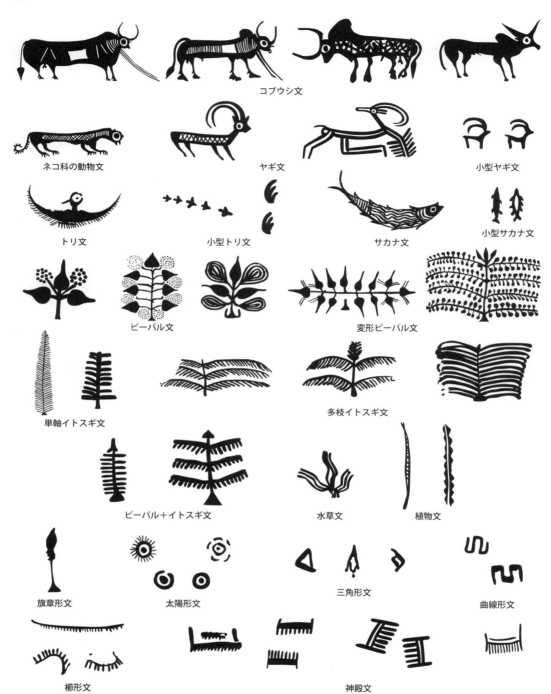

図32 クッリ式土器の彩文要素

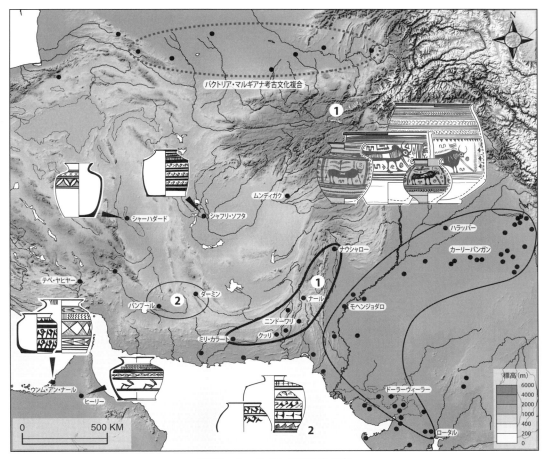

図33 クッリ式土器の分布傾向

い、という彩文構成上の変化をみとめることができる。この例については後述する。

3. 分布傾向

図 33 に示したように、クッリ式土器は南部バローチスターン地方を中心に分布し、ハラッパー式土器とは基本的に分布圏を異にしている。

またクッリ式土器に特徴的な有肩円筒壺という特定器種（図 30-1・図 31-1、2）は、かつて M. トーシ（Tosi）と C. C. ランバーグ＝カーロブスキー（Lamberg-Karlovsky）が指摘したように（Lamberg-Karlovsky and Tosi 1973）、南東部イランのバンプール（de Cardi 1979）やダーミン（Damin）（Tosi 1970a）、シャフリ・ソフタ（Lamberg-Karlovsky and Tosi 1973）、シャーハダード（Shahdad）（Hakemi 1997）、同西南部のテペ・ヤヒヤー（Tepe Yahya）（Lamberg-Karlovsky and Pots 2001）、さらにはアラビア半島東縁部のヒーリー北（Hili North）A 号墓（Vogt 1985）、ウンム・アン・ナール（Umm an-Nar）墳墓群（Friefelt 1991）という広範な範囲に見いだすこと

ができる（図33）。

第5節　ハラッパー式彩文土器の主文様帯

　ここまでハラッパー式彩文土器の起源を検討するために、その分析資料を確認してきた。本節ではコート・ディジー式土器とハラッパー式土器の関係性を詳細に整理し、そのうえでハラッパー式彩文土器の主文様帯にみられる彩文要素の系譜を、先インダス文明期において各地域に展開していた土器型式およびハラッパー式土器と併行して展開していたクッリ式土器にみられる彩文と比較検討するかたちで追究する。

1．コート・ディジー式土器とハラッパー式土器の関係性

　まずはコート・ディジーとグムラーにおけるコート・ディジー式土器とハラッパー式土器の関係性を検討する。いうまでもないが、両土器型式が型式学的に連続するのか、否か、が問題である。

（1）コート・ディジーにおけるコート・ディジー式土器とハラッパー式土器の関係性
　コート・ディジー出土のシンド型コート・ディジー式土器について、本土器型式にみられるゆるやかな型式学的変化と新たな要素の出現に注意し、層位ごとに土器をみてみる[10]。
　コート・ディジーでは、城塞部とされるA地区において16～4層出土のコート・ディジー式土器と3A層以降にみられるハラッパー式土器が層位のうえでは連続する状況をみてとることができる（図34）。A地区の3A層がコート・ディジー式土器とハラッパー式土器が混在する層であり、市街地とされるB地区では5～3A層がコート・ディジー式土器のみが認められる層、3・2層がハラッパー式土器との混在が認められる層、1層がハラッパー式土器のみが認められる層であると報告されている（Mughal 1970）。
　16～13層　彩文としては黒・茶色の帯状文を主とするデザインを特徴とし、器種構成は広口短頸壺や広口無頸壺、爪形口縁浅鉢を中心とする。爪形口縁浅鉢（図34-3、4）は、鎌田や宗䑓が指摘したように、ハラッパー式土器に連続して確認できる器種である（鎌田2000、宗䑓1998）。口縁内面に黒色で連弧文を描く浅鉢（図34-2）や例（図34-5）のような彩文土器片を確認できるが、動物文様や幾何学文様などはみられない。製作技法に関しては報告書の写真と博物館で実見した資料から判断する限り、口頸部以下をケズリ調整により仕上げる例が多いことを指摘できる。
　12・11層　16～13層にみられる彩文と器種構成がそのまま連続してみられるが、新たな器種として高坏（図34-6）と鍔付広口短頸壺（図34-7、8）が12層で初出する。鍔付広口短頸壺は胴部に波状文を描くことを特徴とする。
　10～8層　新たな器種として口縁部断面が三角形を呈する広口短頸壺（図34-11～13）が10層で初出し、以降連続してみられるようになる。この器種または口縁形態はハラッパー式土器に継承さ

第 4 章　ハラッパー式彩文土器の創出　119

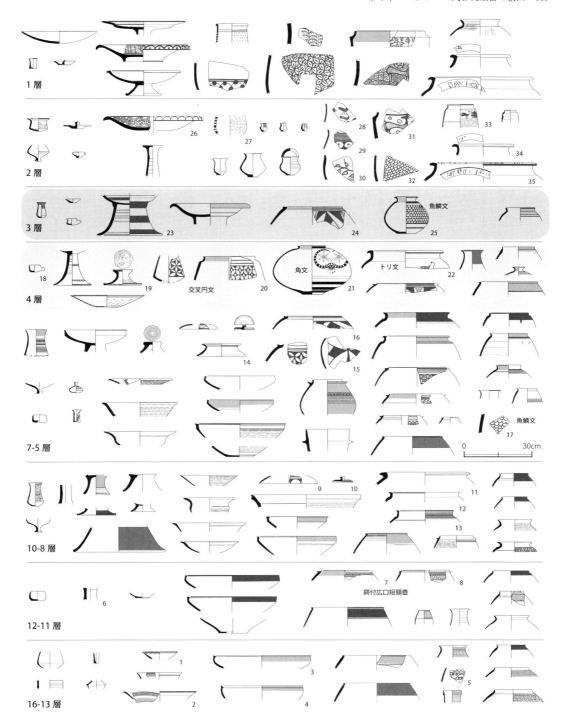

図 34　コート・ディジーにおける土器の変遷

れる要素である（鎌田 2000、宗䑓 1998）。高坏については低脚の脚部片を9層に、高脚の脚部片を8層にそれぞれ確認できる。蓋（図34-9）は9層で初出する。これは12層以降みられる鍔付広口短頸壺に対応する器種であると考えられる。つまみ付きの蓋（図34-10）は8層に初出する。

7～5層 16層からの器種構成が連続してみられるが、新たな要素も多くみられる。交叉円文または大きな幾何学文様（図34-15）が7層において確認され、6層にいたりその彩文を胴部に大きく描く鍔付広口短頸壺（図34-16）が出現する。この土器は本章第1節でも述べたように、移行期を特徴づける要素である（図11）。また魚鱗文（図34-17）と器台（図34-14）も6層で初出する。これらの要素は16～8層では確認できないものであり、出現の経緯には注意する必要がある。

4層（＝B地区3A・3層）A地区の4層と同時期に位置づけられるB地区の3A層と3層からは、白色をもちいて角文を描いた特徴的な土器（図34-21）を確認できる。例（図34-22）にはトリ文が描かれている。交叉円文が描かれる口頸部が内径する広口壺（図34-20）や小形のカップ形土器（図34-18）は、ハラッパー式土器に特徴的な器種である。さらに高坏の坏部内底面に半裁竹管文を放射状に施す技法（図34-19）もハラッパー式土器にみられるものである。

4層の土器はすべてコート・ディジー式土器であると理解されるが（Khan 1965、Mughal 1970）、ハラッパー式土器に連続する諸要素を少なからずみとめることができる。第2章第2節と本章第1節で確認した移行期における先インダス文明期の土器型式圏の解体・再編と地域間交流の活発化にともない、さまざまな新しい要素が出現したことがわかる（図11）。

3層 前層までを特徴づけるコート・ディジー式土器とは異なる特徴を有する土器を数多く確認できる。黒・茶色帯状文を主とするデザインは主流ではなくなり、魚鱗文を描く土器（図34-25）など一見するとハラッパー式土器と認識できるような土器が出現する。ただし黒色帯状文に特徴づけられる高坏の脚部（図34-23）や大きな幾何学文を胴部に描く鍔付広口短型壺（図34-24）など、前代の要素を留める土器もみられる。このように3層はコート・ディジー式土器とハラッパー式土器が混在する層位であると理解できる。

2層 典型的なハラッパー式土器を確認できる。高坏（図34-26）や多孔長胴壺（図34-27）などの器種、ハラッパー式彩文土器（図34-28～33）、さらに口縁部にインダス文字を刻んだ土器（図34-34、35）が出土し、4層までを特徴づけていたシンド型コート・ディジー式土器はみられなくなる。彩文から判断すれば、ハラッパー式土器成立段階として位置づけることができる。

1層 2層と同様にハラッパー式土器のみを確認できる。彩文から判断すれば、ハラッパー式土器古段階～中段階に位置づけることができるだろう。

（2）グムラーにおけるコート・ディジー式土器とハラッパー式土器の関係性

次にグムラー出土のゴーマル型コート・ディジー式土器について、本土器型式にみられるゆるやかな型式学的変化と新たな要素の出現に注意し、層位ごとに土器をみていく。[11]

グムラーにおける層序は主として煉瓦積建物との関係から13～1層に分けられ、遺構と各土層の関係から13・12層がⅠ期、11～9層がⅡ期、8～5層がⅢ期、4～1層がⅣ期に再編成されている（Dani 1970-1971）。層序は部分的な資料の混入をのぞくとほとんど攪乱を受けていない良好な状

第 4 章　ハラッパー式彩文土器の創出　121

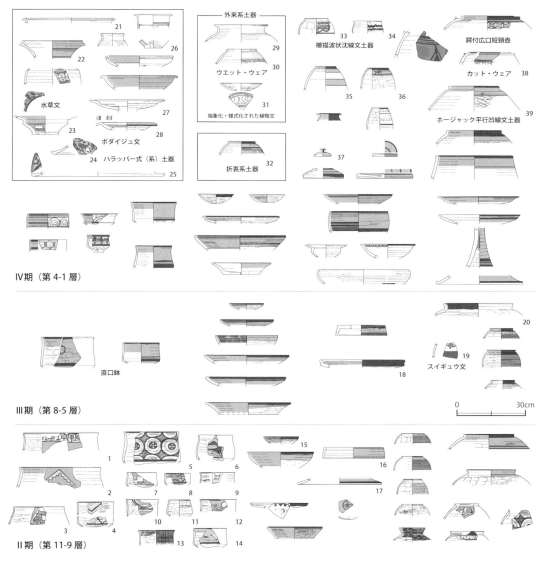

図 35　グムラーにおける土器の変遷

態を呈しており、土器資料においても同様である。したがって各土層単位での土器の比較検討によって、土器変遷の具体像を理解することができる。なお、Ⅰ期からは土器の報告はないので本書では除外する。

Ⅱ期　当該期はトチ・ゴーマル文化期とされ、先インダス文明期の前段階に位置づけられる。第2章第2節でも確認したが、この時期の土器をトチ・ゴーマル式土器とよぶ（Khan Farid *et al.* 2000・2002）。器種構成は直口鉢を中心とする。この器種の第一の特徴は、黒・赤・白の顔料をもちい多様な彩文が描かれることである（図 35-1〜14）。

製作技法は次のとおりである。内面は断続的な板ナデ調整、外面はケズリ調整または板ナデ（ハケ）調整で平滑に仕上げる。口頸部に関してのみ、回転を利用した回転ユビナデによって仕上げる。

一次成形は粘土紐・帯の接合によるが、胴部を成形した後に口頸部を接合するという工程を経ていると考えられる。器種をこえて製作技法は一貫している。高坏（図35-17）、浅鉢（図35-15）、円盤状蓋（図35-16）などの器種が新出するのは9層である。9層以降、多様な彩文はみられなくなり、赤色地黒色帯状文が一般的となる。

　Ⅲ期　当該期が先インダス文明期に相当する。本章第1節の1で確認したように、器種構成は前代から型式学的に連続するものと理解できるが、彩文の側面からみれば、前代からの著しい変化を指摘できる。つまり多様な彩文はみられなくなり、黒色の帯状文を主とするデザインへと変化する。これはシンド型コート・ディジー式土器と連動する現象として評価することができた。

　図には掲載していないが鍔付広口短頸壺は第6層に初出し、以降Ⅳ期まで連続してみられるようになる。[12]7層においてスイギュウの頭部を正面から描いた彩文（図35-19）を確認できる。広口短頸壺（図35-20）の口頸部は短頸化がすすみ、3層以降の典型的なコート・ディジー式広口短頸壺への変化の過程を示している。扁平な胴部から屈曲して立ち上がる口頸部をもつ高坏（図36-18）は6層に初出する。製作技法に関しては基本的に11～9層の土器群に共通するが、内面の整形については板状工具ではなく、指による断続ナデ仕上げの例が多くなることを指摘できる。

　Ⅳ期　当該期の土器の様相は、前代に比べると、複雑である。前代の器種構成や黒色帯状文を主とするデザインは連続するが、いっぽうでハラッパー式土器や外来系土器、折衷系土器、櫛描波状沈線文土器、肩部以下に透かしを切り抜くいわゆるカット・ウェア（Cut ware）などが初出する。

　外来系土器はすべて白色スリップ仕上げであり、在地の赤色系土器とは胎土から異なる。ウエット・ウェア（図35-30）や簡略化・様式化された植物文を鉢の内面に描く浅鉢（図35-31）などが外来系土器の代表格である。折衷系土器（図35-32）は在地の赤色土器にウエット・ウェアと同様の装飾を施したものである。このような新たな要素の出現はコート・ディジー7～4層にみとめられた様相と同様な現象として理解することができ、第2章第2節と本章第1節で述べたように移行期を特徴づけるものである（図11）。

　3層において典型的なコート・ディジー式土器の広口短頸壺（図35-35、36）が初出する。この層の広口短頸壺は球形胴から縦長楕円形の胴部への変化が明瞭であり、胴部内面を回転運動利用の連続的水平ナデ調整によって仕上げるものが一般化している。また外面にユビオサエ痕を顕著にのこし、内面は板ナデ調整によって仕上げる櫛描波状沈線文を施す土器（図35-33、34）も出土する。つまみ付き蓋（図35-37）も出土しており、この層以降に一般化する新出要素である。

　2層からは簡略化・様式化された植物文を鉢の内面に描く浅鉢や爪形口縁浅鉢、ハラッパー式土器に特徴的な高坏（図35-27、28）とピーパルが描かれた高坏脚裾部の破片（図35-24）、ホージャック平行凹線文土器（Fairservis 1956・1959）（図35-39）、肩部以下をケズリによって仕上げる白色仕上げの広口壺（図35-29）、ハラッパー式土器に特徴的な長胴壺の口縁部（図35-22）や大型甕の口縁部（図35-21）が出土する。ハラッパー式土器に関しては、彩文編年にもとづけば、成立段階から古段階併行期として位置づけることができるだろう。

　1層からはゴーマル型コート・ディジー式土器とともにハラッパー式土器や両者の折衷土器、ウエット・ウェア、カット・ウェア（図35-38）などが出土する。コート・ディジー式土器としては

前代からの器種にくわえ、球形鉢や半球形鉢、大形広口鉢などが新出する。ハラッパー式土器としては、2層にみられた器種に、多孔長胴壺（図35-26）、内面にハラッパー式彩文が描かれる外傾口縁鉢（図35-23）がくわわる。またグムラー出土のハラッパー式土器およびハラッパー系土器には、白色仕上げや外面ケズリ調整などの在地系土器あるいはバローチスターン地方に特徴的な要素がみられる、ということも重要である。

　本項ではコート・ディジー式土器とハラッパー式土器が型式学的に連続するのか、否か、を問うために、コート・ディジーとグムラーにおける両土器型式の関係性を詳しくみてきた。両遺跡とも層位のうえでは、確かにハラッパー式土器はコート・ディジー式土器に連続する。

　コート・ディジーにおいては16～8層まではシンド型コート・ディジー式土器のみが安定してみられるが、出土土器の様相から移行期に相当すると考えられる7～4層において交叉円文や角文、トリ文、魚鱗文などのハラッパー式彩文土器に共通する新出要素をみとめることができるようになる。また最下層からみとめることのできる爪形口縁浅鉢や、10層で初出する口縁部断面が三角形を呈する広口短頸壺なども、ハラッパー式土器に連続する要素である。そして3A層にいたりハラッパー式土器が出現する。

　グムラーではⅣ期として再編成される2・1層において、在地系のゴーマル型コート・ディジー式土器にともなうかたちでハラッパー式土器が出現する。出土土器の様相から判断すれば、2層が移行期に相当するので、グムラーにおいてもコート・ディジー同様に移行期以降にさまざまな新出要素をみとめられるようになることがわかる。グムラーを発掘したダーニーはⅣ期にみられる新出要素の起源はⅢ期に求められるものではないとし、当遺跡においてハラッパー式土器にコート・ディジー式土器は連続するものではないと結論づけている（Dani 1970-1971）。実際にグムラーにおいてゴーマル型コート・ディジー式土器からハラッパー式土器に継承される特定の要素は確認できない。両土器様式は系譜関係ではなく、明らかにただの共伴関係にある。

　鎌田（鎌田 2000）やムガル（Mughal 1970）が指摘したように、コート・ディジーにおいてシンド型コート・ディジー式土器にみられる一部の器種・器形がハラッパー式土器に継承されることは今回の分析でも明らかである。しかしながらより明らかなことは、ハラッパー式土器のすべての祖形をコート・ディジー式土器に求めるような従来の発展段階的な図式が破綻していることであろう。7～4層において初出した交叉円文や角文、トリ文、魚鱗文などのハラッパー式彩文土器に共通する要素も、コート・ディジー起源の要素ではなく、移行期における地域間交流の活発化（図11）にもとづいて現れたものであるとの理解が妥当であろう。なぜならば、それ以前の16～8層までにそのような彩文要素をまったくもって確認することができないからである。

　以上のように両土器型式は彩文要素と器種・器形における型式学的連続という側面からみた場合、特定のごく一部の要素のみが系譜関係にあると指摘しうるだけで、決して一対一の系譜関係にあるわけではない。とくにハラッパー式土器を特徴づける多彩な彩文様式の系譜を、動植物文や幾何学文などの彩文は描かず、黒・茶色の帯状文を主たるデザインとするコート・ディジー式土器にもとめることは、はなはだ不可能である。

それでは、ハラッパー式土器を特徴づける彩文様式はどのようにして生成したのだろうか。次項ではこの側面を掘りさげることにする。

2. 主文様帯を構成する彩文要素の系譜

（1）ハラッパー式土器成立段階の彩文要素

先インダス文明期においてコート・ディジー式土器、ファイズ・ムハンマド式土器、ソーティ・シースワール式土器などの地域色豊かな土器型式が各地域に展開していたことは、第2章第2節と本章第1節で確認したとおりである。

のちにインダス文明あるいはハラッパー文化の中心となるシンド地方には、動植物文や幾何学文などの彩文は描かず、口頸部に黒・茶色の帯状文を施すことを第一の特徴とするシンド型コート・ディジー式土器が展開していた。さきに確認したように、コート・ディジー式土器とハラッパー式土器は型式学的に連続する一対一の系譜関係にはない。ハラッパー式土器の出現は、コート・ディジー7～4層やグムラーⅣ期にみられたような移行期における先インダス文明期の土器型式圏の解体・再編と地域間交流の活発化を経たうえでの現象であった（図11）。

移行期を経て出現したハラッパー式土器はコート・ディジーではシンド型コート・ディジー式土器に取ってかわり、グムラーではゴーマル型コート・ディジー式土器と共伴する。そして前項で確認したように、ハラッパー式彩文土器の生成という現象は、コート・ディジー式土器の検討のみでは解明することができない。同様にソーティ・シースワール式土器とハラッパー式土器の関係性についても彩文と器種・器形の側面から判断すれば、両者の型式学的連続は肯定されるものではない。

それでは、どの土器型式に系譜を辿ることができるのであろうか。答えは次のとおりだ。先インダス文明期に展開していた土器型式のうち、多彩文土器伝統に属するファイズ・ムハンマド式土器とハラッパー式土器の関係性についてだけは、彩文要素という側面から両者の共通性を確認できるのである。表9に示したように、ハラッパー式土器の彩文要素の系譜を時系列に則して追究すると、その大部分がバローチスターン地方に伝統的に存在した動植物文、とくにファイズ・ムハンマド式土器の彩文に由来することが明らかなのだ。

ファイズ・ムハンマド式土器にみられる彩文要素のうち、コブウシ文と階段形文様、人物文以外の彩文要素、つまり植物文としてはピーパル、水草、動物文としては

表9 ファイズ・ムハンマド式土器とハラッパー式土器成立段階の彩文要素

	彩文要素	ファイズ・ムハンマド式土器	ハラッパー式土器（成立段階）
植物文	ピーパル文	○	○
	水草文	○	○
動物文	サカナ	○	○
	トリ	○	○
	ヤギ	○	○
	コブウシ	○	−
幾何学文	階段形文	○	−
その他	神殿形文	○	○
	太陽形文	○	○
	魚鱗文	○	○
	人物文	○	−

サカナ、トリ、ヤギ、その他の彩文としては神殿形文、太陽形文、魚鱗文が、ハラッパー式土器成立段階の彩文要素としてみとめられるのである。

つづく移行期においては、現状のデータから判断するとファイズ・ムハンマド式土器は衰退したかにみえる。ただしくり返しみてきたように、この時期には先インダス文明期にはみられなかったカッチー平野とシンド地方間の交流関係が明確化する（図11）。

さてハラッパー式土器成立段階の彩文要素は、ファイズ・ムハンマド式土器にその系譜を辿ることができる。そこで次は、ハラッパー式土器成立段階におけるカッチー平野とシンド地方の土器の様相をくわしくみてみることにしよう。厳密な意味でその成立段階を画定するにあたっては今後の調査をまつ必要があるが、ここではクィヴロンが提示した成立段階の彩文とナウシャローID期の彩文を検討する（Quivron 1994・2000）。ナウシャローIC期が移行期、II期がハラッパー式土器古段階に相当し、ID期はその過渡期に相当する[(13)]（Jarrige 1993・1996、Quivron 1994・2000、Samzun 1992）。

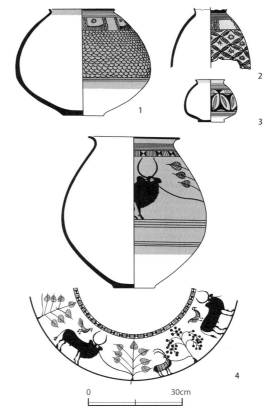

図36　ナウシャローID期出土の特徴的な土器

ジャリージュも指摘するように、ID期出土の土器にはメヘルガルVII期以降カッチー平野にみられる在地系の要素とハラッパー式土器の要素が混在する様相がみとめられる（Jarrige 1993）。つまり彩文要素と彩文構成の側面で、ハラッパー式土器成立段階と比較可能な彩文がみられるのである。たとえば、胴部上半に文様帯を設定し、そこに太陽形文や神殿形文を描き、その下位には魚鱗文や交叉円文を描く例などである（図36-1〜3）。それにくわえて器面の色調の多くが、IC期までを特徴づけていた淡黄色からハラッパー式土器を特徴づける赤色へと変化するとされる（Quivron 1994、Jarrige 1996）。

こうした現象は、ハラッパー式土器成立段階における共時性を示す共鳴現象としてとらえうるものである。つまり相対編年上、ID期は移行期として位置づけるよりもむしろハラッパー式土器成立段階に併行する時期として位置づけることができる。少なくともハラッパー式土器成立段階に前後する時期と考えてよいであろう。

さてここで、ハラッパー式土器成立段階の彩文とナウシャローID期出土土器の彩文を比較すると興味深い事象を確認できる。バローチスターン地方の彩文は前4千年紀後半からみられる特定の彩文要素を組み合わせ「コブウシ（右向き）＋植物文」という彩文構成をとるのである（図36-4）。

この彩文を有する土器は前述したハラッパー式土器成立段階の彩文と比較可能な彩文を有する土器（図36-1～3）と同一の住居から出土しており、その共伴関係は明らかである(14)（Samzun 1992）。

いっぽうさきに述べたように、ハラッパー式土器成立段階の彩文はバローチスターン地方に伝統的な彩文要素から構成されるが、彩文要素こそ取り込むものの、同時期のバローチスターン地方にみられる「コブウシ（右向き）＋植物文」という彩文構成は受容しない。ハラッパー文化においてコブウシが文様として使用されるのは次章で検討するインダス式印章においてであり、コブウシ文はハラッパー式土器の彩文要素としては一切使用されることはないのである。

（2）ハラッパー式土器古段階の彩文要素

ハラッパー式土器古段階では、本章第2節で確認したように同一文様要素の反復による密集化という変化をともないながらも、成立段階からの彩文要素は維持され、新たな要素の出現はみられない（表9）。古段階の彩文様式の変容は成立段階からの型式学的な変化としてとらえて構わないだろう。

（3）ハラッパー式土器中～新段階の彩文要素

中～新段階の様相は古段階とは異なる。本章第2節で確認したように文様の簡素化にともない、幾何学文やイトスギ文、バナナ樹文などの新たな文様要素の出現をみとめることができるのである（表9）。幾何学文はバローチスターン地方に伝統的に存在する文様要素であり、イトスギ文は東南部イランにおいて伝統的にみられる彩文要素であった。

ここで時期的に併行するクッリ式土器と比較してみると興味深い事象をみとめることができる。クッリ式土器においてはハラッパー式土器では捨象されることとなったコブウシ文を土器に描き続け、「コブウシ（右向き）＋イトスギ文」という彩文構成をとるのである（図37-12、13）。つまり中～新段階において新たにみとめられる幾何学文様とイトスギ文は、バローチスターン地方に伝統的に存在する彩文要素とクッリ式土器の彩文要素にその系譜をたどれるのである。

第6節　ハラッパー式彩文土器の創出と周辺地域社会への拡散

ハラッパー式土器における彩文様式の起源と展開のプロセスを説明するために、まずはバローチスターン地方における土器のデザインシステムを検討する必要がある。なぜならばハラッパー式土器の彩文様式とバローチスターン地方における土器のデザインシステムは、常に有機的な関係性をもつことが明らかだからである。

1. バローチスターン地方における土器のデザインシステム

まずはデザインシステムという用語を説明する必要がある。この用語は日本考古学を専門とする

鈴木公雄によるものである（Suzuki 1970）。鈴木は「土器に存在する装飾は、単なる文様要素の集合体ではなく、ある規則性に則って土器面に配置されている。この規則性は、縄文式土器の観察にもとづけばある特定の型式群によって保持されており、それは一つの装飾の方式 Design System として把握することができる」（Suzuki 1970：49）とする。
(15)

　本書においても鈴木が提示したデザインシステムの考え方を参考に、彩文にみられる装飾の方式という意味でデザインシステムという用語をもちいる。彩文を比較する場合、その類似度の強弱のみで議論するのではなく、モチーフの配列パターンやモチーフ相互の関係、つまりデザインシステムを考慮することで単なる彩文の比較では明らかにすることができない、比較対象間の有機的な関係性を構造的に把握することが可能になると考えるからである。

　以下では先史バローチスターン地方において重要な彩文要素であったコブウシ文と植物文に着目し、バローチスターン地方における土器のデザインシステムを考察する。

（1）ハラッパー式土器成立段階併行期

　紀元前4千年紀後半に南部バローチスターン地方に展開したナール式土器（Franke-Vogt 2003-04、2005・2008、Hargreaves 1929、Shudai et al. 2009・2013）において初出するピーパル文とコブウシ文は、長期間にわたりバローチスターン地方で土器の彩文要素としてもちいられる（図37-1～3）。

　コブウシとトリ、太陽形文の組み合わせやピーパル文などは、第2章第2節と本章第1節で検討した先インダス文明期におけるファイズ・ムハンマド式土器にみることができる（Fairservis 1956、Jarrige et al. 1995 など）（図37-6～8）。

　移行期の段階においてはファイズ・ムハンマド式土器が衰退したかにみえ、コブウシ文やピーパル文をはじめとする具象文を確認することができなくなるが、ハラッパー式土器成立段階に併行する時期あるいはそれに前後する時期にインダス平原とイラン高原の結節点であるカッチー平野において、それらの彩文要素は「コブウシ＋植物文」という装飾の方式を確立する（図37-9、10）。

　この「コブウシ＋植物文」という彩文は大型の壺のみに描かれ、植物につながれるコブウシは例外なく右向きに描かれる。コブウシがつながれる植物の種類はピーパルを中心としながらも、さまざまな種類の植物から構成されている。「コブウシ（右向き）＋植物文」を3単位で展開することを基本とするが、図37-9のように「コブウシ（右向き）＋植物文」2単位・ヤギ（右向き）＋植物文1単位で3単位を構成する場合もある。このようにコブウシを描く際の約束事は明らかであり、「コブウシ（右向き）＋植物文」という装飾の方式をバローチスターン地方における土器のデザインシステムとして定義づけることができる。

　本章でみてきたように、彩文が施される器種および彩文構成において大きな差違があるが、このデザインシステムを構成する諸要素は、それ以前にバローチスターンを中心に展開していた土器型式群と共通性をもつ。相違点に注意する必要はあるが、系譜関係にあるとみてなんら問題ないだろう。

　すなわちこのデザインシステムは、紀元前4千年紀後半以来のバローチスターンにける彩文伝統

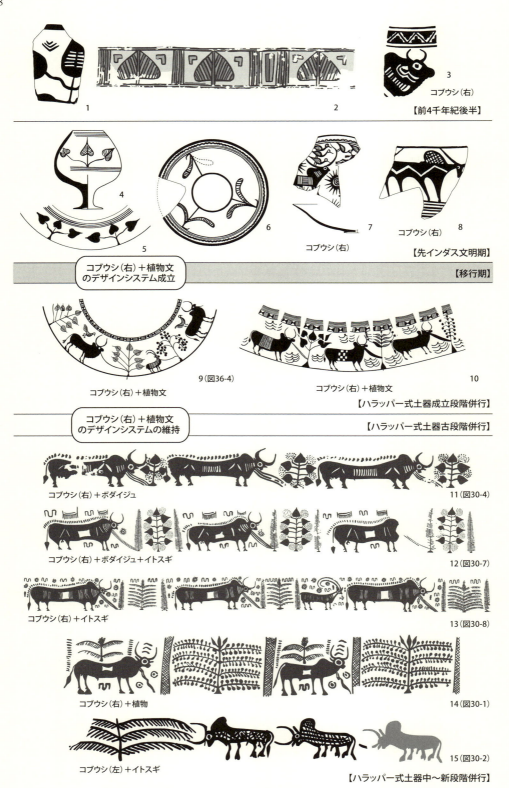

図37 バローチスターン地方における土器のデザインシステム

と密接にかかわるものであると理解できる。さらにアフガニスタンのムンディガクⅣ1期（Casal 1961）やシャフリ・ソフタⅣ期（Biscione 1990、Lamberg-Karlovsky and Tosi 1973、Piperno and Salvatori 2007、Sajjadi et al. 2003）の土器にもファイズ・ムハンマド式土器と共通する文様要素を確認できた（図37-4、5）。このことはバローチスターンをこえた地域にみられる彩文伝統もこのデザインシステムに取り込まれていることを示唆するものである。

（2）ハラッパー式土器古段階併行期～新段階併行期

現状ではハラッパー式土器古段階併行期～新段階併行期における「コブウシ（右向き）+植物文」のデザインシステムに規定された彩文を有する土器を細分することは困難であるが、本章第3節で確認したように当該期には南部バローチスターン地方において「コブウシ（右向き）+植物文」のデザインシステムを継承する土器型式、すなわちクッリ式土器が存在していたことが明らかである（図37-11～14）。

デザインシステムを構成する彩文の変化をみると、新たに植物文としてイトスギ文がくわわるという変化を指摘できる。イトスギ文は東南部イランのバンプール（de Cardi 1979）などにおいて伝統的にみられる彩文要素であり、そこからの影響のもとに現れたものであると考えられる（Shudai et al. 2010・2013）。

ただしここで重要視しなければならないのは、新たな文様を取り込みつつもバローチスターン地方における「コブウシ（右向き）+植物文」という土器のデザインシステムがその一貫性を維持しつづけていることである。コブウシ文が壺に描かれる場合、基本的に成立段階併行期から変化することなく、それらは右向きに描かれる。それにくわえて、図37-13からは「コブウシ（右向き）+植物文」を3単位で表す約束事と例外的にヤギ文を付加する彩文の描き方も確認することができる。例外的にヤギ文を描く事例は、成立段階併行期の資料（図37-9）と共通する。

しかしクッリ式土器に描かれるコブウシの向きに焦点をあてると、デザインシステムの変容の可能性も指摘できる。図37-15の例をみると、コブウシが右向きではなく、左向きに表現されかつ植物につながれていない、というデザインシステム上の変容がみとめられるのである。クッリ式土器は基本的に回転台と粘土紐輪積み技法を駆使して製作されているのであるが、この土器だけは完全水挽きロクロ成形技法で製作されている（Shudai et al. 2010）。もしかすると、本例は型式学的に新しい段階に位置づけることができるのかもしれない。とはいえ、この例（図37-15）もコブウシと植物を関連させて表現していることに変わりはなく、構造的には「コブウシ+植物文」というデザインを維持していることが重要である。

このようにバローチスターン地方における「コブウシ（右向き）+植物文」という土器のデザインシステムは、どこかの段階でコブウシを右向きに描くという規則にみだれが生じている可能性を指摘できるものの、ハラッパー式土器古～新段階をとおしてその基本形を維持していたものと考えられる。

2. ハラッパー式彩文土器の創出と拡散

(1) ハラッパー式彩文土器の創出

　先インダス文明期において各地域に地域色豊かな土器型式が展開していたこと、さらに当該期の土器型式とハラッパー式土器が型式学的に連続しないことはすでにくり返し述べてきた。そして黒・茶色帯状文を主たるデザインとし、具象的な彩文を捨象したコート・ディジー式土器から、多彩な彩文様式に特徴づけられるハラッパー式彩文土器が生じえないことも明らかである。

　しかし、そうした中で唯一ファイズ・ムハンマド式土器にみられる彩文要素にハラッパー式彩文土器の彩文要素の系譜をたどれることは注目すべき事象である。ただし彩文構成の点ではファイズ・ムハンマド式土器とも異なっている。

　ハラッパー式彩文土器の生成過程を考察するには、ハラッパー式土器成立段階の彩文の様相に注目すればよい。上述したように、当該期のバローチスターン地方においては「コブウシ（右向き）＋植物文」のデザインシステムが成立するのにたいし、ハラッパー式土器では共通の植物文は描かれるものの、コブウシ文は一切描かれない。そして注目したい現象はハラッパー式土器の彩文から排除されたコブウシ文が、なぜかインダス式印章の主文様として再生されるという事実である（図38）。

　すなわちバローチスターン地方に特徴的な土器のデザインシステムに規定される「コブウシ（右向き）＋植物文」という彩文構成は、ハラッパー式土器にみられる彩文の起源であると同時に、印章モチーフの起源でもあったと考えられるのである[16]（図38）。こうした観点からみれば、先インダス文明期の東部パンジャーブ地方に特徴的な「角＋植物」を冠した人物の意匠も、土器の彩文としてではなく、インダス式印章上に表現される文様として選択されており、少なくともインダス文明期においては土器と印章で選択的に文様を使い分けている状況がみとめられる（図38）。

　このような状況からはハラッパー式彩文土器の生成にあたって、先インダス文明期とくにファイズ・ムハンマド式土器にみとめられる文様を継承しながらも、その選択および配置・構成の点で再編が意図的におこなわれていることを示唆しており、新たな文様スタイルの創出を志向していることがわかる。その変化の構造は、起源地における土器のデザインシステムに規定される彩文構成を分解し、再構造化させる過程でもあると理解できる。

　以上のようにハラッパー式土器にみられる彩文様式の起源は、今までにない新たな彩文要素を考案し、それを組み合わせるというような現象ではない。はたまた単純に前代の土器から型式学的に連続するものでもない。すなわち、ハラッパー式土器にみられる彩文様式は、すでに存在していた特定の地域的文化要素を取捨選択し、それらを組み合わせたり、分解・再構造化して新たに創出されたものだったのである。

(2) ハラッパー式彩文土器の創出の地と都市の性質

　ハラッパー式彩文土器の起源地としては、ファイズ・ムハンマド式土器の中心的分布域であった

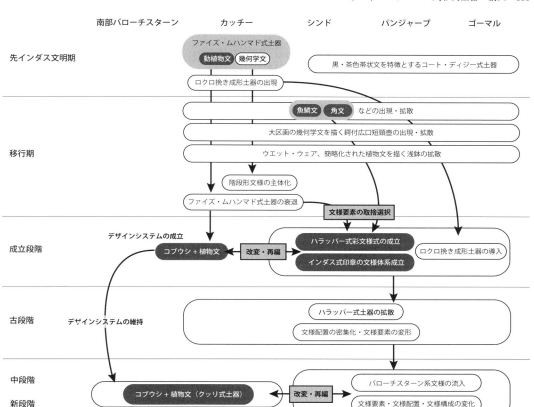

図38　ハラッパー式彩文土器の創出と変遷に関するダイアグラム

カッチー平野と成立段階のハラッパー式彩文土器をみとめうるシンド地方の中間地点であった可能性がきわめて高い。なぜならば、移行期においてカッチー平野とシンド地方がむすびつき、高原部から平原部が一つの強い交流圏として形成されていたことが明らかであり（図11）、第2章第2節と本章第1節で確認したように、カッチー平野とシンド地方の中間地点に位置するバンドー・クボーにおいては両地域の土器が混在する様相を確認できるからである。

　前章に引きつけて考えれば、その起源地とは、伝統地域文化の接触領域あるいは境界領域としてのシィンドゥ・ナディーとナーラ・ナディーという2つの川にはさまれた、既存の伝統文化という「しがらみ」のない土地であった、と考えることができる。在地の伝統文化が存在しない「無縁」の地であったからこそ、既存の「しがらみ」にとらわれることなく、特定の地域的文化要素を取捨選択し、それらを再構造化することで新しい要素を創出できたのだ。

　このような現象は一定の範囲で同時多発的に生じたというよりも、モノ・情報・ヒトなどが各地から集約される特定の場で生じたものと考えるのが妥当であると思われる。したがって、都市＝モヘンジョダロがその「無縁」の地に建設されたタイミングとハラッパー式彩文土器の創出のタイミングが、紀元前2600年頃とほぼ時を同じくすることをふまえれば、都市＝モヘンジョダロをハラッパー式彩文土器の起源地として位置づけることも無理のない推察となる。

以上のような推察から、第3章で確認した「無縁・商品交換・市場」という性質とは異なる都市を特徴づけるもう一つの性質に言及できる。その性質とは、すなわち、「中心性・集約性・創造性」である。そしてもっとも重要な点は、ハラッパー式土器の彩文様式を構成する要素の大部分が周辺地域に由来することが示すように、この性質が、中心そのもののではなく、むしろ周辺に存在していた伝統地域社会によって担保される構造を有していることだ。

また「無縁」の地であるからこそ「中心性・集約性・創造性」という性質が成り立つのであるから、この性質と「無縁・商品交換・市場」という性質は切っても切れない関係にあることも理解することができるだろう。これら二つの性質の関係については、終章で詳述する。

（3）ハラッパー式彩文土器の周辺地域社会への拡散

既存の伝統文化の存在しない「無縁」の地において、特定の地域的文化要素を取捨選択、再編することで創出されたハラッパー式彩文土器は以下のような変容過程をみせつつ、広域に拡散する。

ハラッパー式土器古段階においては成立段階にみられた彩文要素を維持し、アウトポスト的なショールトゥガイ（Francfort 1989）やミリ・カラート（Besenval 2005）、ソトカーゲン・ドール（Sutkagen Dor）（Dales and Lipo 1992）などでも確認されるようになる（図29）。これはハラッパー式土器、あるいはその彩文様式の普遍化という事象としてとらえることができるだろう。

またこの普遍化という現象が古段階に限定的であること、そして広範囲に分布した器種の多くがハラッパー式彩文様式をともなう土器、とくに大型甕（図27-1・図29）であったことには注意しておく必要がある。なぜならばこのような大型の土器はふつう空では運ばれないと考えられるので、この大型甕の拡散にはハラッパー式土器古段階における特殊な現象が付随している可能性が高いからである。ハラッパー式土器古段階という時期は、都市が出現して間もない時期であるから、前章で述べたように、本格的な商品交換という新たな経済システムが都市＝市場＝中心から周辺へと波及していた時期であった。したがって、ハラッパー式彩文様式をともなう大型甕の拡散は、そうした現象と関連するものと考えられる。この側面についても終章で再度ふれたい。

ハラッパー式土器中〜新段階においては、ハラッパー式土器へのバローチスターン系文様の流入という現象をみとめうる。これは「コブウシ（右向き）＋植物文」というバローチスターン地方における土器のデザインシステムを継承するクッリ式土器との関係性から理解することができる。なぜならば、新たな彩文要素として現れるイトスギ文は当該期のバローチスターン地方における土器のデザインシステムを構成する彩文要素であり、両地域の交流関係のもとに新たに付加されることになったものと考えられるからである（図38）。

そしてここで注目しなければならないのは、こうした現象は成立段階においてすでに確認したところである、ということだ。つまりすでに存在する特定の地域的文化要素を取捨選択し、それらを再構造化・再編して新たな彩文様式を創出したものと理解できるのである。このことから成立段階だけではなく、インダス文明期を通して特定の地域的文化要素を取捨選択し、それらを組み合わせたり、分解・再構造化する動きがくり返されたことが予想される。ただし、とくに新段階の彩文様式は古段階の彩文様式とは異なり、広範に普遍化するわけではなく、モヘンジョダロやハラッパー

において限定的にみとめられるのみである。

註

（1） ウィーラーが発掘したトレンチ XXX は、1997 年と 1998 年に再調査されている。その調査においてもコート・ディジー文化期（＝先インダス文明期）に帰属するとされる土器や土偶、石器などの遺物、炉や壁などの遺構が確認されている（Meadow and Kenoyer 2001）。

（2） 徐朝龍は口縁部や頸部、肩部などに施された黒色の帯状文をもって「黒帯文土器文化」なる用語を提唱し、コート・ディジー式土器とソーティ式土器の類似性を主張した（徐 1989a）。この点で、徐の研究はムガルのコート・ディジー式土器研究と同一軸にあるといえる。ただし徐はコート・ディジー文化とハラッパー文化は系譜の異なる伝統であると理解している（徐 1989b・1991、Xu 1990・1994）。

（3） 本章の内容上、アムリー式土器とグジャラート地方に分布するアナルタ式土器などの諸土器型式についてはとくに言及しない。これらの土器型式の諸特徴や分布などは第 2 章第 2 節を参照のこと。

（4） トチ・ゴーマル式土器についても、第 2 章第 2 節を参照のこと。

（5） ジェンキンスの報告によれば、スリップや彩文が施される土器が 3% 以下とされる（Jenkins 1994a）。したがって彩文土器の割合は全体の 3% 以下であると理解することができる。ただしハラッパーを発掘するケノイヤーによれば、調査研究は進行中であり、ジェンキンスの報告は最終的な見解ではないという（ケノイヤーとの私信）。

（6） 彩文が描かれる器種には大型甕、長胴甕、壺、高坏の他に皿などがある。資料数が少ないため本論の検討資料からは除外するが、ナウシャローでは文明期後半に多く出土するようである（Quivron 1994・2000）。ハラッパーの R 37 墓地出土資料を検討したジェンキンスも、ハラッパー 3 B 期以降に彩文が描かれる器種が増加することを指摘している（Jenkins 1994b・2000・2005）。このような見解を考慮すれば、インダス文明期後半に彩文が描かれる器種が変化することを推察できる。

（7） 南アジア考古学ではスリップと顔料が同意義のものとしてあつかわれている。

（8） 本書において主文様帯のみを検討する理由は、資料数がもっとも多いからである。いうまでもなく、将来的に資料が蓄積されれば、胴部下半の文様帯についても検討をくわえなければならない。

（9） 大きな丸い目をもつ動物表現をひとまずクッリ式土器を把握するうえでの基準としたので当然のことであるかもしれないが、食膳具系に相当する小型の器種がほとんどみとめられないことは注目される。彩文帯に動物表現を中心として多様な彩文要素を配して描くことを前提とすれば、器面上に一定の面積が求められるであろうことは想像にかたくなく、そもそも彩文の有無を基準として定義したクッリ式土器には小型の器種は存在しえないのかもしれない。またメーヒーでは埋葬址に関連してクッリ式土器の出土が確認されているが、丁寧かつ緻密に彩文が描き込まれたこれらの土器は本来的に日常什器ではなく副葬品など特別なコンテクストにおいて使用される器であった可能性もある。こうした側面もクッリ式土器の器種構成を考えるにあたって考慮しておく必要があるだろう（近藤ほか 2007）。

（10） A 地区の B Ⅳ/6 トレンチ出土土器を基本とする。ただし B 地区出土土器についてもムガルの層序理解（Mughal 1970）にしたがい、土器変遷図に組み込んである。

（11） グムラー出土土器については、2004～06 年度に参加させていただいた再実測作業において、器種構成、器形、彩文および製作技法に関する情報を収集した。

（12） グムラーを発掘した A. H. ダーニー（Dani）は、Ⅱ期からも鍔付広口短頸壺が 1 点出土したと報告している（Dani 1970-1971）。しかしこれはその出土数から判断すれば、Ⅲ期からの混入の可能性が高い。

（13） ナウシャロー I D 期は 1 層の建築層からなる。前代とは異なる建築様式がみとめられるようになり、街路や区画整備などの町並みのレイアウトに関する計画性も確認されている。それにくわえて巨大な基壇状

遺構と火災による破壊の痕跡も確認されているという（Jarrige 1993、Samzum 1992）。こうしたことからも、この時期に大きな社会変化があったことは確実であると思われるが、建築層の数からみても非常に短期的な現象であったと考えてよいだろう。

(14) これらの土器が出土した住居址（Structure 2）からは、「コブウシ（右向き）＋植物文」の彩文が描かれた壺が3点見つかっている。同時期の別遺構からは150点をこえる土器が検出されたが、「コブウシ（右向き）＋植物文」の彩文を有する土器は確認されていない（Samzun 1992）。

(15) さらに鈴木は「土器の文様の比較研究は、従来から土器に示された文様そのものの対比、比較を中心としているが、本論で取り上げたようなDesign Systemを明らかにしていくならば、土器の比較研究は、単なる文様の比較を超えた新しい土器の研究分野を開発することになろう。とくに、この研究は、土器に文様が描かれている限り、いかなる地域の先史土器についても適用しうる可能性を持っている点は、従来の土器文様研究を新しい局面に導く可能性を有するものであろう」（Suzuki 1970：49）と指摘する。本書におけるハラッパー式土器の彩文様式研究は資料の蓄積が十分でないこともあり、鈴木の縄文式土器研究ほどの精緻さはない。しかしながら氏のデザインシステムの考えに拠るところが大きいことを明記しておく。

(16) 次章で詳述するように、コブウシのみがインダス式印章のモチーフではない。しかしバローチスターン地方に特徴的な土器のデザインシステムに規定される「コブウシ（右向き）＋植物文」という彩文構成のうち、植物文を土器の彩文要素として、コブウシ文を印章の文様要素として選択的に使い分けていることは明らかである。こうしたことから「コブウシ（右向き）＋植物文」という彩文構成が両遺物における起源の一側面と関係していると理解することができる。植物文のみがなぜに土器の彩文要素として選択され、いっぽうでコブウシ文はなぜに印章の主文様としてのみ使用されたのか、についてはインダス文明社会のデザインに関する約束事を考える場合に重要となろう。この側面については終章で再度ふれることにしたい。

第 5 章

インダス式印章の「発明」

　本章で検討するインダス式印章は、1920年代のインダス文明の発見当初からさまざまな視角で研究されてきた。なかでも印面に刻まれるモチーフと文字に関する議論が活発である。印面に刻まれたモチーフの細分と解釈（小磯 2002・2005、近藤 2006、Allchin 1985、Fairservis 1986、Frenez and Vidale 2012、Kenoyer 2009-10、Mode 1961、Vidale 2005 など）、印章のサイズに関する議論（小磯・小茄子川 2009、Parpola 1986）、文字の解読（小泉 2003、Mahadevan 1977、Parpola 1994b、Possehl 1996、Rao 1982、Zide and Zvelebil eds. 1976 など）、裏面にみとめることのできるつまみの型式学的検討（野口 2003・2005）などがその代表例である。

　さらに印章の製作組織を検討した研究（Franke-Vogt 1992、Rissman 1989）やモヘンジョダロ出土の印章を出土位置などの側面から詳細に検討した研究（Franke-Vogt 1984・1991）、インダス文明社会における印章のイデオロギー的役割について言及した研究（Kenoyer 1991b・2000）などの興味深い研究もあげることができる。またいまだ初歩的な段階ではあるが、近年になって印章の製作工程や製作技術についても考古学的に検討されはじめている（Green 2011）。

　インダス式印章とインダス文字の集成作業としては、インダス文字研究の第一人者である A. パルポラ（Parpola）が中心的編者となって作成した、インドとパキスタンにおける政府考古局や博物館などが所蔵するインダス式印章とインダス文字を集成した図録 *Corpus of Indus Seals and Inscriptions*（以下では *CISI* と略記する）が第3巻まで出版されている（Joshi and Parpola eds. 1987、Parpola *et al.* eds. 2010、Shah and Parpola eds. 1991）。

　以上のようなインダス式印章に関する多角的な研究と集成作業は、インダス式印章さらにはインダス文明社会の総合的理解に向けて有益な成果を提供しているものと評価できる。しかしながら本章のテーマであるインダス式印章の起源に関する詳細な議論は存在しない。さまざまな理由を考えることができるが、先インダス文明期における印章の様相が今一つはっきりとしていなかったことを指摘できるだろう。ただし現在においては発掘調査の進展により、先インダス文明期における印章の様相も検討することが可能である。

　したがって本章では、先インダス文明期の印章とインダス式印章の詳細を検討したうえで、両者を比較検討するかたちでインダス式印章の起源の問題を掘りさげてみることにする。

第1節　先インダス文明期における印章

　第2章第2節で、先インダス文明期のインド北西部とパキスタンにおいてみとめられる印章についての概要とその分布傾向をすでに整理してあるが、ここではそれらの形態とモチーフ、サイズ、製作技術、使用方法・機能という諸側面を詳細に検討する(1)。

1. 形態のバリエーション

　先インダス文明期の印章には、裏面につまみをもつ押捺型のスタンプ型の印章（図39-2～7・図40-1～4）と、つまみをもたず印面に1箇所ないし数箇所の穿孔部をもつ押捺型のボタン型の印章（図39-1）が存在する。本書では、前者を「スタンプ型印章」、後者を「ボタン型印章」と呼称する。

　ボタン型印章については、その形態から本当に印章としての機能をもつのかどうか断言できない。しかし否定する根拠もないので、従来の理解にしたがい本書においても印章としての機能をもつアイテムとしてあつかうことにしておく。

　印面の形態には、「方形」「円形」「不定形」「動物形」が存在する。不定形には方形、円形、動物形以外の形態を一括してある。また円形には楕円形のものもふくめた。

　以上のようなバリエーションにしたがって、以下で先インダス文明期の印章について説明する場合には、「スタンプ型方形印章」や「スタンプ形不定形印章」、「スタンプ型動物形印章」、「ボタン型方形印章」、「ボタン型円形印章」というように呼称する。

2. 印面に陰刻されるモチーフ

　印面に刻まれるモチーフについては、基本的に直線構成の幾何学文（図39-1、4～6）か、同心円文を基調としたもの（図39-1）、あるいは両者を組み合わせたもの（図39-3、7）をあげることができる。資料数が少ないので詳細は本文中で適宜述べていくことにする。また幾何学文に関しては多様なパターンが存在するが、それらの細分は本書の視座とは関係がないので幾何学文として一括してあつかうことにした。

3. 分布傾向

　まずは資料の実見を許されたクナール出土例について詳細を述べ、次いでその他の遺跡から出土した印章を概観する。

第 5 章　インダス式印章の「発明」　137

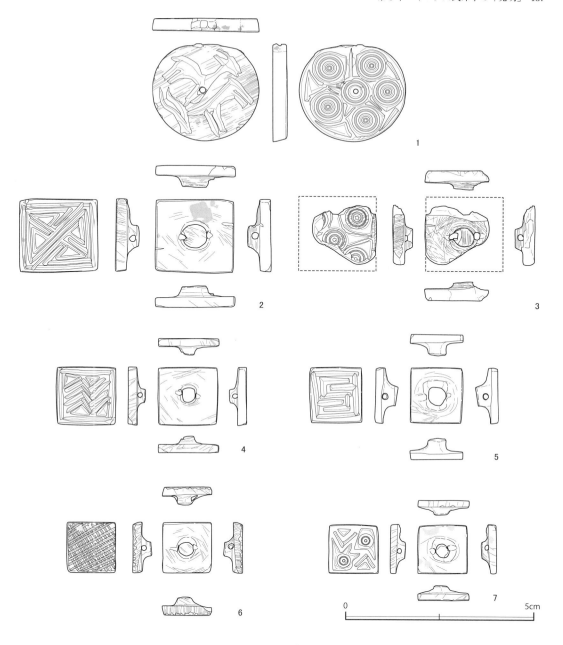

図 39　クナール I C（i）期出土の印章

（1）クナール出土の印章と封泥

　クナールは 1.2 ha 前後をはかる小規模遺跡であり、発掘調査によって先インダス文明期に帰属する文化相が確認されている（Acharya 2008、Gupta 1996）。先インダス文明期に帰属する I 期は A〜C 期に細分されるが、II 期以降の様相は農業用の土取作業により遺跡が削平されてしまっているために明らかではない。

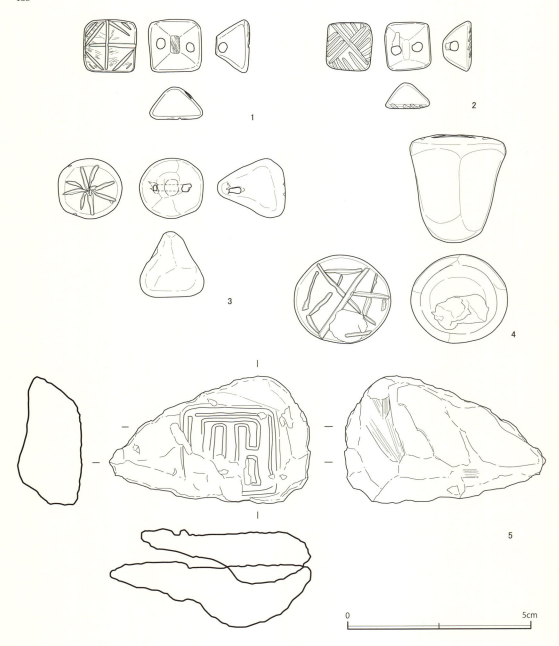

図40 クナールIC (i) 期出土の印章と封泥

　IA期はハークラー式土器と命名された土器群と直径2m前後、深さ1m前後をはかる竪穴式住居と推定される大型土坑に特徴づけられる。IB期も竪穴式住居状の遺構は存続するが、壁面に日干煉瓦を積むなどの変化を観察できる。土器に関しては黒色と白色の顔料を併用した彩文土器が主体となり、先インダス文明期後半に位置づけられるカーリーバンガンI期出土の土器群（第2章第2節と前章第1節で概観したソーティ・シースワール式土器）と多くの共通点をもつようになる

ことが指摘されている。

　ⅠＣ期は（ⅰ）と（ⅱ）に細分された文化相から構成され、先インダス文明期から文明期への移行期と理解される。住居遺構は日干煉瓦を使用した矩形の建物へと変化する。以下で詳述する凍石製印章や一括で出土した金・銀製装身具などはこのＩＣ期からの報告である[(2)]。

　さてクナールＩＣ（ⅰ）期からは、計11点の印章と計1点の封泥が発見されている（図39・図40、表10）。印章には凍石製や碧玉製、貝製、土製のものがある。クナール出土の印章と封泥に関するサイズや重さなどの基礎データについては表10を参照されたい[(3)]。

　凍石製のものは、スタンプ型方形印章とボタン型円形印章の2種からなる。前者は円筒形あるいは円柱形のシンプルなつまみに特徴づけられる型式をふくめ、全体として共通するデザインを有していることが明らかである。印面に陰刻されるモチーフは直線構成の幾何学文（図39-2、4～5）と直線構成の幾何学文と同心円文を組み合わせたもの（図39-3、7）がある。例（図39-1）は両面が印面となっており、スタンプ型方形印章とは異なり、その形態から印章としての機能をもつのかどうかを判断できない。しかし本書では発掘者の理解にしたがっておくことにする（Acharya 2008：14）。片面に2匹のシカまたはアイベックス、もう片面には同心円文を基調としたモチーフが陰刻されている。

　碧玉製印章（図40-1）と貝製印章（図40-2）は形態的に非常によく類似しており、両方ともに印面が方形かつ断面が三角形を呈するスタンプ型印章である。モチーフも直線構成の幾何学文であり共通している。

　土製印章はつまみ部分に穿孔がみとめられるもの（図40-3）とみとめられないもの（図40-4）がある。その形態からスタンプ型印章に分類可能である。モチーフに関してはなにを表現したものなのか、判断しがたい。

　封泥にはスタンプ型方形印章に由来すると考えられる押捺痕をみとめることができる。モチーフは直線構成の幾何学文である（図40-5）。

（2）その他の遺跡から出土した印章

　次にクナール以外の遺跡から出土した印章について、その詳細を確認する。遺跡ごとに概観していくが、遺跡の位置と出土印章の代表例に関しては図10と表11に示した。ただし実測図や掲載に耐えうる写真の公開が少ないことから、出土した印章をすべて提示することはさけ、各印章の出典を明らかにすることで、図または写真の提示にかえた部分もある。さらに遺跡概要の詳述はとくに重要ではないのでこれも除外する。

　a．バロール（Baror）（図10中の❽）

　先インダス文明期に位置づけられるⅡ期から、凍石製のボタン型不定形印章が6点発見されている（図10および Sant *et al.* 2005：Pl. 20）。印面に陰刻されたモチーフは、すべて同心円文を基調としたものである。

表10 クナール出土印章と封泥の基礎データ一覧

図版番号	登録番号	出土時期	モチーフ	胴部断面形	A・Bの平均値 (mm)	A・Bの標本数/標準偏差	C・Dの平均値 (mm)	C・Dの標本数/標準偏差	胴部鈕型式	横長 (mm)	縦長 (mm)	厚さ(つまみ除外) (mm)	厚さ(つまみ含む) (mm)	素材	出典
図39-1	KNL-I, 438	IC(i)	2匹のシカ	角型	0.803 (1.27/0.27)	32/ 0.2753414	—	—	—	最大径=28.5	最大径=28.5	3.9	—	凍石(焼成)	Achaya 2008:15
図39-1	KNL-I, 438	IC(i)	同心円文+十字文	—	0.637 (1.00/0.27)	45/ 0.139961394	0.733 (1.27/0.33) *Cのみ	18/ 0.247383696 *Cのみ	—	最大径=28.5	最大径=28.5	3.9	—	凍石(焼成)	Achaya 2008:15
図39-2	KNL-I, 118	IC(i)	幾何学文	—	0.56 (0.75/0.3)	34/ 0.108228731	—	—	円筒形	20.5	20.3	3.0	6.1	凍石(焼成)	Achaya 2008:15
図39-3	KNL-I, 415	IC(i)	同心円文+十字文	—	—	—	—	—	—	21.0	21.0	3.0	5.1	凍石(焼成)	Achaya 2008:15
図39-4	KNL-I, 616	IC(i)	幾何学文	—	—	—	—	—	円筒形	16.0	16.0	2.4	4.9	凍石(焼成)	Achaya 2008:15
図39-5	KNL-I, 29	IC(i)	幾何学文	—	—	—	—	—	円筒形	14.0	15.1	2.4	6.0	凍石(焼成)	Achaya 2008:15
図39-6	KNL-I, 不明	IC(i)	幾何学文	—	0.536 (0.9/0.1)	46/ 0.150778976	—	—	円筒形	13.5	13.9	2.3	5.0	凍石(焼成)	Achaya 2008:15
図39-7	KNL-I, 不明	IC(i)	同心円文+幾何学文	—	—	—	—	—	円筒形	13.3	13.0	2.0	4.0	凍石(焼成)	Achaya 2008:15
図40-1	KNL-I, 153	IC(i)	幾何学文	—	—	—	—	—	—	14.5	14.8	—	9.1	碧玉	Achaya 2008:15
図40-2	KNL-I, 不明	IC(i)	幾何学文	—	—	—	—	—	—	12.2	13.5	—	8.0	貝製	Achaya 2008:15
図40-3	KNL-I, 35	IC(i)	幾何学文	—	—	—	—	—	—	最大径=17.0	—	—	18.5	土製	Achaya 2008:15
図40-4	KNL-I, 不明	IC(i)	幾何学文	—	—	—	—	—	—	最大径=26.1	—	—	30.5	土製	Achaya 2008:15
図40-5	KNL-I, 372	IC(i)	幾何学文(押捺痕)	—	—	—	—	—	—	25.0	24.5	—	—	土製	Achaya 2008:15

※胴部最大深(mm) 欄: 図39-1(2匹のシカ)に 1.33 の値あり

第5章 インダス式印章の「発明」 141

表 11 先インダス文明期における代表的な印章の基礎データ一覧

図版番号	CISI no.	遺跡名	時期	主モチーフ	型式	主モチーフの向き	横長 (mm) = X	縦長 (mm) = Y	厚さ (つまみ除外) (mm)	厚さ (つまみ合む) (mm)	つまみの型式	素材	備考	出典
—	Mr-5	メヘルガル	IV	幾何学	ボタン型	—	最大径=26.5	—	—	—	—	土		CISI Vol. 2
—	Mr-6	メヘルガル	V	円形鑚孔 (10箇所)	ボタン型	—	最大径=23.5	—	—	—	—	?	印章?	CISI Vol. 2
—	Mr-7	メヘルガル	V	不明	?	—	最大径=45.5	—	—	—	—	?	印章?	CISI Vol. 2
—	Mr-8	メヘルガル	V	幾何学	ボタン型	—	23.0	12.5	—	—	—	?		CISI Vol. 2
図10-14	Mr-9	メヘルガル	VI	幾何学	ボタン型	—	*39.0	*29.0	—	—	—	?		CISI Vol. 2
図10-22	Mr-10	メヘルガル	VII	幾何学	ボタン型	—	最大径=55.0	—	—	—	—	土		CISI Vol. 2
図10-16	Mr-11	メヘルガル	VII	幾何学	ボタン型	—	*27.0	*18.0	—	—	—	?		CISI Vol. 2
図10-17	Mr-12	メヘルガル	VII	幾何学	ボタン型	—	35.0	*23.5	—	—	—	?		CISI Vol. 2
図10-18	Mr-13	メヘルガル	VII	幾何学	ボタン型	—	*34.0	—	—	—	—	?		CISI Vol. 2
図10-19	Mr-14	メヘルガル	VII	幾何学	ボタン型	—	*29.0	*29.0	—	—	—	?		CISI Vol. 2
図10-20	Mr-15	メヘルガル	VII	幾何学または人物?	ボタン型	—	61.0	62.5	—	—	—	?		CISI Vol. 2
図10-23	Mr-16	メヘルガル	VII	幾何学	スタンプ型	—	最大径=53.5	—	—	—	長方形	?		CISI Vol. 2
図10-21	Mr-17	メヘルガル	VII	シカ	スタンプ型	右	最大径=42.5	—	7.5	22.0	—	?		CISI Vol. 2
図10-13	Ns-1	ナウシャロー	I B	コブウシ形	—	左	*43.5	*39.0	6.0	12.0	円形	銅 (青銅?)	最大径は復元値	CISI Vol. 2
図10-11	Trq-1	タラカイ・キラー	先インダス文明期	シカ2匹 (画面)	ボタン型	—	最大径=32.5	—	—	—	—	凍石 (焼成)	縦長は復元値	CISI Vol. 2
図10-9	Trq-2	タラカイ・キラー	先インダス文明期	複数の同心円	スタンプ型	—	17.5	17.5	2.5	—	—	凍石 (焼成)		CISI Vol. 2
図10-10	Trq-3	タラカイ・キラー	先インダス文明期	複数の同心円	スタンプ型	—	*26.5	*27.0	—	—	—	凍石 (焼成)		CISI Vol. 2
図10-12	Trq-4	タラカイ・キラー	先インダス文明期	幾何学	スタンプ型	—	*25.5	*23.5	—	—	—	凍石 (焼成)		CISI Vol. 2
—	Lwn-1	レーワーン	先インダス文明期	幾何学 (封泥)	—	—	—	—	—	—	—	土	何らかの押捺痕跡をとどめた封泥	CISI Vol. 2
—	Rhd-1	ラフマーン・デーリ	I A	サソリ2匹、カエル1匹、文字1・シカ2匹	ボタン型	—	31.0	27.5	—	—	—	象牙		CISI Vol. 3.1
—	H-1521	ハラッパー	1	?	—	—	—	—	—	—	—	骨	印章?	CISI Vol. 3.1
—	H-1533	ハラッパー	2	ゾウ	スタンプ型	左	19.0	19.0	—	—	—	凍石 (焼成)		CISI Vol. 3.1
—	H-1534	ハラッパー	2	幾何学の同心円	スタンプ型	—	29.5	30.0	—	—	—	凍石 (焼成)	縦長は復元値	CISI Vol. 3.1
図10-4	H-1535	ハラッパー	2	複数の同心円	スタンプ型	—	17.5	17.5	2.5	5.0	円筒形	凍石 (焼成)		CISI Vol. 3.1
—	H-1536	ハラッパー	2	幾何学	スタンプ型	—	12.5	13.0	—	—	円筒形	凍石 (焼成)		CISI Vol. 3.1
—	H-1537	ハラッパー	2	幾何学・複数の同心円	スタンプ型	—	22.0	22.0	—	—	—	凍石 (焼成)	縦長は復元値	CISI Vol. 3.1
—	H-1538	ハラッパー	2	不明 (封泥)	—	—	22.5	22.5	—	—	—	土	封泥	CISI Vol. 3.1
図10-3	Tkwd-1	タルカーネーワー・デーラー・デーリ	先インダス文明期	シカ (アイベックス?) 2匹・複数の同心円	ボタン型	—	最大径=28.0	—	—	—	—	凍石 (焼成)	最大径は復元値	CISI Vol. 1
図10-1	—	バロール	II	複数の同心円	ボタン型	—	最大径=18.8	—	—	—	—	凍石 (焼成)	破片	Sant et al. 2005: Pl. 20
図10-2	—	バロール	II	複数の同心円	ボタン型	—	最大径=27.5	—	—	—	—	凍石 (焼成)	破片	Sant et al. 2005: Pl. 20
—	—	バロール	II	複数の同心円	ボタン型	—	—	—	—	—	—	凍石 (焼成)	破片	Sant et al. 2005: Pl. 20
—	—	バロール	II	複数の同心円	ボタン型	—	—	—	—	—	—	凍石 (焼成)	破片	Sant et al. 2005: Pl. 20
—	—	バロール	II	複数の同心円	ボタン型	—	—	—	—	—	—	凍石 (焼成)	破片	Sant et al. 2005: Pl. 20

b. タルカーネーワーラー・デーラー（Tarkhanewala Dera）（図10中の❼）

当遺跡からはクナール出土のボタン型円形印章と形態およびモチーフの側面で共通点を有する凍石製のボタン型円形印章の破片が発見されている（図10およびJoshi and Parpola 1987：363, Tkwd-1）。破片資料であるので断言はできないが、印面に陰刻されたシカまたはアイベックスと同心円文を基調としたモチーフも共通しており、クナール例（図39-1）と非常によく類似している。

c. ハラッパー（図10中の❻）

先インダス文明期から文明期への移行期と考えられる2期から凍石製のスタンプ型方形印章5点（図10およびKenoyer 2001：Fig. 3-2, 4～7、Parpola et al. 2010：211, H-1533-1537）と封泥1点（Kenoyer 2001：Fig. 3-9、Parpola et al. 2010：212, H-1538）が発見されている[4]。印章はクナール出土例と形態・モチーフの側面で多くの共通点を有する。一例だけゾウをモチーフとする印章（Kenoyer 2001：Fig. 3-8、Parpola et al. 2010：211, H-1533）が存在するが、その他の例は直線構成の幾何学文と同心円文を基調モチーフとする。封泥に関してはスタンプ型方形印章の押捺痕を留めたものであると考えられるが、モチーフの詳細は不明である。

またハラッパー2期は先インダス文明期として位置づけられているが、2期として再編成される層位の上層からは成立段階のハラッパー式彩文土器が確認されている（Jenkins 1994aおよびKenoyer 2000に掲載の土器実測にもとづく）。これらの印章の多くも上層からの出土であり、とくにゾウをモチーフとする印章は2期の後半つまりインダス文明期の最初期に帰属する可能性が高いと思われる。

d. ラフマーン・デーリ（図10中の❺）

ⅠA期（紀元前3300～3000年頃）出土の象牙製のボタン型円形印章（Shah and Parpola 1991：352, Rhd-1）が有名である。片面に2匹のサソリと1匹のカエル、T字形モチーフが一つ、もう片面には2匹のシカまたはアイベックスとT字形モチーフが一つ刻まれている。続くⅡ・Ⅲ期においても、詳細は明らかではないが多くの凍石製や貝製の印章が報告されている[5]。トリの形をしたボタン型動物形印章（Ali ed. 1994-95：205, 2）も報告されているが、直線構成の幾何学文と同心円文を基調モチーフとしたスタンプ型方形・不定形印章およびボタン型不定形印章が基本である（図10およびAli ed. 1994-95：202-205, 207）。

e. タラカイ・キラー（Tarakai Qila）（図10中の❸）

先インダス文明期の単一層からなる当遺跡からは、凍石製印章が4点報告されている。スタンプ型方形・不定形印章[6]（図10およびShah and Parpola 1991：414, Trq2-4）とボタン型円形印章（図10およびShah and Parpola 1991：414, Trq1）を確認することができる。前者に関しては直線構成の幾何学文と同心円文を基調モチーフとしている。後者に関してはおそらく2匹のシカまたはアイベックスをモチーフとしており、クナール例（図39-1）とタルカーネーワーラー・デーラー

例（図10およびJoshi and Parpola 1987：363, Tkwd-1）に類似する。しかし当遺跡出土例（図10およびShah and Parpola 1991：414, Trq1）は両面に同一のモチーフが刻まれており、同心円文を認めることができない。

　f．レーワーン（Lewan）遺跡（図10中の❹）
　レーワーンからは印章の報告はないが、封泥が1点発見されている。スタンプ型方形印章に由来すると考えられる押捺痕をとどめており、モチーフは直線構成の幾何学文である。また同一の印章を複数回押捺していることが写真から判断できる（Shah and Parpola 1991：400, Lwn-1）。

　g．ナウシャロー（図10中の❷）
　先インダス文明期に位置づけられるIB期から、銅製のスタンプ型動物形印章が1点報告されている。コブウシを象ったものと考えられる（図11およびShah and Parpola 1991：407, Ns-1）。

　h．メヘルガル（図10中の❶）
　紀元前3300～3000年頃に位置づけられるⅣ期においてボタン型円形印章（Shah and Parpola 1991：402, Mr-5）が初出し、つづくⅤ～Ⅶ期においてもボタン型方形・円形・不定形印章が基本である(7)（図10およびShah and Parpola 1991：402-405, Mr-8-15）。素材に関してはほとんどが土製であり、その他には石製、貝製、象牙製のものが存在する。他遺跡出土の印章において一般的な凍石製印章はみとめられない。Ⅶ期になると、シカや幾何学文を基調モチーフとする土製のスタンプ型円形印章がみられるようになる（図10およびShah and Parpola 1991：405, Mr-16, 17）。

（3）先インダス文明期における印章の分布傾向
　第2章第2節ですでに確認したように、インダス文明社会が成立しインダス式印章が出現する以前に、広範な地域においてクナールIC（i）期出土の印章と多くの共通点を有する印章が使用されていたことは明らかである（図10）。
　スタンプ型印章とボタン型印章が併用され、印面の形態も方形や円形、不定形、動物形とバラエティに富んでおり、次節で検討するインダス式印章ほどには定型化されていない。印章の素材もインダス式印章を特徴づける凍石に限定されることはなく、土製や碧玉製、貝製のものも存在する。モチーフに関しては数例にシカまたはアイベックスなどの動物文をみとめうるが、基本的に直線構成の幾何学文と同心円文を基調モチーフとしている。
　シカまたはアイベックスが刻まれたボタン型円形印章は、出土数は限定的であるが、タラカイ・キラーとタルカーネーワーラー・デーラー、クナールにおいてみとめられる。後二例は片面に同心円文を基調とするモチーフが刻まれている点でタラカイ・キラー例とは異なるが、同様なデザインの印章が広範にわたり共有されている点は非常に興味深い。これらに関しては素材もすべて凍石である。スタンプ型動物形印章はナウシャローとラフマーン・デーリで確認されている。類例は少なく、先インダス文明期において普遍的にみとめられる印章型式ではなかったようである。

さてスタンプ型とボタン型の方形・不定形印章は、ゴーマルからパンジャーブ、ハリヤーナー地方にかけての北部一帯（以下、便宜的に「北部地域＝図10中の太線枠」と呼称する）を中心として分布していた。(8) これらの印章は、直線構成の幾何学文と同心円文を基調とするモチーフを共有している。とくに同心円文は非常に特徴的であり、この時期の印章を特徴づける重要な要素であると指摘されている（上杉 2010）。また素材に関しては基本的に凍石製である。スタンプ型方形印章に由来すると考えられる押捺痕を留めた封泥も、北部地域内のレーワーンとハラッパー、クナールからのみ発見されている。以上のように、北部地域においては、共通したモチーフに特徴づけられる凍石製のスタンプ型印章とボタン型印章が併用されていたというのが実態であろう。

また図10には印章を出土したすべての遺跡を示してある。つまりそれらの遺跡以外からの印章の出土は今のところ確認されていないということだ。たとえば、遺跡のドットが示されていないシンド地方からは印章も封泥も報告されていない。のちにモヘンジョダロが建設されることになるこの地において、当該期に印章の使用を認めることができないというのは非常に興味深い。とはいえ、第3章で確認したように、先インダス文明期における当地域はほぼ無住の地であったので当然といえば当然である。

印章型式の違いがなにを意味するのかは、非常にむずかしい問いだ。しかしここでは共通したモチーフに特徴づけられる凍石製印章が、先インダス文明期における一定の範囲ですでに使用されていたという事実を確認できれば十分である。

4. サイズ

図41は、先インダス文明期における凍石製のスタンプ型印章およびボタン型印章のサイズを示したものである。印章印面の縦（lengthwise）と横（crosswise）の長さを計測し、縦横比が明確となる散布図を作成した。円形のボタン型印章については最大径を計測した。小数点第2位以下を四捨五入して計測し、単位はすべてmmとしてある。印章の厚さもサイズを考えるうえで重要な要素であるが、概報や報告書には印章側面のデータが掲載されていない場合が多く、計測不可能であるので、本書では検討対象としていない。

サンプル数は非常に少ないが、サイズは2つのカテゴリーに分類する

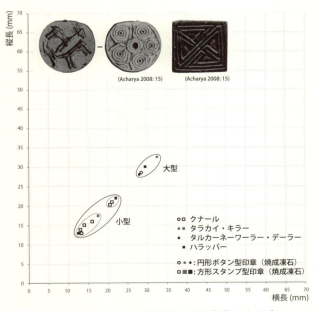

図41　先インダス文明期における印章のサイズ

ことが可能である（図41）。つまり大型（32.5～28.0 mm）と小型（22.0～12.5 mm）のカテゴリーである。円形のボタン型印章はすべて大型に分類でき、小型のカテゴリーは今回分析したすべての遺跡にみとめることができる。また当該期においてすでに大規模集落であったハラッパーからは、大型の方形スタンプ型印章が出土している。

5. 製作技術

先インダス文明期における印章の製作工程や生産・流通の仕組みについては、資料数が少ないことからもいまだに不明な点が多い。ここでは実見できた資料にもとづき、製作技術の一側面である彫刻技術について検討する。

印章の製作技術を検討する際に用いた手法は、印章にみとめられる製作痕跡としての陰刻や穿孔部分などの凹部にシリコーン樹脂を流し込んで型取りし、そのレプリカを走査型電子顕微鏡（Scanning Electron Microscope、以下SEMと記す）で観察するSEM法とよばれる手法と、レプリカそのものを３D計測することで作成した３D解析処理画像（以下PEAKITと記す）(Chiba and Yokoyama 2009)を拡大して観察する手法である。

印章レプリカには対象資料の表面情報すなわち製作痕跡がほぼ完全に転写されるので、作成したレプリカをSEMと３D解析をもちいて観察することで、インダス式印章の彫刻・穿孔方法などの製作技術に関するデータの蓄積をおこなうことが可能なのである。SEM観察で印章の詳細な表面情報を、SEM観察では獲得できないデータ、つまり彫刻の断面形や深さなどの情報を３D解析で獲得する。この分析方法は次節で検討するインダス式印章の分析においても共通である。

ただし印章の彫刻技術や工具を実証的に検討するための製作実験は現在進行中であり、本書で示す彫刻痕跡の解釈についてはその研究成果の一部（小茄子川 印刷中、印刷中）と西アジア印章に関する先行研究（Gwinnett and Gorelick 1979・1987、Sax and Meeks 1994・1995、Sax *et al.* 1998・2000、木内 2005、須藤 2012など）を参考にした予備的なものであることを申し述べておく。[9]

またPEAKITおよびSEM画像は、印章のレプリカを計測または撮影し作成したものであるので、本来の凹部が凸部として観察され、左右も反転していることに注意されたい。さらにPEAKIT画像にみとめられる空白部分とSEM画像にたびたびみとめられる陥没部分は、レプリカ作成時にシリコーン樹脂に入り込んでしまった気泡を意味する。

（1）印面に認められる彫刻痕跡の分類

製作工程に応じた工具の種類と彫刻技術および動作を詳細に検討するために、印面にのこされた彫刻痕跡を肉眼観察にもとづき、以下の (a)、(b)、(c)、(d) に分類した。この分類項目は次節で検討するインダス式印章の印面に認められる彫刻痕跡の分類項目と共通である。

(a) 彫刻面（石材の面）にたいして直交方向に彫り込む作業に由来する痕跡：動物モチーフの胴部の彫り込み作業に由来する痕跡など。

(b) 直交に彫り込んだ面を平滑にする作業に由来する痕跡：動物モチーフの胴部の仕上げ作業に由来する痕跡など。
(c) 彫刻面にたいして水平に線を刻出する作業に由来する痕跡：文字や動物モチーフの角、鬣、脚部などを構成する直線と曲線の刻出作業に由来する痕跡など。
(d) 回転運動を利用した刻出または穿孔作業に由来する痕跡：動物モチーフの目玉や同心円文などの刻出およびつまみ部の穿孔作業に由来する痕跡など。

（２）先インダス文明期における印章の製作技術

以下では、(a) ～ (d) の痕跡について PEAKIT 画像および SEM を用いて詳細に観察し、先インダス文明期における印章の彫刻技術のありようを整理する。

a. 分析資料

分析資料は実見できたクナール出土の３点のみである（表10）。モチーフなどの諸特徴に関してはさきに述べた。印面にみとめられる彫刻を肉眼で観察するかぎり、各モチーフを構成する直線や曲線などの彫刻痕跡をみとめることができる。いずれのモチーフも精緻に彫り込まれており、印章の彫刻に駆使された技術レベルの高さを肉眼観察でも十分にうかがい知ることができる。

b. 彫刻痕跡の断面形と深さ

彫刻痕跡の断面形と深さを検討するために、分析資料３点について PEAKIT 画像を作成し、断面形の分類と深さの計測をおこなった（口絵4）。

印面の計測は 5mm ピッチでおこない、作成した画像を拡大したうえで計測可能な部位の最大深をすべてはかり、各印章ごとに平均値を算出した（表10）。彫刻という行為上、彫りの始点と終点の深さがその他の部位と比べ極端に浅くなる傾向があるが、今回は始点と終点の部位を計測できた例が少ないため、平均値に大きな影響をあたえないものと判断しそれらもふくめて計算してある。表10には各印章ごとに計測部位の標本数と標準偏差も示したので参照されたい。また彫りの「浅い」と「深い」の分類は、彫刻の深さが全体の平均値を上回るか、下回るか、で予備的に判断してある。サンプル数が３点と少ないが、観察結果を以下に記しておく。

PEAKIT 画像から判断すれば、彫刻痕跡 (c) に認められる彫りの断面形は部位ごとに異なり、図42-①に示したように、彫りの深さが 0.633 mm 以下の断面形 A（V字形－浅）と B（U字形－浅）および 0.633 mm 以上の断面形 A（V字形－深）と B（U字形－深）に分類することができる。

彫りの深さは部位ごとあるいは個体ごとに異なる。動物文を構成する首や脚部の彫刻は他部位に比較して深く、0.633 mm 以上の深い断面形 A と B を観察できる場合が多い。脚部では 1.27 mm をはかる部位もある。

彫りの深さがもっとも深いのは彫刻痕跡 (a) と (b)、つまり動物モチーフの胴部であり、クナール例ではヤギの胴部断面形が角型に仕上げられていることがわかる（口絵4-1）。胴部は底面が平滑になるように角型に仕上げられており、彫りの深さは他の部位に比較して深い（表10）。最大深

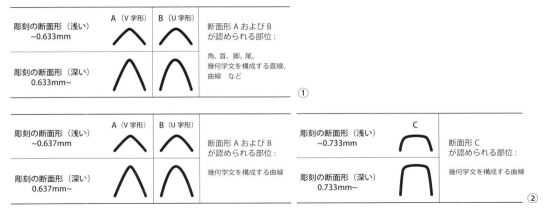

図 42 印面に認められる彫刻痕跡の断面形（模式図）

で 1.331 mm。この胴部は荒い彫り込みによる成形ののちに前後あるいは左右方向のストロークを反復することにより整形されたものと考えられ、彫りの深さはストロークの回数に比例しているものと考えられる。

彫刻痕跡（d）に認められる彫りの断面形も部位ごとに異なり、図 42-②に示したように、彫りの深さが 0.637 mm 以下の断面形 A（V 字形－浅）と B（U 字形－浅）および 0.637 mm 以上の断面形 A（V 字形－深）と B（U 字形－深）、彫りの深さが 0.733 mm 以下の断面形 C（浅）および 0.733 mm 以上の断面形 C（深）に分類することができる。断面形 C は断面形 A と B と比較した場合、断面底部の幅がひろく、彫りの深さも深い。これはその部位を彫刻する際の回転運動数の多さに由来するものと考えられる。

c．彫刻痕跡の SEM 観察

ここでは上記の（a）～（d）の痕跡について、SEM を用いて詳細に観察した結果をまとめる。

1）彫刻痕跡（a）と（b）

胴部（図 43-2）と頭部の彫り込み作業と仕上げ作業に由来する痕跡である。SEM 画像からは動物モチーフの胴部と頭部を荒い彫り込みで一次成形し、そののちに底面を平面として作出するために、銅製あるいは青銅製の先端扁平状の彫刻工具をもちいて最終的な整形をおこなったものと推察できる。結果として、胴部と頭部の断面形態は「角型」を呈する（図 43-2）。

2）彫刻痕跡（c）

直線と曲線の刻出作業に由来する痕跡である。曲線としては角（図 43-1）と頭部、直線としては首と脚部（図 43-3）および幾何学文様を構成する直線（図 43-6～9）をあげることができる。直線と曲線ともに製作痕跡としては基本的に断面形 A あるいは B を呈し、彫り込み部側面には水平方向の非常に細かい擦痕をみとめることができる。おそらく銅製あるいは青銅製の先端扁平状あるいは端部が尖ったピン状の彫刻工具をもちいて、前後あるいは左右方向のストロークで彫り込まれたものと推察できる。

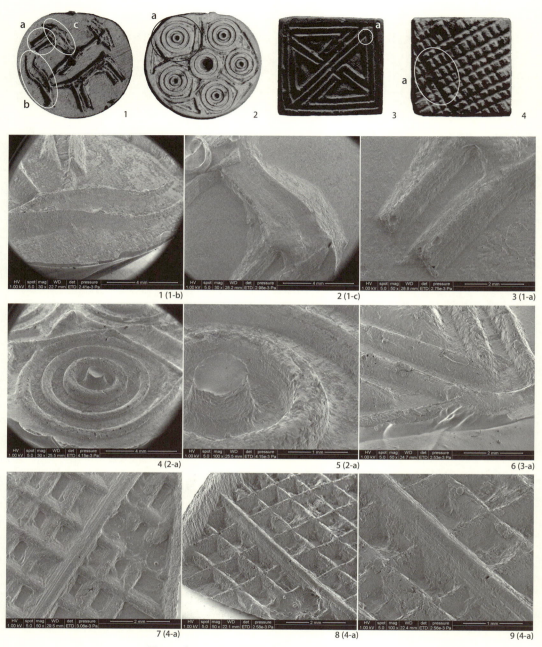

図43 先インダス文明期における印章のSEM画像

3）彫刻痕跡（d）

同心円文（図45-4、5）の刻出作業に由来する痕跡である。製作痕跡としては基本的に断面形A、BあるいはCを呈し、彫り込み部側面には水平方向の非常に細かい擦痕をみとめることができる。同心円文を構成する各円形文には刻出時のつなぎ目を確認できないことから、銅製あるいは青銅製の竹管状もしくは端部形が三叉状の彫刻工具の使用を想定できる。断面形Cはそれらの彫刻

工具をもちいた回転運動に由来するものであろう。各円形文の彫り込み部側面にみとめられる連続した水平の擦痕からは、回転運動を利用したドリリングを推察できる（図45-4、5）。

PEAKIT 画像からは、彫刻痕跡（c）に認められる彫刻の断面形と深さは部位ごとに異なり、彫りの深さが 0.633 mm 以下の断面形 A（V字形－浅）、B（U字形－浅）および 0.633 mm 以上の A（V字形－深）、B（U字形－深）に分類可能なことがわかる（図42-①）。もっとも彫りの深い部位は彫刻痕跡（a）および（b）としての動物モチーフの胴部であり、その断面形は「角型」を呈する（口絵4-1）。

また彫刻痕跡（d）に認められる彫りの断面形も部位ごとに異なり、図42-②に示したように、彫りの深さが 0.637 mm 以下の断面形 A（V字形－浅）と B（U字形－浅）および 0.637 mm 以上の断面形 A（V字形－深）と B（U字形－深）、彫りの深さが 0.733 mm 以下の断面形 C（浅）および 0.733 mm 以上の断面形 C（深）に分類することができる。

SEM 画像からも、彫刻痕跡（a）および（b）としての、動物モチーフの胴部と頭部の断面形は角型を呈することがわかる（図43-2）。荒い彫り込みで一次成形し、そののちに底面を平面として作出するために銅製あるいは青銅製の先端扁平状の彫刻工具をもちいて最終的な整形をおこなったものと推察できる。また彫刻痕跡（c）と（d）の各彫り込み部分の側面には、連続する水平方向の擦痕がのこされていることを確認できる（図43-3、6～9）。彫刻工具としては、擦痕から判断すれば、銅製あるいは青銅製で端部幅が 1.0 mm 以下（0.5 mm 以下のものもあるか）であり、端部形が扁平状やピン状、竹管状のもの、さらには三叉状のものも存在したことを推察可能である。

石材をしっかりと固定し、粗彫り作業でモチーフの形を一次成形したのちに、上記のような端部形をもつ彫刻工具をもちいた前後左右あるいは上下方向の彫刻動作、さらには回転運動を反復することで、モチーフを構成する各部位を丁寧かつ手際よく整形していったものと考えられる。今回の分析資料では大きいサイズの印章でも最大径 28.5 mm 程度であり、彫刻の精緻さからは工人の技術は経験にもとづいた専門的なものであったことが推察される。

6. 使用方法・機能

次に先インダス文明期に展開していた代表的な土器型式の分布傾向と比較するかたちで、先インダス文明期における印章の使用方法・機能を検討しておく。

先インダス文明期において計11点の印章と計1点の封泥を出土したクナールでは、印章と封泥が出土したIC（i）期から紅玉髄製ビーズ 3,370 点、凍石製ビーズ 2,806 点、ラピスラズリ製ビーズ 5,690 点、貝製ビーズ 487 点、瑪瑙製ビーズ 92 点の一括埋納品が発見されている[10]（Acharya 2008：13-14）。

このような印章とビーズの管理・流通の関係性を示すと考えられる考古学的証拠は、ラフマーン・デーリでも同様に確認されている（Ali ed. 1994-95、Durrani 1988、Durrani *et al.* 1991）。こうした証拠は先インダス文明期の印章が、当該期において重要視されていたビーズをはじめとするモノの管理・流通において重要な役割を果たしていたことを示しているものと考えられる。クナー

ル例のような一括埋納品は先インダス文明期において他に類例をみないが、印章が数多く出土した遺跡からの発見であり、上記のような理由で無理なく理解することが可能であろう。

　先インダス文明期における代表的な土器型式のあり方は、前章までに確認したとおりである。つまり、インダス平原の西方に広がるバローチスターン丘陵、とくに北部のクエッタ地方では動物文や幾何学文に特徴づけられるファイズ・ムハンマド式土器が分布する。またバンヌー盆地からパンジャーブ地方そしてシンド地方には黒・茶色帯文を主たるデザインとするコート・ディジー式土器が分布し、ラージャスターン地方北部からハリヤーナー地方にかけての範囲にはコート・ディジー式土器とは異なる器種構成と彩文に特徴づけられるソーティ・シースワール式土器が分布する。

　くり返し述べてきたが、各土器型式は互いにゆるやかな関係性を保ちつつも、それぞれの地域に独立的に分布していたと考えられる。いっぽう先インダス文明期における印章は、さきに確認したとおり、特定の土器型式圏をまたぐように北部地域一帯に分布していることが明らかである（図10の太線枠）。

　以上のような土器型式の分布傾向と印章のあり方を考え合わせると、同様なモチーフに特徴づけられるスタンプ型印章とボタン型印章が併用されていた先インダス文明期の北部地域において、特定の土器型式が表示するような地域社会に限定されることのない、印章を使用したモノや情報を管理するための仕組みが成立し、機能していたことが推察可能である。北部地域から出土するスタンプ型方形印章の押捺痕をとどめた封泥の存在も、当該期の地域社会の枠をこえた物流管理の一側面を体現する重要な考古学的証拠として位置づけることができるであろう。

　さらに第2章に引きつければ、共通の特徴を有し、特定の範囲に限定的に分布する先インダス文明期における印章は、「貨幣」を一定の範囲で通用させるための共通の価値基準であったと考えることができる。ただし次節で検討するインダス式印章と比較すると、出土数は圧倒的に少なく、分布範囲もきわめて限定的である。

第2節　インダス式印章

　インダス式印章についても、第2章第2節においてその概要と分布傾向を整理してあるが、ここでは当該遺物を形態、印面に刻まれるモチーフとインダス文字、デザイン、分布傾向、サイズ、製作技術そして使用方法・機能の諸側面から詳細に検討する。

　ただしインダス式印章の型式学的検討および編年作業は、出土コンテクストの明らかな資料が少ないために進展をみせておらず、今後の最重要課題である。したがって本書においてもインダス式印章の型式学的変化についてはとくに考慮できていないことを予め断っておく。

1. 形態のバリエーションと出土数

　インダス式印章と呼称される遺物にはいくつかのバリエーションをみとめることができ、以下の

第 5 章 インダス式印章の「発明」 151

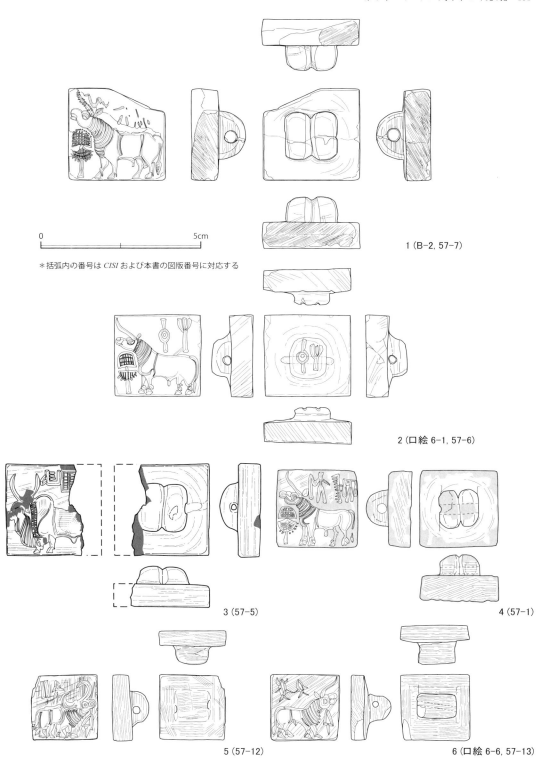

* 括弧内の番号は CISI および本書の図版番号に対応する

1 (B-2, 57-7)

2 (口絵 6-1, 57-6)

3 (57-5)

4 (57-1)

5 (57-12)

6 (口絵 6-6, 57-13)

図 44 インダス式印章（1）

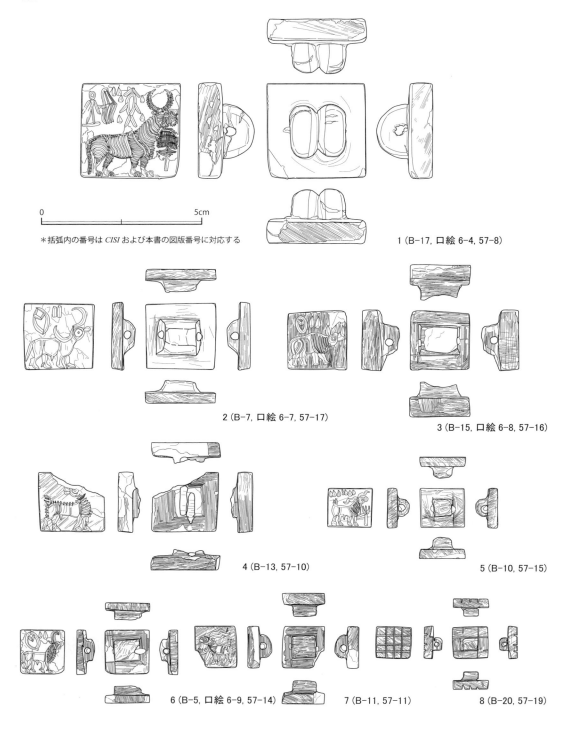

図 45　インダス式印章（2）

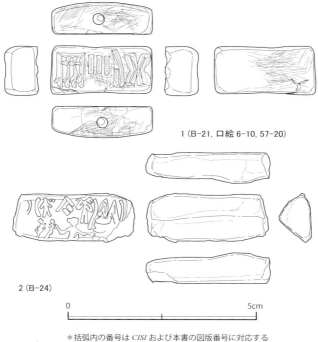

図 46　コンベックス型印章と護符（土製小板）

＊括弧内の番号は CISI および本書の図版番号に対応する

3型式に分類可能である。[11]
① 印面が方形で裏面につまみをもつもの（図44・図45）
② 方形の板状で両面が印面となっており、つまみをもたないもの（CISI 掲載の M-326、M-1224、M-1225 など）
③ 印面が長方形かつ断面が平凸レンズ形でつまみをもたないもの（図46-1）

ただし本書で検討するのはこれらのうち、大多数を占める①のみであり、以下で「インダス式印章」と呼称する場合は型式①の印章を意味する。[12] また護符と理解されている図46-2のような土製小板も、印章ではないので本書では検討しない。

出土数は CISI にもとづきカウントすると、印面に陰刻されるモチーフを明確に確認できる資料で 1,740 点を数える。[13] これに CISI 未掲載の最近の出土資料など43点（Besenval and Marquis 1993、Dhavalikar et al. 1996、Francfort 1989、Kharakwal et al 2012、Mallah 2008、Mackay 1943、Manmohan et al. 2007、NHK・NHK プロモーション編 2000、Rao et al. 2004、Sant et al. 2005、Sarianidi 2006、Shinde et al. 2011 など）をくわえると総数 1,784 点となる。

本書で検討対象とした資料総数は表12〜14に一覧表として示した。[14] また本文中の各要素の出現頻度（％）は、すべてこの表12〜14の数値から算出したものである。

表12 インダス式印章の出土数一覧（1）

主モチーフ			モヘンジョダロ	チャヌフダロ	アッラーブディーノ	バーラーコート	コート・ディジー	アムリー	ジューカル	ラーカンジョダロ	ロフムジョダロ
						シンド					
単体	実在の動物	短角のウシ	62(59)/61	1(1)/1							
		コブウシ	45(40)/45(1)								
		ゾウ	35(30)/35						1(1)/1		
		サイ	20(18)/19(3)		1(1)/1						
		ヤギ	6(6)/6(4)	1(1)/1(1)							
		トラ	12(11)/13	1(1)/1							
		スイギュウ	11(9)/10(3)								
		その他のウシ科の動物	4(3)/4			1(1)/1(1)					
		ワニ（ガビアル）	2(2)/2								
		野生のロバ									
		ウサギ									
		トリ									
	想像上のモチーフ 有角神	一角獣	816(763)/821(7)	18(17)/18(1)	5(5)/5	4(4)/4	1/1		1(1)/1	2(1)/2	1(1)/1
		複合獣	14(12)/14	1							
		有角神	3(1)								
		複頭獣	5(5)/5(2)								
	その他	建物	1(1)								
		鉢に植えられた植物		1(1)							
		スタッフ（職杖？）						1(1)/1(1)			
		舟		1(1)							
		琴？		2/2							
		不明	11(11)/2(2)	2(1)/2(1)	1/1(1)						
物語の場面	実在のモチーフ	人物＋動物	3(3)/1								
		有角神＋人物＋動物＋植物	1(1)								
	想像上の モチーフ	動物群	1(1)								
		動物＋植物									
幾何学		卍	51(50)								
		同心円・円文	4(4)								
		十字文	7(7)								
		その他	4(4)								
		文字のみ	10(10)	2(2)	1(1)						
		未成品	19	2							
		破損品	105								
		合計	1127(1052)/1038(22)	30(25)/25(3)	8(7)/7(1)	5(5)/5(1)	1/1	1(1)/1(1)	2(2)/2	2(1)/2	1(1)/1
			1177(1094)/1081(28)								

※灰色部分は「出土有り」を意味する（表13・14も同じ）

表 13　インダス式印章の出土数一覧（2）

主モチーフ			パンジャーブ ハラッパー	カーリー・バンガン	北部ラージャスワリー バナーワリー	ファルマーナー	ビッラーナー/ハリヤーナー	バローリー	ラーキー・ガリー	ナウシャロー	カッチー/バローチスターン ピーラク	ニンドーワリ	ゴーマル ダムラー	マルⅡ
単体	実在の動物	短角のウシ	15(12)/15	3(3)/3										
		コブウシ	8(6)/8(1)	1(1)/1		1(1)/1								
		ゾウ	8(6)/8	1(1)/1(1)										
		サイ	1(1)/1	1(1)/1	2(2)/2(2)									
		ヤギ		3(3)/4(1)	7(7)/7(6)		1(1)/1(1)							
		トラ	3(3)/3	1(1)/1(1)	1(1)/1	1(1)/1	1(1)/1(1)							
		スイギュウ	2(2)/2	1(1)/1	2(2)/2(2)									
		その他のウシ科の動物												
		ワニ（ガビアル）												
		野生のロバ	1/1											
		ウサギ												
		トリ												
	想像上の動物と有角神	一角獣	305(245)/305(3)	26(24)/26(6)	3(3)/3(2)	2(2)/2(1)		1(1)/1	2(2)/2(1)	4(4)/4		2(2)/2		
		複合獣	4(1)/4	2(1)/1(1)	1(1)/1		1(1)/1(1)			1(1)/1(1)				
		有角神		2(2)/2(1)		1(1)/1(1)								
		複頭獣												
	その他	建物	1(1)											
		鉢に植えられた植物												
		スタンプ	1(1)				3	1			1			
		舟												
		柴？				1(1)/1								
		不明	2	4/3	3/3(3)									
物語の場面	実在のモチーフ	有角神+人物+動物	1(1)	2(1)/1(1)	1(1)/1(1)									
		動物群									1			
	想像上のモチーフ	動物+植物					1(1)							
幾何学		卍	38(38)											
		同心円・円文	3(3)	2(2)										
		十字文	12(12)				2(2)							
		その他	9(9)	2(2)	1(1)								1(1)	
文字のみ			1(1)					1					1(1)	1
未成品			10	7										
破損品			58	1				5(4)/1	1(1)/1					
合計			415(342)/347(4)	52(44)/46(13)	23(20)/20(18)	4(4)/4(2)	9(6)/6(4)			5(5)/5(1)	2(1)/1	2(2)/2		
					42(35)/32(24)					9(8)/8(1)			2(1)	

表14 インダス式印章の出土数一覧 (3)

モチーフ			グジャラート ロータル	ドーラーヴィーラー	スールコーターダー	カーンメール	クンターシー	バーグートマト	マクラーン ミリ・カラート	ショールトゥガイ	アフガニスタン	出土地不明	合計	各モチーフの割合(%)	右向きのモチーフの割合(%)
単体	実在の動物	短角のウシ	3(3)/3	1(1)/1(1)									86(79)/84(1)	4.8%	1.2%
		コブウシ											55(48)/55(2)	3.1%	3.6%
		ゾウ											44(37)/45(1)	2.5%	2.2%
		サイ	1(1)/1										26(24)/25(5)	1.5%	20.0%
		ヤギ	1(1)/1	1(1)/1									19(19)/20(13)	1.1%	65.0%
		トラ											19(18)/20(1)	1.1%	5.0%
		スイギュウ											17(15)/16(6)	1.0%	37.5%
		その他のウシ科の動物				1(1)/1							8(7)/8(4)	0.5%	50.0%
		ワニ(ガビアル)											2(2)/2	0.1%	—
		野生のロバ									1(1)/1		1(1)/1	0.05%	—
		ウサギ	1/1										1/1	0.05%	—
		トリ												0.05%	—
	想像上の動物と有角神	一角獣	46(38)/45	6(6)/6				1/1	1(1)/1				1250(1123)/1254(21)	70.1%	1.7%
		複合獣											19(14)/19(1)	1.1%	5.3%
		有角神		2(2)/2(2)									5(5)/3(2)	0.3%	66.7%
		複頭獣											12(11)/11(7)	0.7%	63.6%
	その他	建物											1(1)	0.05%	
		鉢に植えられた植物											1(1)	0.05%	
		スタッフ(職杖?)											1(1)	0.05%	
		舟											1(1)	0.05%	
		琴?											1(1)	0.05%	
		不明	1	1(1)/1(1)									17/9(4)	1.0%	44.4%
物語の場面	実在のモチーフ	人物+動物		2(2)									17(15)/7(6)	1.0%	85.7%
	想像上のモチーフ	有角神+人物+動物+植物											7(7)/2	0.3%	
		動物群				1(1)							1(1)	0.05%	
		動物+植物					1(1)						1(1)	0.05%	
幾何学		卍	3(3)						1			2(2)	96(93)	5.4%	
		同心円・円文											10(10)	0.6%	
		十字文	1(1)										20(20)	1.0%	
		その他	2(2)	1(1)		1(1)							22(22)	1.2%	
文字のみ			3(3)/3			1(1)/1	1(1)	1	2(1)/1		1(1)/1	2(2)	21(21)	1.1%	
未成品			11										51	—	
破損品			3	2									169	—	
合計			62(52)/51	14(14)/11(4)			81(70)/65(4)						1783(1597)/1582(74)	100%	4.7%

2. 印面に陰刻されるモチーフ

　モチーフの種類は多岐にわたるが、その大半を占めるのが動物であり、コブウシやゾウ、サイ、トラなどの実在の動物と、一角獣や複合獣、複頭獣などの想像上の動物とに大別できる（表12～14の左欄）。人物の場合にも同様に、日常的な人物像を表したと考えられるモチーフと、角を生やしたまたは角飾りを被った有角神（horned deity）とよばれる想像上の存在を表現したモチーフとがある(15)（近藤 2006）。また本書では、実在の動物群と有角神または人物が組み合わされて登場する場面を「物語の場面」として分類した。

　このほか卍文や十字文、複数の円や同心円を連ねた幾何学文、建物（神殿）、鉢に植えられた植物、船などのモチーフもある。一角獣の前方部には「旗章（standard）」、短角のウシの前方部には「まぐさ桶（manger）」と呼称されるモチーフが配置されることを基本とする(16)。

　このように印面に刻まれるモチーフは多種多様であり、各モチーフの出土数にそれぞれ大きな偏りがあることがインダス式印章の全体的な特徴となっている。総数全体の約70.1％（1,250/1,783）を想像上の動物としての一角獣(17)が占めており、その他は多い場合でも1～6％程度、大多数が1％未満であり、出土例が数点ないし1点のみの場合も少なくない。出土数の多いモチーフを列挙すれば、卍文が約5.4％（96/1,783）、短角のウシが約4.8％（86/1,783）、コブウシが約3.1％（55/1,783）、ゾウが約2.5％（44/1,783）となる（表14の合計欄を参照）。

　また動物モチーフに注目すると、左向きに表現されるモチーフ（図44-1～4）と右向きに表現されるモチーフ（図44-5、6・図45-1～6）が存在していることが明らかである。右向きのモチーフが刻まれたインダス式印章は計74点存在する。その内訳は一角獣21点、ヤギ13点、複頭獣7点、スイギュウ6点、ウルス種とされるウシ（表12～14の「その他ウシ科の動物」の分類項目に一括してカウントしてある）4点、サイ5点、コブウシ2点、短角のウシ1点、ゾウ1点、トラ1点、その他13点である。

　モチーフごとの割合をみてみると、ヤギのモチーフに関しては65％（13/20）が右向きに表現されており、右向きの13点中8点はガッガル川流域から出土するという状況を示している。複頭獣に関しては64％（7/11）、ウルス種とされるウシに関しては50％（4/8）、スイギュウに関しては37.5％（6/16）が右向きに表現されている。ちなみに一角獣に関しては1.7％（21/1,254）、短角のウシに関しては1.2％（1/84）、コブウシに関しては3.6％（2/55）のみが右向きに表現されている。このようにモチーフによって左向きと右向きに表される割合が異なることがわかる。

3. インダス文字

　印面に刻まれるインダス文字もモチーフの項目で述べるべきであるが、ここでは個別に取りあげてその特徴をまとめておきたい。400字程度あるとされるインダス文字は1960年代からフィンランド（Parpola 1994）とソビエト連邦（当時）のチーム（Zide and Zvelebil eds. 1976）によりそ

図47 右向きのモチーフが刻まれたインダス式印章に共通するインダス文字

の配列などが統計学的に検討され、現存する言語の中ではドラヴィダ（Dravidan）系言語に構造的に類似するという結果が導きだされた。
(18)

しかし各印章に刻まれた文字が平均すると2～5文字程度にすぎないことや、古代エジプトの象形文字であるヒエログリフを解読に導いたロゼッタストーンのようなバイリンガル資料が存在しないことも大きく影響しており、いまだに解読されていない。未解読のインダス文字であるが、その配列に注目すると一定の傾向をみいだせるようである。パルポラによれば、サイズの大きい印章に刻まれたインダス文字の文字列には何らかの共通性がみとめられるという（Parpola 1986）。
(19)

読み方（文字配列）に関しては、左から右に読むことが基本原則とされている。スタンプ型印章という形態および封泥などの印章の陰影をとどめた遺物の存在を考慮すれば、捺印の状態で正字として機能するものであったと考えられる。ただしインダス文字の多数は左右対称のかたちであることから、印面上の文字と捺印後の文字では形が変わらない場合がほとんどである。

また右向きのモチーフが刻まれたインダス式印章に注目すると、共通する文字を共有した例が多く存在することをみとめることができる。とくにガッガル川流域に位置する諸遺跡から出土した右向きのモチーフが刻まれたインダス式印章は、「樹木」「槍」「魚」「列点」の形をしたインダス文字を共有する割合が高い（図47）。
(20)

たとえば、ビッラーナー（Bhirrana）例（Manmohan et al. 2007、Rao et al. 2004：Pl. 3）、ファルマーナー（Farmana）例（Shinde et al. 2011：Figs. 7.5, 7.6）（図44-5、6）、バナーワリー例（図45-2、3、5、6；Joshi and Parpola 1987：B-3～5, 10）、カーリーバンガン例（Joshi and Parpola 1987：K-16, 18, 27, 34, 50）などにみとめられる。さらにガッガル川流域に特徴的にみられる文字パターンを、モヘンジョダロ例（Joshi and Parpola 1987：M-223、Shah and Parpola 1991：M-737, 749, 1170）、ハラッパー例（Joshi and Parpola 1987：H-73, 85）、南部シンド地方に位置するバーラーコート（Bala Kot）例（Shah and Parpola 1991：Blk-5）、カッチー地方に位置するドーラーヴィーラー例（NHK・NHKプロモーション編 2000）などにみとめることもできる。これらの例は特定の文字パターンが右向きのモチーフとセット関係を構成し、広い範囲で共有され機能していたことを示唆する。

また左向きのモチーフが刻まれたインダス式印章に陰刻された文字と比較した場合、右向きのモチーフが刻まれた印章に陰刻された文字が反転されて表されていることはないようである。

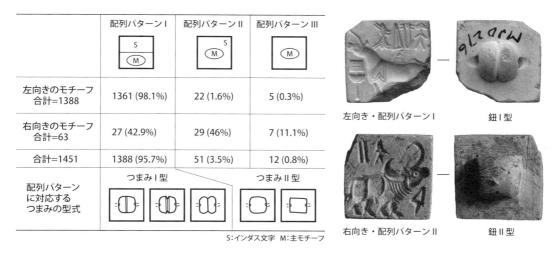

図48 配列パターン・モチーフの向き・つまみ型式の対応関係（デザインシステム）

4．デザインシステム

次にインダス式印章のデザインに関する約束事を明らかにするために、印面に刻まれたモチーフの配列パターンとつまみの型式の相関関係を確認する。

（1）配列パターン

ここで確認する配列パターンとは、印面にみとめられる主モチーフと文字の配列に関する約束事のことである。印面にみとめられるモチーフの配列パターンは、以下の3パターンに分類可能である（図48）。

配列パターンⅠ：文字（図48中では「S」と表した）を印面の上半に刻み、図像を下半に刻む

配列パターンⅡ：図像を中心に刻み、文字を隙間に埋め込む

配列パターンⅢ：文字は刻まれず、図像のみ

全体の約95.7％（1,388/1,451、総数はモチーフの向きが明確なものに限る）が配列パターンⅠで表現され、配列パターンⅡが約3.5％（51/1,451）、配列パターンⅢが約0.8％（12/1,451）となる（図48）。要するに印面を構成するデザインに関しては、文字を印面の上半に、主モチーフを下半に刻むというパターン＝配列パターンⅠを基本とすることがわかる。その場合、モチーフがほぼ例外なく左向きになる。モチーフが左向きの例に限れば、全体の約98.1％（1,361/1,388）が配列パターンⅠで表される。

いっぽう右向きのモチーフが刻まれたインダス式印章のモチーフの配列パターンに関しては、配列パターンⅠが約42.9％（27/63）、配列パターンⅡが約46％（29/63）、配列パターンⅢが約11.1％（7/63）という割合である。配列パターンⅠよりも、配列パターンⅡを採用する例が多い。つまり配列パターンⅡとさきに述べたインダス文字のパターンが、右向きのモチーフとセット関係で表現

されるケースが多いということである。

またモチーフの向きが判別しがたいために検討の対象外とした「物語の場面」のモチーフが刻まれた印章は、インダス文字を有さない配列パターンⅢで表現される場合が多い。「物語の場面」は文字をともなわずとも、なんらかの情報を伝達可能であったのかもしれない。

（2）つまみの型式

印章の裏面にみとめられるつまみは、印面に表現されるモチーフと同様にインダス式印章のデザインを規定する際の重要な指標である。CISIにおいても印章の裏面をすべて観察できるわけではないが、野口雅央の先行研究（野口 2003・2005）なども手がかりとすれば、つまみは次の2つのタイプに大別することができる[21]（図46）。

タイプⅠ：典型的なタイプと認識されるものであり、方形または隅丸方形状のつまみ上にみとめられる刻線を中心線として、左右シンメトリーに表現されるもの。

タイプⅡ：つまみ上に刻線を施さないシンプルな方形または隅丸方形状のもの。

ここで確認すべきポイントは、タイプⅠが基本的にさきに述べた配列パターンⅠと対応することである（図44-1、3、4など）。いうまでもなく、その組み合わせは左向きのモチーフとセット関係を構成すると理解できる。いっぽう右向きのモチーフが刻まれたインダス式印章のつまみは、中心に線を刻まないシンプルな方形または隅丸方形状の構造＝タイプⅡとなる場合がほとんどである（図44-5、6・図45-2、3、5、6）（Joshi and Parpola 1987：M-270、K-34、50、B-8、9、12、Shah and Parpola 1991：M-977、1139、1170、Blk-5 など）。

（3）インダス式印章のデザインシステム

デザインシステムという用語については前章第5節の1で説明したように、鈴木公雄の論考（Suzuki 1970）から手がかりをえて展開したものである。ここでも「装飾に認められる厳格な約束事を規定する法則」を意味する用語として使用する。[22]

インダス式印章にみられるデザインが単なるモチーフの集合体ではなく、ある規則性に則って配置されているのであれば、そこにインダス式印章におけるデザイン上の規範ないしモチーフ相互を構造化する法則性＝デザインシステムを読みとることができるはずである。

モチーフ相互を構造化する法則性を検討するには、印面に陰刻されたモチーフの配列パターンから議論をはじめるとわかりやすい。なぜならば、さきに確認したように全体の約95.7%（1,388/1,451）が配列パターンⅠで表現されることが明らかであるからだ。つまりデザイン配列の基本原則はかなり厳格なものであったと考えて構わない。さらにその場合、印面の主モチーフはほぼ例外なく左向きとなり、裏面のつまみの型式はタイプⅠとなる。

すなわちインダス式印章のデザインは、「左向きの主モチーフをインダス文字とともに配列パターンⅠで表現し、裏面にタイプⅠのつまみをもつ」ことを基本とするのである。これをインダス式印章のデザインシステムとして位置づけたい。インダス式印章のデザインには、その全体をとおしてここにみとめられるような厳格な法則性が存在するのである。

いっぽう右向きのモチーフが刻まれたインダス式印章は、左向きのモチーフが刻まれたインダス式印章とは異なる諸側面をもつことが明らかである。つまりインダス文字を印面の上半ではなく主モチーフの周囲に陰刻する配列パターンⅡや文字をもたない配列パターンⅢとなる場合が多く、つまみはタイプⅡ型と対応する（図48）。右向きのモチーフが刻まれたインダス式印章が同一のインダス文字を共有している例が多いことをふまえると、これらの印章はさきに述べたインダス式印章のデザインシステムとは異なる法則性にもとづき機能していたと考えることもできるだろう。

この他にには出土数は少ないが、モチーフの向きに関係なく機能していたと考えられる物語の場面や文字のみ、幾何学文を主モチーフとする一群も考慮する必要がある。ただしここでは全体の約95.7％（1,388/1,451）という数値からも判断できるように、「左向きの主モチーフをインダス文字とともに配列パターンⅠで表現し、裏面にタイプⅠのつまみをもつ」というインダス式印章のデザインシステムの厳格性を強調しておきたい。

5. 分布傾向

次にインダス式印章そのものの分布傾向と封泥の分布傾向を、それぞれ個別に整理しておく。

（1）印章の分布傾向

インダス式印章の分布傾向に関しては、モヘンジョダロ出土の1,127点とハラッパー出土の415点で全体の約86.5％（1,542/1,783）を占める。出土数の多い遺跡を列挙してみれば、ロータルが約3.5％（62/1783）、カーリーバンガンが約2.9％（52/1,783点）、バナーワリーが約1.3％（23/1,783）という分布である。そして各地に点在する特定の中・小規模遺跡からも数は少ないが出土する。

こうした分布傾向にもとづき、文明の中心地であったと考えられるシンド地方に約66％（1,177/1,783）が集中し、ついで西部パンジャーブ地方（約23.4％、415/1,783）、グジャラート地方（約4.5％、81/1,783）、東部パンジャーブ～北部ラージャスターン地方（約2.9％、52/1,783点）、ガッガル川流域（2.4％、42/1,783）とつづき、その他の地方から15点（バローチスターン地方9点、ゴーマル地方2点、マクラーン地方1点、アフガニスタン（ショールトゥガイ）1点、出土地不明2点）が確認されている（図49、表12～14を参照のこと）。

この分布状況からは、インダス式印章が、基本的にモヘンジョダロやハラッパーなどの都市間、あるいは都市と都市的集落・町邑間で機能していた遺物であることがわかる。そして出土数が多い地域であるシンド地方、西部パンジャーブ地方、ガッガル川流域およびグジャラート地方を、インダス式印章の主要分布地域および使用圏として認識することも可能であろう。またインダス文明圏外に目を向ければ、14点と総数は少ないものの、メソポタミアやアラビア湾岸、南トルクメニアからの報告もある[23]（小磯 2005）（図49）。

次に右向きのモチーフが刻まれた印章の分布傾向をみてみる。その分布傾向は図50に示したとおりであり、非常に特徴的である。つまり右向きのモチーフが刻まれたインダス式印章は、ガッガル川流域において特徴的な分布傾向を示すことをみとめることができるのである。

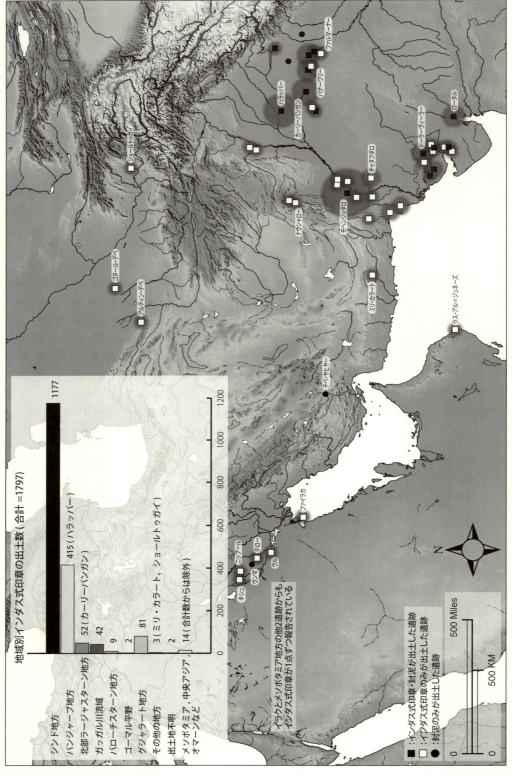

図49 インダス式印章・封泥を出土した遺跡の分布

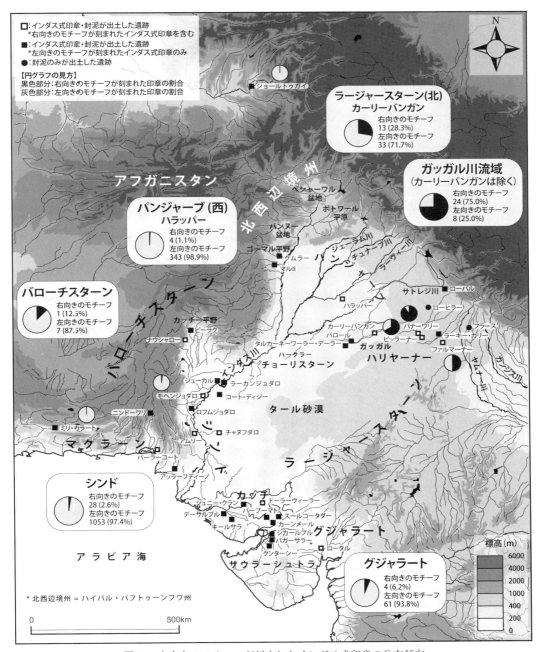

図50　右向きのモチーフが刻まれたインダス式印章の分布傾向

　他地方では左向きのモチーフが優勢であるのにたいし、とくにガッガル川流域（カーリーバンガンを除く）では右向きのモチーフが全体の75％（24/32）を占めるという出土傾向を示している。なかでもバナーワリーにおいては全体の90％（18/20）が、右向きのモチーフが刻まれたインダス式印章である。右向きのモチーフが刻まれたインダス式印章全体の50％（37/74）がガッガル川流域からの出土となっている。

いっぽうシンド地方では全体の約2.6％（28/1,081）、カッチー・グジャラート地方では全体の約6.2％（4/65）が右向きのモチーフが刻まれたインダス式印章であり、バローチスターン地方では7点すべてに左向きのモチーフが刻まれている。遺跡個別でみるとモヘンジョダロでは全体の約2.1％（22/1,038）、ハラッパーでは全体の約1.2％（4/347）という割合であり、ガッガル川流域の特殊性を確認することができる。

またカーリーバンガンでは右向きのモチーフが全体の約28％（13/46）を占める。カーリーバンガンはガッガル川流域に位置するその他のインダス関連遺跡と比較すると、ハラッパー文化の影響がつよいと考えられ、第1章第3節の1でみたようにモヘンジョダロと同様なプランをもつ。数値から判断すれば、当遺跡は左向きが優勢の地域と右向きが優勢な地域の中間的な様相を示しているものと理解することもできよう。遺跡の位置もちょうど両地域の中間地点にあることは非常に興味深い。

さらに小磯学の集成（小磯 2005）にもとづけば、インダス文明圏外から出土したインダス式印章に刻まれた主モチーフは右向きで表現されることはない[24]。アフガニスタンのショールトゥガイ出土のインダス式印章に刻まれたサイのモチーフも左を向く（Francfort 1989）。

印章の出土状況に関してはこれまでに集積遺構などは発見されておらず、基本的に土器片やその他土製品とともに住居の廃土中から検出される場合が多いようである。ただし南トルクメニアのゴヌール・デペでは、左向きのゾウが刻まれたインダス式印章が特徴的な布に覆われた状態で発見されたと報告されている（Sarianidi 2006）。

（2）封泥の分布傾向

次は印章の封泥（図51）の分布傾向を確認する。本書では *CISI* に掲載の写真にもとづき、インダス式印章①に由来すると考えられる封泥のみをカウントした。

インダス式印章の封泥の出土数は135点と少なく、封泥の集積遺構の存在も確認されていない。その他の土製品などとともに廃土中から出土するのが一般的であり、西アジアでみられるような封泥の一括管理という状況（小泉 2001、常木 1995）も確認することができない。

出土数を遺跡別にみると、モヘンジョダロ19点、ハラッパー3点、ロータル95点、カーリーバンガン11点、バナーワリー1点、ラキー・ガリー1点、ファルマーナー3点、ローヒラ（Rohira）2点である[25]。

インダス文明の港湾都市として理解されるロータルでは、印章77点に対して封泥95点という特徴的な出土状況を示している。こうした分布傾向は、モヘンジョダロの印章963点に対して封泥19点やハラッパーの印章398点に対して封泥3点という状況と比較すると、非常に特徴的であることが理解できる。ちなみにカーリーバンガンでは、印章58点にたいして封泥11点という出土状況である。以上のような封泥の分布傾向の違いは、商取引・交易活動などにおける各遺跡の性格差・機能差を示しているものと考えられる。

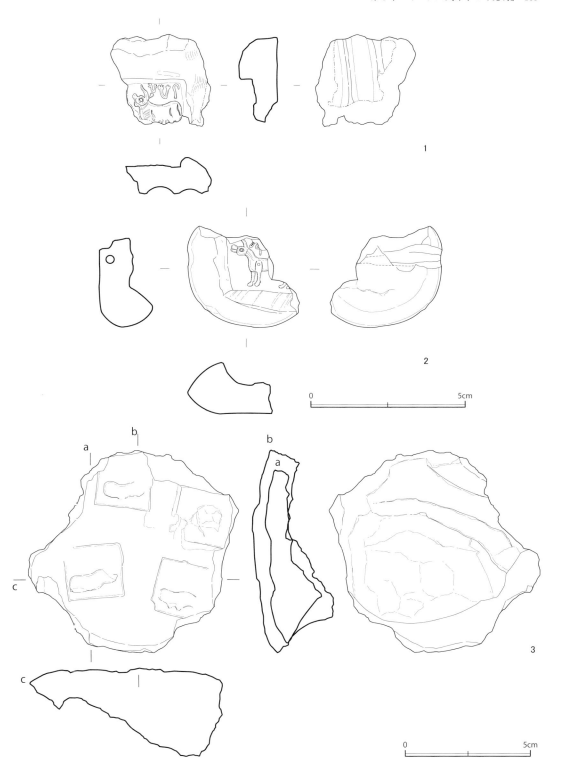

図 51 インダス式印章が押捺された封泥

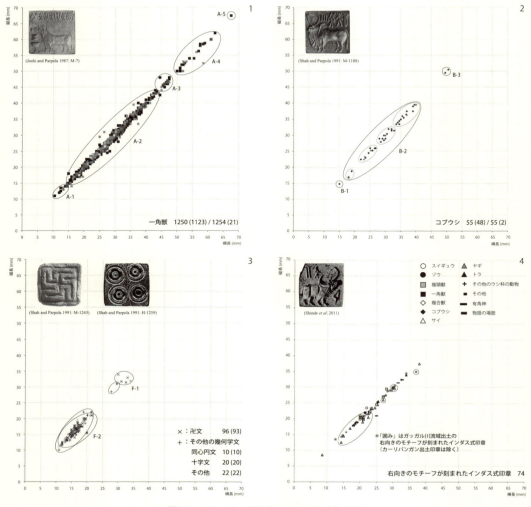

図52 インダス式印章のサイズ（代表例）

6. サイズ

　計測方法は前節に同じであり、印章印面の縦長と横長を計測した。インダス式印章については縦横比が明確となる散布図（図52）とそれにもとづいた面径図（図53）を作成してある。ただし紙幅の都合上、縦横比が明確となる散布図については、サイズ分布の大枠が把握可能となる代表的なモチーフに関するグラフしか提示していない。

　インダス式印章のサイズは、その縦横長の計測値にもとづき、特大型＝70〜50 mm、大型＝50〜35 mm、中型＝35〜20 mm、小型＝20 mm以下というように4つのカテゴリーに分類可能である（図52・図53）。1辺17〜35 mmをはかる例がもっとも多く、これを標準的なサイズとしてよいだろう。

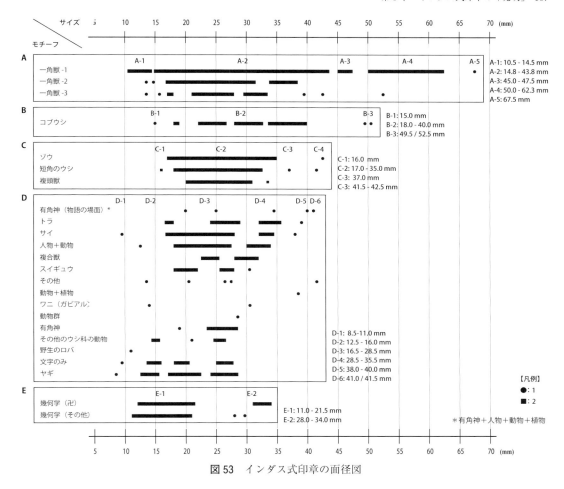

図 53 インダス式印章の面径図

　これらのサイズ・カテゴリーは、モチーフまたは遺跡ごとに異なったあり方を示す。たとえば、特大型のカテゴリーをもつモチーフは一角獣とコブウシに限定され（図52-1、2・図53）、幾何学文は基本的に小型のカテゴリーに集中することがわかる（図52-3・図53）。

　動物群や有角神、ウルス種とされるウシ、文字のみ、ヤギのモチーフは30mmをこえる例をもたず、後三者に関しては15mm以下の例も存在する。ちなみにインダス式印章の最大例（一角獣）は1辺67.5mm、最小例（ヤギ）は1辺8.5mmである。このようにモチーフごとに異なるサイズ・カテゴリーを有しており、全体をA〜Eのグループに分類することができる（図53）。

　また1辺50〜67.5mmをはかるような特大型を含むすべてのカテゴリーをもつ遺跡は、モヘンジョダロとハラッパー、チャヌフダロの3遺跡に限定される。第2章第1節の2でも述べたが、前二者はインダス文明社会で中心的な役割を果たした遺跡であり、チャヌフダロはインダス文明における工芸品の生産センターであったとされる遺跡である。さらにこの3遺跡は大・中・小サイズのおもりのセットも有していた。このことは遺跡の性格や重要性に応じて、各サイズ・カテゴリーが異なる分布状況をみせることを示している。

　こうしたことからインダス式印章は、一角獣を刻んだ1辺50〜67.5mmをはかるような特大型

の印章を頂点に据えた「規格」にもとづき製作されることで、各モチーフと対応したサイズ・カテゴリーの差別化を顕在化させ、インダス文明社会において機能していたものと考えられる。

図52-4には右向きのモチーフが刻まれたインダス式印章のサイズ分布を示した。全体としては特大型のカテゴリーは存在せず、大型〜小型、とくに中型のカテゴリーを中心とする。ただしガッガル川流域から出土する右向きのモチーフが刻まれたインダス式印章に限ってみると、小型のカテゴリーが中心となることがわかる。

7. 製作技術

先インダス文明期における印章と同様に、インダス式印章の製作工程や生産・流通の仕組みについてはいまだに不明な点が多い。しかしモヘンジョダロやハラッパーでは製作途中で廃棄されたと考えられる失敗品やストックされたと考えられる未成品も出土しており、以下のような一連の工程を推定することができる。

①原石としての凍石の調達→②原石の荒割と切断→③つまみの作出と穿孔→④全体の研磨[26]→⑤モチーフの彫刻→⑥文字の銘刻→（⑦施薬）[27]→⑧焼成（完成）

おおまかに概観しておくと、次のようになる。工程①の段階では特定の凍石産出地から遺跡への原石の搬入をみとめることができるので、管理された計画的な印材調達のシステムを想定できる[28]（Law 2008）。工程②〜⑥の段階では銅合金製（銅製あるいは青銅製）の鋸や鑿、印刀が使用されていたであろうと考えられている[29]（ケノイヤー 2001、Green 2011、Mackay 1931・1943、Miller 2007、Vidale 2000、Wright 2010 など）。また工程⑤と⑥の段階にはモチーフと文字を熟知した工人が関与していたものと考えられることから、印章製作の工程に異なる知識をもつ工人が組み込まれていた可能性も指摘されている（Vidale 2000）。

工程⑦の施薬とは焼成前にアルカリ性の液体を印章表面に塗布することで、石材を白色化させるための技法として考えられてきたものであるが（Kenoyer 1998、Law 2008）、この工程に関しては不明な部分が多いので括弧付で示した。工程⑧の段階では 1000℃ 以上の高温で焼くことにより、素材の凍石を黒〜灰色から白色へと発色させたと考えられている。この焼成を経てモース硬度1の凍石はモース硬度3の輝光石（エンスタタイト）へと変化するとされる[30]。

上記の製作工程すべての解明が求められていることはいうまでもないが、本書でもちいる手法は前節ですでに述べてあるように SEM 法と PEAKIT 画像をもちいた観察方法である。したがってここではとくに工程③〜⑥について検討することになる。つまりどのように彫刻あるいは穿孔がなされたか、を以下で検討する。

（1）分析資料

分析資料はファルマーナー例4点、バナーワリー例11点、モヘンジョダロ例4点および岡山市立オリエント美術館所蔵例1点である（表15）。資料の出土コンテクストについては、岡山市立オリエント美術館所蔵例以外はすべてインダス文明期に属する遺跡からの発掘調査出土資料である[31]。

第 5 章　インダス式印章の「発明」　169

表 15　分析資料の基礎データ一覧

通し番号	図版番号	CISI No.	出土遺跡	モチーフ	モチーフの向き	胴部断面形	A・Bの平均値 (mm)	A・Bの標本数／標準偏差	C・Dの平均値 (mm)	C・Dの標本数／標準偏差	胴部最大深 (mm)	配列パターン	鈕型式	横長 (mm)	縦長 (mm)	厚さ（つまみ除外）(mm)	厚さ（つまみ含む）(mm)	素材	出典
1	図44-4	—	—	一角獣	左	丸型	0.807 (1.0/0.2)	15/ 0.220281206	1.025 (1.05/1.0)	2/ 0.035355339	2.50	I	I	24.1	25.0	8.0	15.0	凍石（焼成）	小茄子川 2011a, 2012a
2	口絵6-5	M-1123	M	コブウシ	左	丸型	0.634 (0.8/0.33)	20/ 0.152276838	1.33 (1.33/—)	—	2.13	I	I	23.5	23.0	7.8	13.9	凍石（焼成）	CISI Vol. 2
3	口絵6-2	M-802	M	一角獣	左	丸型	0.704 (0.99/0.53)	18/ 0.131836574	—	—	2.00	I	I	26.5	27.0	9.0	13.9	凍石（焼成）	CISI Vol. 2
4	—	M-1114	M	コブウシ	左	丸型	0.849 (1.33/0.33)	20/ 0.287930913	1.577 (2.2/1.2)	3/ 0.543721743	2.86	I	I	30.5	30.5	7.9	12.1	凍石（焼成）	CISI Vol. 2
5	図44-3	—	F	コブウシ	左	丸型	0.652 (0.8/0.33)	14/ 0.146543509	1.000 (1.0/—)	1/ —	2.86	I	I	28.0	28.0	7.0	13.0	凍石（焼成）	Konasukawa et al. 2011
6	図44-2, 口絵6-1	—	F	一角獣	左	丸型	0.715 (1.07/0.4)	20/ 0.184913446	—	—	2.33	I	文字あり	27.0	26.5	7.2	13.0	凍石（焼成）	Konasukawa et al. 2011
7	図44-1	B-2	B	一角獣	左	丸型	0.638 (0.73/0.53)	5/ 0.101587401	0.684 (0.73/0.6)	5/ 0.057619441	2.86	I	I	30.5	30.5	8.5	17.0	凍石（焼成）	CISI Vol. 1
8	図45-1, 口絵6-4	B-17	B	有角のトラ	右	—	0.733 (1.33/0.4)	24/ 0.20610211	1.059 (1.47/0.8)	5/ 0.251853132	2.86	I	I	30.5	29.5	7.9	17.8	凍石（焼成）	CISI Vol. 1
9	口絵6-3	M-738	M	一角獣	右	丸〜角型	1.079 (1.47/0.6)	21/ 0.270138412	1.3 (1.47/1.2)	5/ 0.113578167	3.33	I	I	29.5	29.0	8.5	17.5	凍石（焼成）	CISI Vol. 2
10	図45-4	B-13	B	ヤギ	右	丸〜角型	0.738 (0.738/0.5)	8/ 0.190394328	—	—	1.50	—	—	20.8	19.0	4.5	—	凍石（焼成）	CISI Vol. 1
11	図45-7	B-11	B	ヤギ	左	角型	0.529 (0.7/0.25)	7/ 0.143924583	—	—	0.90	—	—	13.5	13.5	3.8	7.8	凍石（焼成）	CISI Vol. 1
12	図45-5	—	F	スイギュウ	右	角型	0.614 (1.0/0.15)	8/ 0.304431555	1.238 (1.5/0.95)	4/ 0.256173769	2.00	II	II	20.0	20.0	6.0	11.5	凍石（焼成）	Konasukawa et al. 2011
13	図45-6, 口絵6-6	—	F	一角獣	右	角型	0.567 (0.8/0.2)	9/ 0.188745861	0.65 (0.75/0.55)	2/ 0.141421356	1.50	—	—	21.3	21.0	4.3	12.5	凍石（焼成）	CISI Vol. 1
14	図45-6, 口絵6-9	B-5	B	その他のウシ科の動物	右	角型	0.439 (0.75/0.1)	11/ 0.159687194	—	—	1.00	—	—	14.3	14.3	2.6	5.8	凍石（焼成）	CISI Vol. 1
15	図45-5	B-10	B	ヤギ	右	角型	0.385 (0.75/0.15)	10/ 0.210884381	—	—	1.20	—	II	14.3	12.5	3.1	6.9	凍石（焼成）	CISI Vol. 1
16	図45-3, 口絵6-8	B-15	B	サイ	右	角型	0.568 (0.75/0.25)	13/ 0.159224885	1.000 (1.0/—)	2/ 0	1.25	—	II	19.0	19.0	6.5	11.8	凍石（焼成）	CISI Vol. 1
17	図45-2, 口絵6-7	B-7	B	スイギュウ	右	角型	0.775 (1.05/0.45)	10/ 0.212159146	0.85 (0.95/0.8)	3/ 0.08660254	2.00	I	I	22.8	21.8	3.5	7.2	凍石（焼成）	CISI Vol. 1
18	—	B-6	B	不明（動物）	右	角型	0.508 (0.85/0.1)	6/ 0.288819436	—	—	1.50	—	—	*1.98	*1.52	*5.6	*1.0	凍石（焼成）	CISI Vol. 1
19	図45-8	B-20	B	幾何学	—	—	0.971 (1.25/0.6)	12/ 0.163009109	—	—	—	—	II	11.0	10.0	3.0	6.0	凍石（焼成）	CISI Vol. 1
20	図46-1, 口絵6-10	B-21	B	インダス文字	—	—	1.061 (1.55/0.6)	27/ 0.300765118	—	—	—	—	—	26.9	13.1	—	9.0	凍石（焼成）	CISI Vol. 1

M：モヘンジョダロ　F：ファルマーナー　B：バナーワリー
* 残存部の計測値

図54　印面に認められる彫刻痕跡の断面形（模式図）

岡山市立オリエント美術館所蔵例についても、資料の実見結果にもとづきインダス式印章であると判断した。

モチーフに関しては、一角獣やコブウシ、スイギュウ、サイ、ヤギなどの主モチーフとインダス文字、旗章から構成されており、先インダス文明期の凍石製印章に刻まれた幾何学文を主とするモチーフと比較した場合、多様化・複雑化していることがわかる。このような先インダス文明期から文明期にかけての印章デザインの一新にともなうモチーフの変化は、それらのモチーフを刻出するための彫刻技術の多様化・複雑化も意味すると考えてよいだろう。

印面にみとめられる彫刻を肉眼で観察する限り、先インダス文明期の印章と同様に各モチーフを構成する直線や曲線などの彫刻痕跡を確認することができる。いずれのモチーフも精緻に彫り込まれており、とくに動物モチーフは肉感までもが写実的に表現されている。インダス式印章の彫刻に駆使された技術レベルの高さを、肉眼観察でも十分にうかがい知ることができる。

（2）彫刻痕跡の断面形と深さ

彫刻痕跡の断面形と深さを検討するために、上記の印章資料20点についてPEAKIT画像を作成し、断面形の分類と深さの計測を行った（口絵6）。分析方法と彫刻痕跡（a）、（b）、（c）、（d）の分類は前節と共通である。

PEAKIT画像から判断すれば、彫刻痕跡（c）に認められる彫りの断面形は部位ごとに異なり、図54に示したように、彫りの深さが0.728mm以下の断面形A（V字形－浅）とB（U字形－浅）および0.728mm以上の断面形A（V字形－深）とB（U字形－深）、彫りの深さが1.056mm以下の断面形C（浅）とD（浅）および1.056mm以上の断面形C（深）とD（深）に分類することができる。断面形CとDは断面形AとBと比較した場合、断面底部の幅が広く、彫りの深さも深い。これはその部位を彫刻する際のストロークの回数の多さに由来するものと考えられる。

彫りの深さは、部位ごとあるいは個体ごとに異なる。インダス文字や角、脚部の彫刻は他部位に比較して深く、0.728mmあるいは1.056mm以上の深い断面形A〜Dを観察できる場合が多い。サイズが大きいモヘンジョダロ例（口絵6-3）は彫刻の深さの平均が断面形AとBで1.079mm、断面形CとDで1.3mmである。いっぽうサイズの小さいバナーワリー例（図45-5）は彫刻の深さの平均が断面形AとBで0.385mm、断面形CとDは確認できない。

彫刻の深さの平均値を遺跡ごとにみてみると、印章サイズの平均値が24.075mmのファルマーナーで断面形AとBが0.638mm、断面形CとDが0.972mm、印章サイズの平均値が20.713mm（B-6, 20, 21は除く）のバナーワリーで断面形AとBが0.588mm、断面形CとDが0.827mm、

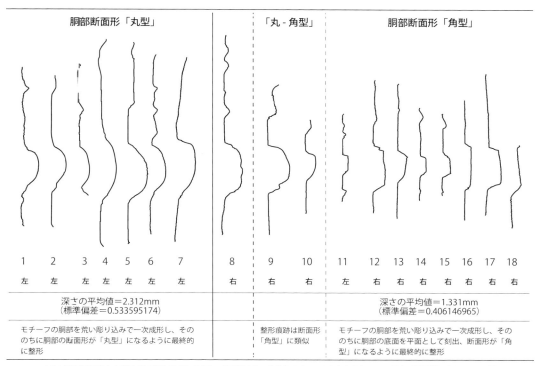

図 55　印面に認められる動物モチーフの胴部断面形とその分類

印章サイズの平均が 27.5 mm のモヘンジョダロで断面形 A と B が 0.904 mm、断面形 C と D が 1.377 mm をはかる。サンプル数は少ないが、遺跡あるいは地域ごとに彫刻の深さも異なる可能性があり、それは印章のサイズとも関連性をもつことが予測される（表 15）。

また主モチーフの向きに着目してみると、印章サイズの平均が 32.1 mm の左向きのモチーフが刻まれた印章で断面形 A と B が 0.701 mm、断面形 C と D が 1.041 mm、印章サイズの平均が 21.388 mm（M-738 を除くと 20.375 mm）の右向きのモチーフが刻まれた印章で断面形 A と B が 0.754 mm（M-738 を除くと 0.592 mm）、断面形 C と D が 1.071 mm（M-738 を除くと 0.9594 mm）である。

彫りの深さがもっとも深いのは彫刻痕跡（a）と（b）、つまり動物モチーフの胴部であり、胴部断面形の違いから丸型、角型および両者の中間的形状を示す丸-角型に仕上げられている例が存在することがわかる（図 55）。胴部は底面が平滑になるように丸型、角型あるいは丸-角型に仕上げられており、彫りの深さは他の部位に比較して深い（表 14）。本書ではこれらの胴部断面形を「丸型」（図 55-1～7）、「角型」（図 55-11～18）および「丸-角型」（図 55-9、10）と呼称する。

胴部の彫りの深さは、印章サイズの平均が 27.1571 mm の丸型で平均 2.312 mm、印章サイズの平均が 17.8857 mm の角型は平均 1.331 mm である。胴部は荒い彫り込みによる成形ののちに前後あるいは左右方向のストロークを反復することにより整形されたものと考えられ、彫りの深さはストロークの回数に比例しているものと考えられる。

また図55から明らかなように、胴部の断面形は基本的に丸型が左向きのモチーフに対応しており、角型と丸－角型が右向きのモチーフに対応している。さらに出土遺跡をみてみると、角型はガッガル川流域に特徴的であることがわかる。

　幾何学文を主モチーフとする印章（図45-8）では彫刻痕跡（c）の断面形AとBのみを観察することができ、深さは平均で0.971 mm（1.25 mmをはかる部位もある）。また一点のみコンベックス（Convex）型印章（図46-1・口絵6-10）を観察できたが、彫刻痕跡（c）の断面形AとBのみを観察することができ、彫りの深さは平均で1.061 mmである（1.55 mmをはかる部位もある）。インダス式印章の彫りの深さと比較した場合、コンベックス型印章にみとめられる彫りは深いと指摘できる。

（3）彫刻痕跡のSEM観察

　次に彫刻痕跡（a）～（d）または彫刻の断面形A～Dについて、SEMを用いて詳細に観察した結果をまとめ、インダス式印章の彫刻技術のありようを整理する。

　ただしこの点についても前節で述べたが、彫刻に用いられた工具の同定に関しては製作実験にもとづいた実証的検討をおこなうことが必須である。図56に示した遺物は各種工芸品の製作センターであったと理解されるチャヌフダロの出土遺物のなかから、素材と形状および大きさから判断し抽出した、印面にみとめられるモチーフの彫刻にもちいられたと考えられる銅合金（青銅をふくむ）製遺物である。現在進行中の製作実験（小茄子川　印刷中、印刷中）では、これらの銅合金（青銅をふくむ）製遺物をモデルにして実験製作した錫青銅製、真鍮製、銅製の印刀をもちいているが、このなかでは錫青銅製印刀をもちいると一番効率よく彫ることができる。

　また実験製作した印刀の端部形状は、図56にあるような扁平状のもの（図56-1～3）とピン状あるいは丸みを帯びたもの（図56-4～15）である。この2種類の端部形状をもつ錫青銅製印刀を彫りの角度や工具のあて方を変えながら駆使すれば、出土印章の印面に実際にみとめられるさまざまなパターンの刻出が可能となる。以下でSEM画像の観察にもとづき彫刻工具について言及する場合は、この製作実験にもとづいた見解が反映されていることを予め申し述べておく。

　SEM画像は図58～60に提示し、それぞれの画像と対応する印面上のSEM観察部位は図57にまとめて示してある。あわせて参照いただきたい。

1）彫刻痕跡（a）と（b）

　胴部の彫り込み作業と仕上げ作業に由来する痕跡である。PEAKIT画像でも確認できたように、SEM画像からも胴部の断面形には丸型、角型および丸－角型が存在することを指摘できる。

　丸型はモチーフの胴部を荒い彫り込みで一次成形し、そののちに胴部の断面が丸型になるように最終的な整形をおこなったと考えられるものである（図58-1～8）。例（図58-1、3、4など）に観察される胴部底面の擦痕から判断すれば、断面を丸型に仕上げるために銅合金（青銅を含む）製の先端扁平状の彫刻工具（図56-1～3）あるいは先端ピン状の彫刻工具（図56-4～15）などをもちいて、上下あるいは左右方向のストロークを何度も入念にくり返したことを推察できる。

　角型はモチーフの胴部を荒い彫り込みで一次成形し、そののちに胴部の底面を平面として作出

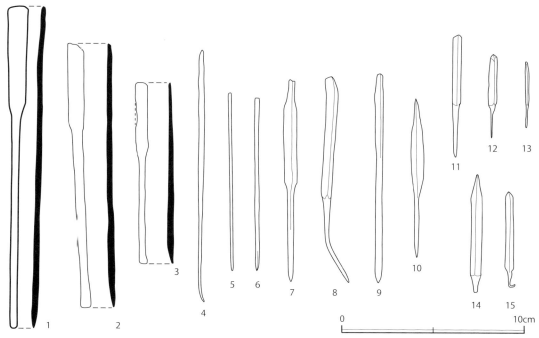

図56 モチーフを陰刻するための彫刻工具と考えられる銅合金製遺物

し、断面が角型になるように銅合金（青銅をふくむ）製の先端扁平状の彫刻工具（図56-1～3）をもちいて最終的な整形をおこなったと考えられるものである。例（図58-12・図59-2など）には、先端扁平状の彫刻工具に由来すると考えられる胴部の整形痕跡を明確に確認することができる。SEM画像にもとづけば、断面形を角型に整形するのにもちいられた先端扁平状の彫刻工具には端部幅0.5mmほどのものも存在したことを予測することができる。あるいは図56-1～3のような彫刻工具の刃先の一部（0.5mmほど）を、断面形を丸型に仕上げる場合とは異なった方法で使用した可能性もある。

　丸－角型はSEM画像から判断した場合、整形痕跡が角型に類似するという点が重要である。角型にみとめられた整形痕跡と同様に、幅0.5mmほどの整形痕跡（図59-4、5）を観察できる。

　SEM観察の結果からは、以上のような丸型、角型および丸－角型という主モチーフ胴部の断面形の違いは、仕上げ作業における彫刻技術、すなわち作業の質・量および使用された彫刻工具の違いを反映しているものと考えられる。さらに丸型に特徴づけられる印章サイズが平均27.1571mm、角型に特徴づけられる印章サイズが平均17.8857mmであることから、この彫刻技術の違いは印章のサイズとも関係性をもつ可能性を指摘しておきたい。

　右向きの角の生えたトラ（Horned tiger）の例に関しては胴部の中も彫刻痕跡（c）の襞で充填されているので、断面形の分類は避けた。しかし写真（図57-8）や断面図（図55-9）から判断すれば、本来の断面形は丸型であったと推察することは可能である（図59-6）。

　2）彫刻痕跡（c）

　直線と曲線の刻出作業に由来する痕跡である。インダス文字（図59-7～10）と動物モチーフの

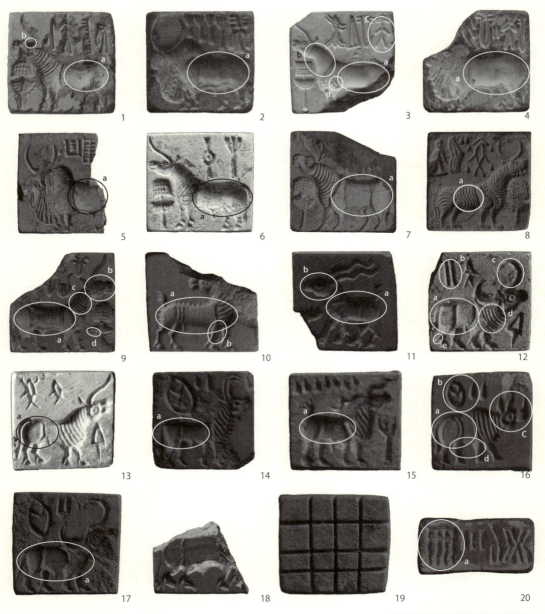

図 57 SEM 観察の位置

＊図版番号は表 15 の通し番号に対応する

角（図 59-11、12）、頭部（図 60-1〜3）、甍（図 60-4、5）、脚部（図 60-7）などに確認することができる。直線と曲線ともに彫刻痕跡としては基本的に断面形 A または B を呈し、彫り込み部側面には水平方向の非常に細かい擦痕をみとめることができる。この擦痕は銅合金（青銅をふくむ）製彫刻工具の刃先の凸凹に由来する可能性が高い。銅合金（青銅をふくむ）製の先端扁平状の彫刻工具（図 56-1〜3）あるいは先端ピン状の彫刻工具（図 56-4〜15）などをもちいて、前後あるいは左右方向のストロークで彫り込まれたものと推察できる。

第 5 章 インダス式印章の「発明」 175

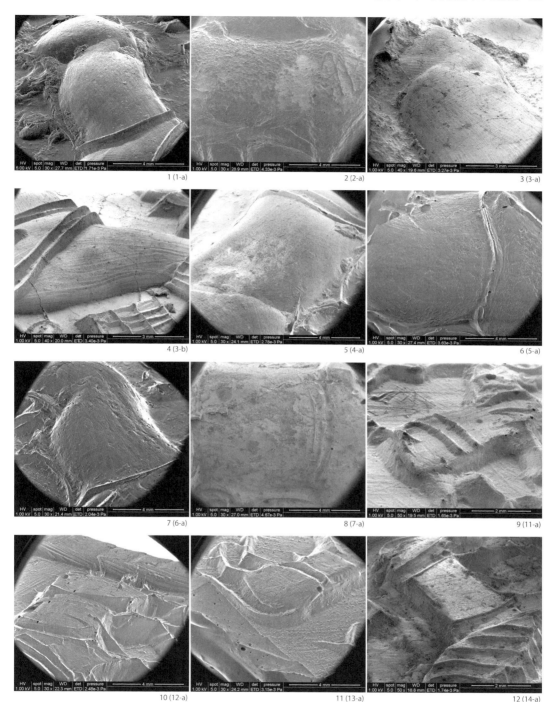

図 58　インダス式印章の SEM 画像（1）

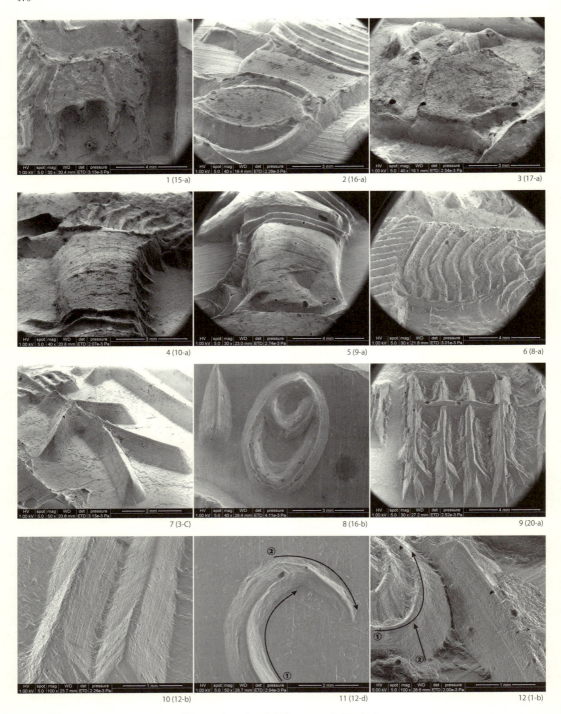

図59 インダス式印章の SEM 画像（2）

第 5 章 インダス式印章の「発明」 177

図 60 インダス式印章の SEM 画像（3）

また角と頭部、襞部分の特定箇所には、水平方向の擦痕の上に縦方向の擦痕を観察できる（図58-12・図60-6）。これらの特定箇所は角度の急な曲線であるという共通性を有することから、曲線を強調したい場合には、前後または左右方向のストロークののちに縦方向のストロークによる彫り込みをくわえ整形したものと推察できる。さらに例（図58-11）の角部分に観察されるように、2ストロークで角度の急な曲線を刻出するパターンもみとめることができる。
　この他の特徴的な刻出方法としては、文字や脚部分（図60-8、9）にみとめることができる。これらの部分には円を描くような擦痕をみとめることができることから、彫刻工具を左右または前後方向にうごかして彫刻をスタートし、そののちに工具を円を描くようにうごかすことで楕円形状に刻出したものと考えられる。なかでも脚部分にみとめることができるこの特徴的な刻出方法は、角型と丸-角型の胴部断面形をもつ印章に特徴的である。

3）彫刻痕跡（d）

　回転運動を用いた刻出作業に由来する痕跡である。文字や旗章を構成する列点部分（図60-10、11）、動物モチーフの目玉（図60-1〜3）、顔（鼻と口）（図60-3）、つま先、そしてつまみ部の穿孔部（図60-12）などに確認することができる。とくに旗章を構成する列点部分の彫刻痕跡に明確なように、回転運動によると考えられる連続した擦痕をみとめることができる。これらの製作痕跡からは銅合金（青銅をふくむ）製の端部が球状あるいは丸みを帯びた彫刻工具（図56-4〜15）などをもちいたドリリングを推察できる。
　またつまみ部の穿孔部分にも回転運動によると考えられる連続した水平の擦痕をみとめることができる。つまみ部の穿孔については、銅合金（青銅をふくむ）製あるいは石製工具をもちいたドリリングを推察しておきたい。

　PEAKIT画像からは、彫刻痕跡（c）にみとめられる彫刻の断面形と深さは部位ごとに異なり、彫りの深さが0.728 mm以下の断面形A（V字形-浅）、B（U字形-浅）および0.728 mm以上のA（V字形-深）、B（U字形-深）と彫りの深さが1.056 mm以下の断面形C（浅）、D（浅）および1.056 mm以上のC（深）、D（深）に分類することができる（図54）。もっとも彫りの深い部位は彫刻痕跡（a）および（b）としての動物モチーフの胴部であり、その断面形は丸型と角型および丸-角型に区別することが可能である（図55）。
　SEM画像からも彫刻痕跡（a）および（b）としての、胴部の断面形は丸型と角型および丸-角型に分類することができ、丸型と角型の胴部断面形は異なる彫刻技術と工具により整形されたことがわかる（図58・図59）。断面形を丸型に仕上げる場合には銅合金（青銅をふくむ）製の先端扁平状の彫刻工具（図56-1〜3）あるいは先端ピン状の彫刻工具（図56-4〜15）を、いっぽう角型に整形する場合には銅合金（青銅をふくむ）製の端部幅0.5 mmほどの先端扁平状のもの、あるいは図56-1〜3のような彫刻工具の刃先の一部（0.5 mmほど）を断面形を丸型に仕上げる場合とは異なった方法で使用した可能性を推察できる。丸-角型の胴部断面形については角型に観察されるのと類似する整形痕跡をみとめうるので、同様な彫刻技術と工具を想定しておいてよいだろう。
　そして彫刻痕跡（c）・（d）の各彫り込み部分の側面には、銅合金（青銅をふくむ）製の彫刻工

具の刃先にみとめられる凸凹に由来すると考えられる水平方向の連続する擦痕がのこされていることを確認でき、彫刻工具の端部形としては扁平状やピン状あるいは球状のものも存在したと推察可能である（図58・図60）。彫刻工具の端部幅については整形痕から0.5mm以下のものも予想されるが、図56-1〜3のような彫刻工具の刃先の一部（0.5mmほど）を器用に駆使して彫刻した可能性も考えられ、判断しがたい。

また角度の急な曲線を刻出する際は、前後または左右方向のストロークののちに縦方向のストロークをくわえるという特徴的な技法をみとめることができる。さらに彫刻工具を左右または前後方向にうごかして彫刻をスタートし、そののちに彫刻工具を円を描くようにうごかすことで楕円形を刻出するという特徴的な刻出方法（図60-8、9）は、胴部断面形が角型または丸－角型をもつ動物モチーフの脚部分にのみみとめることができる。

インダス文明期後半に帰属するとされるインダス文字のみが刻まれたコンベックス型印章（図46-1・口絵6-10）については現状で1点のみしか観察できていないが、その製作技術をインダス式印章と比較してみると、両者にはほぼ同じ製作痕跡を観察できることを指摘できる[32]。SEM画像で確認できる彫り込み部分の側面にのこされた擦痕（図59-9）のあり方も同様である。インダス文明期後半になっても刻出技法が稚拙になることはなく、実見できた例ではインダス式印章よりもむしろ精緻に刻出している部分も確認できる。彫りも断面形A（V字形－深）とB（U字形－深）を基本とし、彫りの深さは1.5mm前後をはかる部位も存在する。

石材をしっかりと固定し、粗彫り作業でモチーフの形を一次成形したのちに、図56に示したような彫刻工具をもちいた前後左右、上下方向の彫刻動作、あるいは回転運動を反復することで、モチーフを構成する各部位を丁寧かつ手際よく整形していったものと考えられる。先インダス文明期の印章にみとめられる彫刻技術と比較すると、より多様かつ複雑な技法が採用されていることがわかるだろう。今回の分析資料では大きいサイズの印章でも1辺30mm程度であり、彫刻の精緻さからは工人の技術が経験にもとづいた専門的なものであったと推察される。

8. 地域差

前項における分析結果から、インダス式印章の彫刻技術には明確な差違にもとづくバリエーションをみとめることができる。とくに主モチーフの胴部断面形の違いは彫刻技術や工具の違い、さらには印章のサイズとも関係しているものと考えられ、この胴部断面形の差違にもとづいて、インダス式印章を分類することが可能である。すなわち「丸型の胴部断面形に特徴づけられる印章」「角型の胴部断面形に特徴づけられる印章」「丸－角型の胴部断面形に特徴づけられる印章」という分類である。丸－角型の胴部断面形の彫刻技術については、上述したように角型の胴部断面形のそれに類似する。

分布傾向を加味すれば、角型の胴部断面形に特徴づけられる印章はガッガル川流域に特徴的であり、丸型の胴部断面形に特徴づけられる印章はガッガル川流域以外の地域で圧倒的に優勢であることが明らかであるから、丸型と角型の胴部断面形をもつ印章はそれぞれに異なる分布傾向を示して

いることもわかる⁽³³⁾。さらに丸型の胴部断面形は左向きのモチーフに対応しており、角型と丸－角型の胴部断面形は右向きのモチーフに対応していることも明らかである（図55）。また右向きのモチーフが刻まれた印章がガッガル川流域という特定地域に集中的に分布することは、すでに確認したとおりである（図50）。

そして先に確認した印章のデザインシステムをふり返ってみれば、左向きのモチーフは配列パターンⅠかつタイプⅠのつまみ、右向きのモチーフは配列パターンⅡまたは配列パターンⅢかつタイプⅡのつまみと対応するという約束事にもとづいて表現されていることも明らかである⁽³⁴⁾（図48）。以上の諸点をまとめると、以下のようにインダス式印章を整理することが可能となる。

　A類：丸型の胴部断面形をもつ左向きの動物モチーフが刻まれた印章／配列パターンⅠかつタイプⅠのつまみ／ガッガル川流域以外の地域で圧倒的に優勢。
　B類：角型および丸－角型の胴部断面形をもつ右向きの動物モチーフが刻まれた印章／配列パターンⅡまたは配列パターンⅢかつタイプⅡのつまみ／ガッガル川流域に集中的に分布。

A類の印章が先に述べたインダス式印章のデザインシステムに規定される印章ということになる。A類とB類の印章は、印面にみとめられるデザインや彫刻技術さらには分布傾向をも異にしており、両者の差違はインダス式印章にみとめられる地域差を示している可能性が高いと結論づけられる⁽³⁵⁾。A類とB類の違いが編年的差違を示している可能性もあるが、ここでは両者の特徴的な分布傾向を積極的に評価し、この差違は地域差を反映したものであると考えておきたい。

9. 使用方法・機能

デザインシステムの存在が示すように、インダス式印章はモチーフ（インダス文字もふくむ）の選択や配列、向き、サイズにおいて明確なパターンがあり、一つの文明社会のなかでもちいられる印章として厳格な約束事にもとづいて製作されていたものと理解することができる。またその分布はほとんどがインダス平原、とくにモヘンジョダロとハラッパーに集中するものの、各地に点在する特定の中・小規模遺跡からも数は少ないが出土するという傾向をもつ（図49・図50）。

このような厳格なデザインシステムの存在と特徴的な分布傾向は、インダス式印章がインダス平原の広い範囲に点在する特定地点において通用し、誰が見てもそれと理解できる特徴を有していたことを示している。つまり、第2章第2節の2で確認したように、モヘンジョダロをはじめとする都市や各地に点在する特定の中・小規模遺跡に居住する多数が、インダス式印章を共通項として認識・共有できていたものとしてよい。

マッケイは印章を「印章・護符（seal-amulet）」とし、護符としての機能も想定するが（Mackay 1931）、ここまで確認してきた諸特徴と出土数は少ないが封泥の存在から総合的に判断すれば、やはり、インダス式印章とは広域に展開したインダス文明社会の中で、モノや情報の動きを円滑にしかつ統制する目的でもちいられたアイテムであったと推察してなんら問題ないであろう⁽³⁶⁾。インダス式印章が、「貨幣」を一定の範囲内で通用させるための共通の価値基準であったことは、第2章第2節の2で確認したとおりである。

またインダス平原に分布が集中するという特徴的な分布傾向は、当該遺物がメソポタミアやイラン、アラビア湾岸、南トルクメニアなどの西方世界を相手にした商取引・対外交易を主たる目的としたものではなく、基本的にインダス平原内でおこなわれた対内向けの商取引・交易において使用されていたことを示しているように思われる。こうした様相は、インダス式印章を共通の価値基準としてもちいることのできる範囲は空間的に限定されていた、ということを示すものでもあろう。

以上のような役割をになっていたと考えられるインダス式印章は、裏面にあるつまみに紐をとおし、携帯されていたものと思われるが、つまみに穿孔された穴には、実見したかぎり紐擦れに由来するはずの明確な擦痕は観察できていない。

第3節　インダス式印章の「発明」と周辺地域社会への拡散

ここまで先インダス文明期における印章とインダス式印章の諸特徴をそれぞれ詳細に検討してきた。以下ではその検討成果を組み込むかたちで、インダス式印章がいかにして出現したのか、つまりその起源について考え、本章の目的を達成したい。

1. インダス式印章はいつ、どこで、なぜ出現したのか

まずはじめにインダス式印章がいつ、どこで、なぜ出現したのか、に関わる状況証拠を整理しておくことにする。

（1）インダス式印章の出現時期

インダス式印章は、いうまでもなく先インダス文明期に確認することはできない。本章第1節で確認したように、先インダス文明期にはゴーマルからパンジャーブ、ハリヤーナー地方にかけての北部地域を中心として、直線構成の幾何学文や同心円文を基調とするモチーフが刻まれたスタンプ型とボタン型の方形・円形・不定形印章が展開していた（図10）。

また両時期の印章のデザインが大きく異なっていることから判断すれば、両者の関係性は直接的な系譜関係にあるようなものではないといえる。実際に今のところ先インダス文明期の印章からインダス式印章への型式学的な変遷は追えていない。

ゆえにインダス式印章の出現時期は、インダス文明社会の成立と同時期であったと考えられる。インダス文明の成立年代は、序章で確認したように紀元前2700～2600年頃に位置づけることができる。今後の資料の蓄積をまたなければならない状況ではあるが、現状ではインダス式印章は紀元前2700～2600年頃に、インダス文明社会の成立にともない出現した可能性が高いと判断してなんら問題ないだろう。

（2）インダス式印章の出現地域

インダス式印章の約86.5%はモヘンジョダロとハラッパーで発見されており、全体の約99%（1782/1797）がインダス平原内で確認されている。また印面に刻まれる一角獣やコブウシなどのモチーフ、インダス文字、厳格に規則づけられた配列パターンから構成される独特のデザインシステムは、交易などで西方世界にもちだされたと考えられる例（小磯 2005、Brunswig *et al.* 1983、Gadd 1932、Masson 1988、Mitchell 1986、Sarianidi 2006、Vidale 2005など）をのぞくと、他地域では確認することはできない。つまりインダス式印章を構成する諸要素とそれらを相互に関連づけるデザインシステムは、インダス文明社会に独特なものであったといえる。

こうしたことからインダス式印章の起源地としては、メソポタミアやイラン高原などの西方世界を想定する必要はなく、インダス平原に限定することができる。[39]

（3）インダス式印章の出現理由

ここまで何度も確認してきたように、既存の社会のどこにも存在しない独自のデザインシステムを有するインダス式印章の機能とは、広域に展開したインダス文明社会の中で、モノや情報の動きを円滑にしかつ統制することであった。とくに、「貨幣」を一定の範囲内で通用させるための共通の価値基準としての機能は重要である。

つまりインダス式印章とは、都市の出現とともに本格化した商品交換とそれを基盤とする新しい経済システムに対応するために、あるいはそのシステムの根幹を支え、維持するために、まったく新しいデザインの印章を必要とする機運が高まり、その結果として出現したアイテムであると考えることができる。

インダス式印章は文明期をとおして使用されつづけ、文明社会の解体あるいは都市の消滅にともないその姿を消す。このこともまた、インダス文明社会が上記のような理由で独自のデザインシステムを有するインダス式印章を必要としたことを裏づけるものであると考えられよう。

2. 物流管理と情報の記録・伝達システムの発達

次にインダス式印章が出現する以前、つまり先インダス文明期における物流管理システムについて整理しておく。当該期の物流管理と情報の記録・伝達システムの発達の様相を検討するための遺物としては、印章とヘラ記号・グラフィティ、特定のモチーフをあげることができる。

（1）先インダス文明期における印章の使用

先インダス文明期における印章に関してはくり返し述べきた。その分布は図10に示したとおりであり、これらの印章にインダス式印章と形態・材質・機能の側面で同一構造をもつスタンプ型方形印章がふくまれていることは非常に興味深い。

また今のところ、当該期においては、移行期～インダス文明最初期にモヘンジョダロが建設されることになるシンド地方からの印章の報告例はない。

（2）インダス文字の起源とヘラ記号・グラフィティ

　インダス文字はインダス式印章のデザインを構成する重要な要素であり、かつハラッパー文化を特徴づける最たる要素でもある。文明社会の成立とともにある種の文法体系を整えることで成立したと考えられるが、今日までにインダス文字の祖型として理解されるある種の記号・グラフィティが先インダス文明期に帰属する遺跡から数多く報告されている（Durrani 1981・1988、Durrani and Erdosy 1995、Kenoyer 2001、Quivron 1997 など）（図61）。

　その多くは土器の口縁部や底部に刻まれるいわゆるヘラ記号であり、焼成前に施される土器職人を識別するための記号（potter's mark）や焼成後に刻まれる内容物を示す記号と理解されるグラフィティなどである。これらの記号の中にインダス文字に共通する形をもつものが数多くみられることから、前者を後者の祖型として位置づけ、初期インダス文字（Early Indus Script）とする考えが一般的になっている（Kenoyer 2001）。

　しかし記号やシンボルは単独で意味・概念を伝達できるが、文字は体系づけられた文法なしでは意味をなさない。形は類似していても両者の背後に存在する体系はまったく別物であることには注意しておく必要ある。インダス文字以前の記号が文字として機能するには各記号を体系づける文法が必要であり、両者には大きなへだたりがあるということだ。ただし両者に類似する形が存在する

図61　先インダス文明期におけるヘラ記号とグラフィティ

ことは確かな事実である。

（3）モチーフ

物流管理と情報の記録・伝達システムの発達とは少し異なる側面もあるが、先インダス文明において土器に描かれたり、あるいは刻まれたりして表現されていた特定のモチーフについてもここで言及しておく。なぜならば無文字社会であった先インダス文明期において使用されていた特定のモチーフは、さきに述べたヘラ記号やグフィティと同様に、なんらかの意味を伝達するシンボルとしての機能も有していた可能性が十分にあるからである。

先インダス文明期において土器上に表現されたモチーフについては、第4章で詳しく検討したとおりである。一角獣や複頭獣などのインダス文明期に新たに創出されたものも多数あるが、前章で確認したように、インダス文明期において重要なモチーフであったと考えられるコブウシや角＋植物を冠する人物といった特定のモチーフは、先インダス文明期において土器に描かれたり、その他土製品に刻まれるなどしてすでに存在していたことが明らかである。

3. 印章の製作工程・技術

ここでは先インダス文明期の印章とインダス式印章の製作工程・技術を比較検討し、その異同をまとめておく。想定する1）〜8）の製作工程はさきに述べたインダス式印章のものと共通である（図62）。

1）原石の確保と搬入

先インダス文明期における印章の素材は凍石に限定されることなく、碧玉や骨、象牙、貝などバリエーションに富む。こうした状況は印章製作における素材選択の自由度の高さを示すものである。

いっぽうインダス式印章の素材は、主として凍石である。さきに述べたとおり、ハラッパーではハザラ地方やカイバル峠から産出される凍石を限定的に搬入していたという見通しがえられている（Law 2008）。この凍石供給地はハラッパー1・2期とハラッパー3A期をとおして変化しないと結論づけられており、特定の地域から凍石を入手し、印章製作に使用していたことが明らかである。したがってインダス式印章製作における原石確保・搬入には、先インダス文明期とは異なり、一貫した物流管理・統制のシステムの存在を想定できる。

2）荒割・切断

両時期ともに、銅合金（青銅をふくむ）製の鋸などをもちいて凍石を目的の大きさに切断したものと推察される。最終的に方形を呈するように、はじめに印面と裏面が作出され、ついで側面が作出された。

この工程の重要性は印章のサイズを決定することにある。先インダス文明の印章についてはほとんどが小型（22.0〜12.5 mm）であり、明確な規格はもたない。しかし前節で確認したようにインダス式印章はモチーフごとに決まったサイズ・カテゴリーをもっており、さらに遺跡の性格や重要

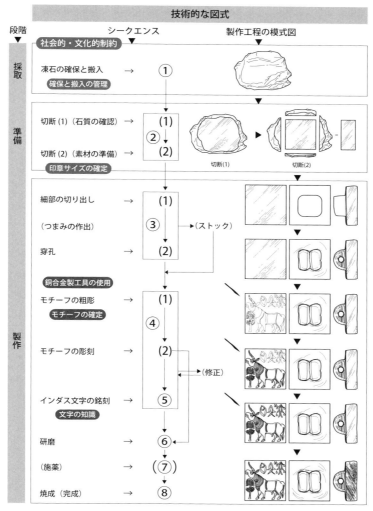

図62　インダス式印章の製作工程

性に応じて各サイズ・カテゴリーは異なる分布状況をみせる。

　つまりインダス式印章製作においては、この工程の段階でのちに陰刻されるモチーフと密接な関係をもつ瓺格に関する約束事が工人または工房間で共有されていたことになる。基本的に一角獣のみしか特大型のサイズ・カテゴリーをもたないという事実からは、約束事から逸脱するようなサイズのインダス式印章を製作することは不可能であったと考えられる。この工程の段階で、のちに印面に陰刻するモチーフもある程度決定していた可能性が高いだろう。

３）つまみの作出（穿孔をふくむ）

　先インダス文明期の印章にみとめられるつまみはインダス式印章のものに比べてシンプルな形であるが、同時期ともに裏面にナイフ状工具でつまみを作出し、紐をとおすための孔を穿孔したものと思われる。

　穿孔方法に関してはSEM観察の結果から、インダス式印章については銅合金（青銅をふくむ）

製あるいは石製工具をもちいたドリリングを想定できる。先インダス文明期における印章のつまみの穿孔部に関してはSEM観察を実施できていないが、実見した限りではインダス式印章と類似する技法で穿孔されたものと推察される。

　4）モチーフの彫刻

　両時期の印章を特徴づけるモチーフ体系は大きく異なるが、陰刻技法により刻出する点で共通しており、製作技術そのものも類似している可能性が高い。

　SEM観察からは、先インダス文明期の印章にみとめられる製作痕跡、とくに彫り込みそのもののシャープさと彫り込み部側面に観察される水平方向の擦痕について、インダス式印章にみとめられる痕跡よりも不明瞭な部分もあることがわかる（図43-1～6）。これは使用による摩耗に由来する可能性も考えられるが、現状では判断できない。したがって本書ではSEM観察で明確にみとめられた製作痕跡（図43-7～9）を積極的に評価した。

　両時期の印章印面に観察される彫刻痕跡は、彫刻の断面形や擦痕のあり方などの側面で類似していることが明らかである（図43-7～9・図59-7～12・図60-4～7）。凍石という同素材を、銅合金（青銅をふくむ）製などの同素材の工具で彫刻すれば、同様の製作痕跡が観察されることは当たり前であるが、この観察結果は両時期の製作技術としての素材選択と彫刻技術のある側面が共通していることを示している。すなわちインダス式印章の製作技術は先インダス文明期の印章の製作技術の一部を継承している可能性が高いといえよう。[42]

　いっぽう相違点も存在する。インダス式印章の刻出方法としてのみ観察される特徴的なストローク（図57-8、9など）は、先インダス文明期の印章には観察できない。その理由は、動物モチーフや文字、旗章などから構成される複雑なモチーフ体系を有するインダス式印章においては、先インダス文明期の印章に観察されるよりもはるかに多様かつ複雑な刻出技法が採用されているからに他ならない。

　5）文字の銘刻

　先インダス文明期の印章には文字をみとめることはできない。いっぽうインダス式印章にはこの工程で文字が銘刻される。この段階にはインダス文字の知識をもつ集団が関与していたという考えもある（Vidale 2000）。

　6）全体を研磨

　両時期の印章はこの段階で同様な方法で全面を研磨され、製作は仕上げの段階に入ったものと考えられる。印章の表面に残された擦痕の観察（図39・図44・図45と各SEM画像）から確認できるように、磨石などに一定方向に擦りつけるようにして全体を研磨したことが推察される。

　7）施薬

　先インダス文明期の印章については、表面に釉がかけられ青緑色を呈していた可能性も指摘されるが（Kenoyer and Meadow 2010）、詳細は今後の課題である。[43]

　インダス式印章の施薬の工程に関しては、次の二通りの説がある。M. ウラフ（Ullah）は燃焼することで水分がなくなった凍石つまり滑石であり、施薬したように見えるだけだとする（Marshall 1931）。いっぽう H. ベック（Beck）やオールチン夫妻、ラーオらは、焼成前に印章表面にアルカ

リ性の液体を塗布することで光沢をえることができると考えた（Mackay 1938、Allchin and Allchin 1968、Rao 1973・1985）。ただしこの工程については、その有無も含めて今後検討するべき課題が多くのこされている。

8）焼成

両時期の印章ともに加熱工程を利用して、原石の色調を黒～灰色から白色へ変化させたものと考えられる（Miller 2007、Vidale 2000）。焼成することで石材の硬度を上昇させるだけではなく、熱による石質変化を利用し耐久性を向上させることが目的であった。ただし両時期を通じて焼成方法や温度が同じであったかはまだ明らかではない。また先ハラッパー文化期の印章には未焼成の例も確認されている。いずれにせよこの工程を経て印章は完成する。

本項では先ハラッパー文化期の印章とインダス式印章の製作工程・技術を比較の観点から検討した。インダス文字を銘刻する手順を除き、両時期の印章はほぼ同様の工程を経て製作されていたことが明らかである。これはインダス式印章が出現する以前に、その製作工程・技術の原型が、先インダス文明期においてすでに完成していたことを示しているものと考えられる。

ところで両時期の印章の製作工程には重要な相違点が一つ存在する。先インダス文明期からインダス文明期にかけて印章の生産量は著しく拡大し、そのモチーフ体系とサイズ・カテゴリーは多様化・複雑化した。しかし多様化・複雑化しつつも、インダス式印章は一角獣をはじめとするモチーフと連動した規格と厳格なデザインシステムにもとづき管理・統制されていたことが本章の分析から明らかである。なかでもインダス文字の銘刻というプロセスは、印章製作における管理・統制のシステムを反映する最たる工程であろう。

つまり両時期の印章製作における看過してはならない相違点とは、製作工程・技術そのものではなく、印章の製作工程に組み込まれた社会的・文化的制約の有無である（図62）。

4．インダス式印章の「発明」と拡散

ここまで、1．インダス式印章はいつ、どこで、なぜ出現したのか、2．物流管理と情報の記録・伝達システムの発達、3．先インダス文明期における印章とインダス式印章の製作技術、という観点からインダス式印章の起源を考えるための諸側面を検討してきた。以下ではこれらの分析結果をふまえ、インダス式印章がいかにして生成したのかを考察する。

（1）インダス式印章の起源の実態

インダス式印章の起源を考察する際に参考とするのは、序章第3節の2で述べたクリスチアンセンの技術における「発明」の概念である。なぜならば、この「発明」の概念はインダス式印章の起源を的確に説明しうるからだ。

したがって以下ではまずクリチアンセンが指摘した「発明」が生じるために重要な3側面、つまり、1）新しいものに対する必要性、2）発明を構成する要素がすでに存在していること、3）発明

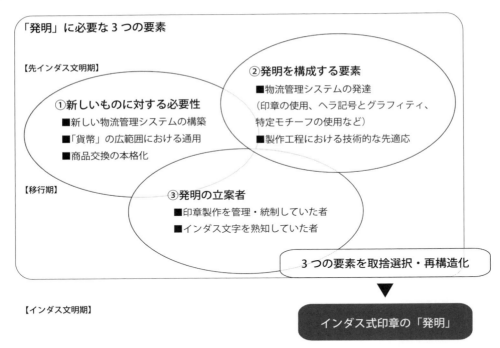

図63　インダス式印章の「発明」に関する概念図

の立案者となるその分野での専門家、を検証する（図63）。

a.「発明」に必要な3側面

1）新しいものに対する必要性

インダス式印章が、「貨幣」を一定の範囲で通用させるための共通の価値基準としての機能をになっていたことがすべてを物語っている。つまり、都市の誕生が「貨幣」にもとづく商品交換の本格化のはじまりであったことをふまえれば、そうした新しい経済システムに対応するために、あるいはそのシステムの根幹を支え、維持するために、どこにも存在しないまったく新しいデザインの印章を必要とする機運が高まっていたものと考えてなんら問題ないであろう。

2）発明を構成する要素がすでに存在していること

先インダス文明期においてゴーマルからパンジャーブ、ハリヤーナー地方にかけての北部地域を中心として、インダス式印章と形態・材質・機能という側面で同一構造をもつ凍石製のスタンプ型方形印章がすでに使用されていた。つまり印章というアイデア自体は、先インダス文明期においてすでに確立されていたということである。

また前項で確認したように、インダス式印章を創りだすための諸要素が、先インダス文明期にすでにほぼ出揃っていたことも明らかである。凍石確保から完成にまでいたる印章の製作工程、とくに彫刻などの製作技術がその代表格である。いいかえるならば、インダス式印章を製作するのに必要な技術的な先適応は、先インダス文明期にほぼ完了していたと理解できる。

さらにインダス式印章の印面に刻まれるモチーフに関しても同様であり、一角獣など文明期に新

たに創出されたモチーフも存在するが、コブウシや有角の人物、文字の原型とされるある種のシンボルは土器上に描かれるなり、刻まれるなどしてすでに存在していた。

3）発明の立案者となるその分野での専門家

　発明の立案者となる印章製作の専門家の存在をはっきりと特定することは現状では困難である。しかしインダス式印章の原石確保から完成にまでいたる管理・統制された一貫した製作工程とデザインに関する厳格な約束事の存在から、それらを熟知し、印章製作にたずさわっていた専門工人つまり専門家の存在を想定することは許されるであろう。インダス式印章の製作にはインダス文字の銘刻というきわめて専門的な知識を必要とする工程が組み込まれていることから、彼らは文字の知識をもつ集団なり個人であった可能性も指摘できる（Kenoyer 2000、Vidale 2000）。

　つまり想定されるインダス式印章の発案者とは、先インダス文明期においてほぼ完成していた印章の製作工程に、厳格な管理・統制のシステムを導入することで、先インダス文明期にみられる印章とインダス式印章の差別化を作為的に成功させた集団なり個人であったと考えられる。

b．発明されたインダス式印章

　以上のように、インダス式印章に関わる諸側面は、クリチアンセンが指摘した「発明」が生じるために重要な三側面を満たしており、技術における「発明」の概念に見事に適合する。

　インダス式印章は、「貨幣」を一定の範囲で通用させるための共通の価値基準として、つまり都市の誕生とともに本格化した商品交換を基盤とする新しい経済システムに対応するために、あるいはそのシステムの根幹を支え、維持するために必要とされ、外部社会の文化要素を拝借するのではなく、周辺地域に伝統的に存在していた、前代までにすでに適応していた技術と特定の地域的文化要素を取捨選択し、それらを組み合わせたり、分解・再構造化することで創りだされたのである。インダス式印章を発案したのは、インダス文字に精通し、印章の製作工程を専門的な知識にもとづき管理・統制していた集団あるいは個人であった可能性が高い。

　したがってインダス式印章とは、文明社会の成立あるいは都市の誕生とともに「発明」されたアイテムであったと結論づけることができる（図63）。すなわち、インダス式印章の起源の実態とは、先インダス文明期における印章からの比較的長い時間をかけた型式変化にもとづくようなものではなく、「貨幣」にもとづく商品交換という新しい経済的実践を本格的に開始するために、作為的にそして短期間のうちに達成された「発明」という行為だったのである。

（2）インダス式印章の「発明」の地と都市の性質

　ここではインダス式印章の「発明」の地について考えてみる。現状では、クィヴロンがハラッパー式彩文土器の編年研究の中で指摘しているように、成立段階のハラッパー式彩文土器を数多くみとめることができるチャヌフダロが位置するシンド地方のどこかである可能性が高い。なぜならば、チャヌフダロでは成立段階のハラッパー式彩文土器とともに、インダス文明期最初期においてインダス式印章も認めることができるからである（Quivron 2000）。

　また当地は先インダス文明期において、北部地域とは異なり、印章の出土が一切みとめられない

場所であった（図10）。この事実を評価し、第3章に引きつけて考えれば、前章のまとめ部分でも同じことを述べたが、その「発明」の地は次のように考えることができる。すなわち、その地とは、伝統地域文化の接触領域あるいは境界領域としてのシィンドゥ・ナディーとナーラ・ナディーという2つの川にはさまれた、既存の伝統文化という「しがらみ」のない土地であった。ハラッパー式彩文土器の創出という現象と同様に、在地の伝統文化が存在しない「無縁」の地であったからこそ、既存の「しがらみ」にとらわれることなく、周辺に伝統的に存在していた特定の地域的文化要素を取捨選択し、それらを再構造化することで新しい要素を「発明」できたのだ。

そしてモヘンジョダロとインダス印章がほぼ同時期に生成されたことをふまえれば、このような現象は、前章で検討したハラッパー式彩文土器の創出と同様に、モノ・情報・ヒトが各地から集約される特定の場、つまり都市＝モヘンジョダロで生じたものと考えるのが妥当であろう。

以上のような推察から、前章でも確認したように都市を特徴づける性質として、やはり、「中心性・集約性・創造性」をあげることができる。そしてこの性質が、中心そのもののではなく、むしろ周辺に存在していた伝統地域社会によって担保される構造を有すること、「無縁・商品交換・市場」という性質と切っても切れない関係にあることもまた前章で確認したとおりである。

（3）インダス式印章の周辺地域社会への拡散

インダス文明社会の成立あるいは都市の誕生とほぼ時を同じくして「発明」されたインダス式印章は、さきに確認したように広い範囲に特徴的に分布する（図49・図50）。インダス式印章の普遍化である。その分布傾向は、モヘンジョダロとハラッパーなどの都市に集中するものの、各地に点在した特定の中・小規模遺跡からも数は少ないが出土するというものであった。

第2章第1節の2においても確認したように、厳格なデザインシステムおよびモチーフと連動したサイズ・カテゴリーに特徴づけられ、特定集落に居住する多数が容易にそれと認識・共有可能であったインダス式印章は、おもりとともに広範に分布し、「貨幣」を一定の範囲内で通用させるための共通の価値基準となったのである。

さらにインダス式印章とおもりの分布傾向が、前章で確認したハラッパー式彩文様式に特徴づけられる彩文土器（とくに大型甕）の分布傾向と対応することにも注視しておく必要があるだろう（図29）。この点については終章でもう一度ふれたい。

また将来的にインダス式印章の型式学的操作が可能となれば、前章で確認したハラッパー式彩文土器と同様に、成立段階だけではなく、文明期をとおして特定の地域的文化要素を取捨選択し、それらを組み合わせたり、分解・再構造化する動きがくり返されたことも指摘できるようになるかもしれない。なぜならば、両遺物の起源の構造はまったくもって同質であるからだ。

註
（1） 先インダス文明期における印章のあり方を考える場合、アフガニスタンやイラン高原における印章の存在が重要であるという先行研究が存在し、とくにアフガニスタンのムンディガク（Casal 1961）やイランのシャフリ・ソフタ（Ferioli et al. 1979、Lamberg-Karlovsky and Tosi 1973）、テペ・ヒッサール（Tepe

Hissar）（Schmidt 1933・1937）などから出土した印章資料が重要であるとされる（上杉 2010、後藤 1999）。しかしそれらの印章と先インダス文明期のインド北西部とパキスタンにおいてみとめられる印章の関係性については、後者の様相を詳細に検討したうえで議論されるべきである。したがってアフガニスタンやイラン高原における印章についてはここではとくに言及しない。

（2） クナール出土資料の使用に関しては、ハリヤーナー州考古局（Department of Archaeology & Museum, Haryana）よりご許可いただいた。クナールの発掘調査本報告書は未刊行であるがカラー版の概報（Acharya 2008）が公刊されている。本書の図版で使用した実測図はすべて著者が作成したものであるが、遺物写真に関しては概報（Acharya 2008：15）も参照されたい。また概報ではＩＣ期のC14年代として2577BCという年代があたえられているが、ＩＣ（ⅰ）期の年代なのか、ＩＣ（ⅱ）期の年代なのか、の記述はない。ただし出土した土器の様相から判断すれば、ＩＣ（ⅰ）期は先インダス文明期あるいは移行期として位置づけることが可能である。また本書で検討する凍石製印章のコンテクストについては、ＩＣ（ⅰ）期からの出土である、という記述以外に詳細な報告はない。

（3） 概報では貝製と記述されているが（Acharya 2008：14）、実見した限り石製であり、おそらく碧玉が素材である。概報とは異なる見解を述べることに関しても、ハリヤーナー州考古局よりご許可いただいている。

（4） 1期（紀元前3300～2800年頃）から骨製印章（Kenoyer 2001：Fig. 3-1、Parpola et al. 2010：207、H-1521）が1点報告されているが、破片資料であり、詳細を判断できないため本書の検討資料からは除外した。ちなみに印面のモチーフは卍文であると報告されている（Kenoyer 2001）。また例（Parpola et al. 2010：211 H-1537）は3C期から出土した印章の破片資料であるが、型式学的に2期に帰属するものとしてあつかわれている（Kenoyer and Meadow 2010）。

（5） 破片資料がおおく、さらにそれらには同一個体と判断できる資料も混じっているために、正確な資料数を概報（Ali ed. 1994-95）に掲載の写真からは判断できない。また素材に関しても凍石製や貝製などの記述があるが、明らかに凍石製のものを貝製としている箇所もあり、断言することはできない。

（6） 例（図10およびShah and Parpola 1991：414, Trq3, 4）に関しては、印面に穿孔がみとめられないことから写真にもとづきスタンプ型印章であると判断した。

（7） 例（Shah and Parpola 1991：402, Mr-6, 7）に関しては、その形態からボタン型印章に分類できないため、本書では除外した。また印章のモチーフや形態から判断すれば、メヘルガル出土の印章はここまで確認してきた印章ではなく、アフガニスタンのムンディガクやイランのシャフリ・ソフタ出土の印章（Casal 1961、Ferioli et al. 1979、Lamberg-Karlovsky and Tosi 1973）に類似しているといえる。製作技術の側面からみても、メヘルガル出土例にはモチーフを陰刻ではなく、ムンディガクやシャフリ・ソフタ出土例にみとめることができる回転ドリル技法で作出している例も存在する。ちなみにここで言うところの回転ドリル技法とは、工具を印面に対して垂直にあて、その工具を回転させるという動作を、工具をあてる箇所を変えながら複数くり返すことで、モチーフを作出していく技法である。この技法によるモチーフの作出は、図10中の❸～❾の遺跡においてはみとめることができない。機会を改めて検討する必要があるだろう。

（8） 註（7）で述べた印章のあり方や凍石製ではなく土製を中心とするような印章の素材選択にみられる差違にもとづき、本書ではメヘルガルを北部地域にふくめていない。

（9） 現在、錫青銅製・銅製・真鍮製などの彫刻工具（印刀）を実験製作し、それらの工具をもちいて、インダス式印章の製作実験を実施することで、工具の同定作業をふくめた製作技術の復元をおこなっているところである（小茄子川 印刷中、印刷中）。

（10） ハリヤーナー州考古局にて、この一括埋納品を構成するビーズ製品をすべて実見することができた。発掘担当者であるM. アチャーヤー（Acharya）氏の話によれば、すべてのビーズは1個体の土器に入れら

(11) マッケイは印章を次の10型式に分類している。①円筒印章、②裏面に有孔のつまみをもつ方形印章、③つまみをもたず、両面に彫刻が施された方形印章、④つまみをもたない方形印章、⑤幾何学文をもつボタン型印章、⑥穿孔が施された裏面凸状の長方形印章、⑦立方形の印章、⑧有孔のつまみをもつ円形印章、⑨有孔のつまみをもつ長方形印章、⑩つまみをもたず、両面に彫刻が施された長方形印章 (Marshall 1931)。また近年においては CISI の中でさらなる細分がなされている。

(12) 型式②と型式③の印章については機会を改めて論じることにする。型式②は非常に数のすくない例であり、型式③はインダス文字のみをモチーフとする。本書ではもっとも数が多い型式①の印章を検討することで、まずは印章全体におけるおおまかな「傾向」を把握することにしたい。

(13) 分析資料のカウント方法であるが、既報告のインダス式印章の写真または実測図を次の基準で判断しカウントした。モチーフに関しては写真または実測図でモチーフを明確に確認できるものだけをカウントし、分類名称は基本的に CISI にしたがった。野生のロバに関しては、パルポラらの最近の見解にしたがっている (Parpola and Janhunen 2011)。ただしたとえば、CISI で一角獣とされている資料でもモチーフが明確でない場合は、分析資料から除外した。サイズ計測のための分析資料に関しては、印章の平面形が基本的に正方形を呈することから、1辺でも計測が可能な場合はカウントした。モチーフの向きに関してはモチーフの向きが明確な資料のみを対象とした。この場合、サイズの計測が不可能であってもモチーフとその向きが明確な場合は分析資料としてカウントしてある。

(14) 表12～14には、たとえば、モヘンジョダロ出土の一角獣の場合、「623 (454)/616 (6)」と記してある。これは「モチーフが明確な資料数（サイズを計測可能な資料数）/モチーフの向きが明確な資料数（右向きのモチーフの資料数）」を意味する。「3」とのみ記してあるものは「モチーフは明確であるが、サイズ計測不可かつモチーフの向きが明確でない資料数」、「3 (3)」と記してあるものは「モチーフ明確かつサイズ計測可能であるが、モチーフの向きが明確でない資料数」、「1/1」と記してあるものは「モチーフ明確かつモチーフの向きが明確（左向き）であるが、サイズ計測不可の資料数」をそれぞれに意味する。

(15) 近藤はインダス式印章や円筒印章、護符（土製小版）、銅製小板上に表された宗教的な意味合いをもつと推察されるモチーフを次のように分類している。Ⅰ類：有角でかつ角の間に植物が表現される人物像（a－結跏趺座像、b－立像）、Ⅱ類：有角の半人半獣像、Ⅲ類：牛男とよばれる有角の人物像、Ⅳ類：有角の動物、Ⅴ類：スイギュウ、Ⅵ類：複数の首をもつ動物、Ⅶ類：植物崇拝を表すもの（a－ボダイジュと一角獣、b－ボダイジュと人物）、Ⅷ類：トラと闘う人物像。

(16) これらのモチーフも重要な意味をもつと考えられるが、本書ではまず印章全体におけるおおまかな「傾向」を把握するために、主モチーフに限定して議論をすすめる。旗章とまぐさ桶については、おおまかな「傾向」を把握したのちに機会を改めて詳細に検討することにしたい。

(17) 一角獣に関してはとくに多くの議論がみられる。一角獣をインダス文明における重要なシンボルとして位置づける解釈（Kenoyer 1991b・2000）、ウシを真横から写し取ったものとする解釈（中山 2000）などがある。

(18) インダス文字は文字ではないとの仮説（Farmer et al. 2004 など）が公表されるなど、現在でも活発な議論が展開されている。

(19) 最長で3行17文字、最短で1文字、ということが確認されている。

(20) インダス文字の詳細に関しては、その配列パターンや出現頻度などを総合的に検討する必要がある。本書では、ガッガル川流域で出土する右向きのモチーフが刻まれたインダス式印章が、「樹木」「槍」「魚」「列点」形のインダス文字を共有する頻度が高いという事実を指摘するにとどめておきたい。

(21) 野口稚央による鈕（つまみ）の分類は次のとおりである。Ⅰ類：溝をもたない鈕；Ⅱ類：平面がおおむね円形、または（隅丸）方形で中央に溝を刻んだ鈕；Ⅲ類：平面が中央の溝を中心として、中心側の辺が

内側に切れ込む、おおむね台形（稀に半円形）を対照的に配置する鈕；Ⅳ類：平面が中央の溝を中心として、おおむね並列する楕円形を呈する鈕；Ⅴ類：鈕をもたない；Ⅵ類：Ⅰ～Ⅴ類以外のその他のもの（野口 2003：63）。さらに野口は鈕の成形・整形方法の変化などを根拠に鈕をもたないⅤ類と類例のとぼしいⅥ類をのぞき、「Ⅰ類→Ⅱ類→Ⅲ類→Ⅳ類」という型式変遷を想定している（野口 2003・2005）。

(22) 鈴木公雄のデザインシステムという用語は、第4章第5節の1で述べたように土器装飾を規制する法則を意味する。本章における検討対象は土器装飾ではなく、印章上に表現されたデザインである。しかしデザインを規制する法則性を検討するための用語として、デザインシステムという用語は非常に便利かつ効率的だ。そのため用語の使用法についての誤解をまねくことをおそれず、印章研究においてもデザインシステムという用語をそのまま使用することにしたい。

(23) インダス文明圏外から出土したインダス式印章は、今回の分析資料数にはカウントしていない。ただしモチーフの向きに関しては適宜言及していくことにする。パルポラを中心として現在作成中であると聞く *CISI* の続刊の刊行をまち、追って詳細な検討をくわえる必要がある。ちなみにメソポタミア地方のテロー（Tello）、ニップール（Nippur）、キシュ（Kish）、イラク内（出土遺跡不明）、ペルシャ湾岸ファイラカ島のテル・サアド（Tell Saad）F6、オマーン地方のラス・アル＝ジュネーズ（Rs's al-Junayz）、トルクメニスタンのアルティン・デペ、ゴヌール・デペからインダス式印章またはその可能性が高い方形印章の出土が報告されている（小磯 2005、Brunswig 1983、Gadd 1932、Masson 1988、Mitchell 1986；Sarianidi 2006 など）。モチーフに関しては短角のウシが特徴的であることが確認されている（Vidale 2005）。インダス式印章の印影をとどめる遺物（封泥や押捺痕）に関しては、メソポタミア地方のウンマ（Umma）とイランのテペ・ヤヒヤーからそれぞれ1点ずつ報告されている（小磯 2005、Lamberg-Karlovsky and Potts ed. 2001 など）。

(24) 図や写真が非常に不鮮明であるが、モチーフの向きを確認できる資料に関しては、印面上ですべて左を向いていることを確認できる。またインダス式印章との関連が指摘されるペルシャ湾式印章やディルムン（Dilmun）式印章（後藤 1997・1999、Al-Sindi 1999、Hallo and Buchanan 1965、Kjærum 1983・1994、Mitchell 1986、Parpola 1994a など）については本書ではとくにふれない。機会を改めて検討することにしたい。

(25) 内訳は以下のとおりである。また以下に記すモチーフの向きは印影での向きを示すので、印面での向きは反対となることに注意されたい。　モヘンジョダロ 19点：一角獣 8（すべて右向きかつ配列パターンⅠ）、コブウシ 1（右向きかつ配列パターンⅠ）、ゾウ 1（右向きかつ配列パターンⅠ）、動物群 4、物語の場面 1、幾何学文 2、不明 2（うち1点は右向きかつ配列パターンⅠ）。ハラッパー 3点：一角獣 1（右向きかつ配列パターンⅠ）、複合獣 1（右向きかつ配列パターン不明）、不明 1。ロータル 95点：一角獣 44（すべて右向きかつ配列パターンⅠ）、ゾウ 11（不鮮明な例1点をのぞき、すべて右向きかつ配列パターンⅠを示す同一印章に由来する）、複頭獣 1（右向きかつ配列パターンⅠ）、幾何学文 3、文字のみ 13、不明 23。カーリーバンガン 11点：一角獣 6（5点が右向きかつ配列パターンⅠまた1点が左向きかつ配列パターンⅠ）、コブウシ 1（右向きかつ配列パターン不明）、ヤギ 1（左向きかつ配列パターンⅡ）、複合獣 1（左向きかつ配列パターンⅠ）、不明 2。バナーワリー 1点：物語の場面 1。ラキー・ガリー 1点：一角獣 1（右向きかつ配列パターンⅠ）。ファルマーナー 3点：一角獣 2（すべて左向きかつ配列パターンⅡ）、動物 1（右向きかつ配列パターン不明）。ローヒラ 2点：物語の場面 2。ちなみに右向きのモチーフが刻まれたインダス式印章に特徴づけられるガッガル川流域で確認されている 16点のうち、右向きのモチーフが刻まれたインダス式印章に由来する印影、つまり左向きのモチーフを留める封泥は、カーリーバンガン出土の3点とファルマーナー出土の2点のみである。

(26) つまみの作出をモチーフ彫刻の前工程に位置づける理由は、失敗によるリスクの回避を想定するからである。モチーフの彫刻にともなう失敗は印面を削ったり、研磨したりしてモチーフを消すなどの比較的簡

易な方法で対処することが可能であるが、つまみの作出段階での失敗はそのまま廃棄行為につながることは想像にかたくない。実際に印章の製作途中と理解される未成品（CISI 掲載の M-1210〜1219 など）にはすでにつまみが作出されており、印面が空白のものが多い。著者が実見を許されたラーカンジョダロ出土の未成品も同様であった。またこの製作途中の印章の存在は、工程③終了後の段階におけるストック行為を証明するものと考えられる。

(27) 工程⑤の後に文字の銘刻を位置づける理由は、製作途中と考えられる印章に、モチーフは彫刻されているが文字は銘刻されていない例をみとめることができるからである（CISI 掲載の C-14, M-983, M-1207, M-1208 など）。モチーフ彫刻の前に文字を銘刻することは、彫刻という行為上、印面のスペース利用を困難にしたものと考えられる。ただしモチーフ彫刻の前に文字を配置していると判断できる例（CISI 掲載の H-601, H-602, H-611 など）も少なからず存在する。また製作途中と考えられるこれらの印章にみとめられるモチーフと文字の彫りは非常に浅く、細部を表現できてない「下書き」程度のものが多い。したがってモチーフと文字を浅い彫り込みで印面に割付けたのちに本格的に彫りはじめる、という手順を推察可能である。

(28) 凍石は地質学的には中生代末（白亜紀）〜古第三紀の石灰岩層を中心とする浅海堆積層中に形成されるもので、インダス右岸下流域のキルタール山脈からスレイマーン山脈、そしてソルト・レーンジに沿ったライン上で入手可能である。いっぽうソルト・レーンジ以南のインダス左岸地域では、ローフリー丘陵〜タール砂漠中の丘陵地をのぞいて入手は難しい。ハラッパーでは各地の産出地からランダムに凍石を搬入するのではなく、ハザラ地方やカイバル峠に産出する凍石に限定されるという見通しがえられている（Law 2008）。

(29) 著者も製作実験にもとづき同様な見解をもつにいたっている（小茄子川 印刷中、印刷中）。

(30) 焼成することで石材の硬度を上昇させるだけではなく、熱による石質変化を利用し裂け目にそって割れてしまうという凍石の性質を改善させ、耐久性も向上させたものと考えられる。M. ビダル（Vidale）は焼成温度を摂氏 1000℃ 以上であると考える（Vidale 2000）。ただしインダス式印章を焼成した窯の詳細は不明である。

(31) ファルマーナー、バナーワリーおよびモヘンジョダロ出土印章に関しては、報告書と CISI で既報告の資料をハリヤーナー州考古局、シュリークリシュナ（Shri Krishna）博物館、シャー・アブドゥル・ラティーフ（Shah Abdul Latif）大学考古学科、デカン大学院大学考古学科からの調査許可にしたがい、再調査させていただいた。また岡山市立オリエント美術館所蔵例については、同美術館からの調査許可にしたがい、調査させていただいた。

(32) R. S. ビシュト（Bisht）はドーラーヴィーラーの発掘調査成果にもとづき、同遺跡におけるインダス式印章の変遷について言及している。出土層位の解釈をふくめいまだ不確定な要素は多いが、インダス文明期後半に相当するⅥ期から出土した印章の多くはコンベックス型印章であるとしている（ビシュト 2000）。

(33) CISI に掲載されているバナーワリー例（B-3, B-4, B-8, B-9, B-12）とカーリーバンガン例（K-6, K-16, K-17, K-18, K-43）は、本書における分類にもとづいて判断する限り、角型の胴部断面形に特徴づけられていることがわかる。ビッラーナー例（Rao et al. 2004：Pl. 3）も同様である。

(34) ついでに指摘しておくと、つまみの研磨方法も 2 つのパターンに大別することが可能である。例（図44-1〜4）のように、デザインシステムに規定される左向きのモチーフが刻まれたインダス式印章に特徴的なつまみは裏面を同心円状に研磨される。いっぽう例（図44-5, 6・図45-2〜6）のように、右向きのモチーフが刻まれたインダス式印章に特徴的なつまみは前者とは異なり、直線状に研磨される。

(35) CISI に掲載されているガッガル川流域以外から出土したバーラーコート例（Blk-5）、モヘンジョダロ例（M-233, M-269, M-270, M-272, M-273, M-977, M-1139）およびハラッパー例（H-73, H-1688）についても、ガッガル川流域出土の B 類と同様に角型の胴部断面形をもつ右向きの動物モチーフに特徴づ

けられていると判断できる。ドーラーヴィーラー例（NHK・NHK プロモーション編 2000）も同様である。バーラーコート例（Blk-5）については彫刻技術のみではなく、ガッガル川流域出土の B 類に特徴的な槍形のインダス文字も共有している。

(36) インダス文明期においては、石材などの原材料の管理・配分が不可欠であるため、印章はそれを統制・独占する個人やエリート集団の存在を裏づける、との解釈も存在する（Joshi and Parpola eds. 1987、Kenoyer 1991b・2000）。

(37) 当該期の国際的な商取引・交易のあり方については、P. L. コール（Kohl）の研究（Khol 1979）やトーシの研究（Tosi 1979）、ランバーグ＝カルロブスキーの研究（Lamberg-Karlovsky 1993）などを参照されたい。

(38) インダス文明の対内的な商取引・交易のあり方については、ケノイヤーの研究（Kenoyer 1995・1997 など）が参考となる。

(39) 後藤健は、インダス文明期にみられる幾何学文印章の祖型を、中央アジアにみられる印章にもとめている（後藤 1999）。

(40) ただし 3 B 期初期（ca. 2450 BCE）に凍石供給地がシフトすると指摘されている。しなしながら 3 B 期と 3 C 期のサンプル数が少ないことから、ロウはエラーの可能性も指摘する（Law 2008）。

(41) R. S. ラーオ（Rao）は針金鋸の使用を推定している（Rao 1973）。また鋸の素材は青銅製であったと推察されており、擦痕の観察から先インダス文明期のものよりも文明期の鋸の方が精度が高かったという指摘もある（ケノイヤー 2001）。ただし詳細はいまだに不明であり、この側面についても著者が現在おこなっている製作実験（小茄子川 印刷中、印刷中）の中で実証的に検討中である。

(42) こうした状況は、凍石製のスタンプ型方形印章であるインダス式印章を製作するための技術の多くを、ゴーマルからパンジャーブ、ハリヤーナー地方にかけての北部地域出土の先インダス文明期における印章に求めうる可能性を示唆するものである。これに関連して両時期の動物モチーフ胴部の刻出方法に着目してみると、先インダス文明期の印章に刻まれる動物モチーフの胴部断面形態は角型に仕上げられており（口絵 4-1・図 43-2）、右向きのモチーフが刻まれたインダス式印章（B 類）に特徴的な動物モチーフ胴部の刻出技法（図 58-9〜12・図 59-1〜3）と共通していることを指摘できる。またさきに確認したように両時期の印章の分布域は一部重なる。このことは右向きのモチーフが刻まれたインダス式印章が先インダス文明期の印章を特徴づける製作技術の一部を継承していることを示唆する。

(43) 実見できたクナール例（図 35-1、2、6）の表面にも、ごくわずかであるが、青緑色の釉の痕跡を観察できた。

(44) 土器に描かれる彩文から印章モチーフへの特定シンボルの取捨選択・再構造化という現象は、メソポタミア地方のウバイド期からウルク期にかけてもみとめることができるという（Thuesen 1992）。インダス流域とメソポタミア地域における都市生成期に、同様な構造のシンボル体系のくみかえを観察できることは非常に興味深い。

終　章

インダス文明の社会構造と都市の原理

　本書ではここまで、インダス文明社会における都市がどのような場所に建設され、その空間とはどのような性質をもっていたのかを、モヘンジョダロの立地条件、居住形態、人口そして交換様式を検討することで明らかにし（第2章・第3章）、インダス文明社会の成立とともに出現したハラッパー式彩文土器がどのようにして創出されたのか（第4章）、インダス文明の成立とともに出現したもう一つの遺物であるインダス式印章がどのようにして「発明」されたのか（第5章）を、考古学的に検討してきた。

　終章では本書の議論を総括するかたちで、インダス文明の成立、都市と「伝統」の創出、商品交換の本格化、という社会変革の実態を明らかにしつつ、古代南アジアを特徴づける社会構造と都市の原理について考察し、最後に都市とは何か、という本書の命題に明確な答えをあたえることにしたい。

第1節　インダス文明の成立と社会変革

　インダス文明の成立過程に関する既存の「常識」は、「先インダス文明期においてインダス平原に広く展開していたコート・ディジー文化に認められる統一性と都市的様相の萌芽という事象を重視し、この文化がのちのハラッパー文化へと継承され、やがてインダス文明および都市が醸成された」という、いわゆるムガルの「初期ハラッパー文化説」（Mughal 1970・1990・1991）にもとづく枠組みである。この図式は本書でくり返し言及してきた発展段階的な枠組みとして理解できる。

　しかしこのような文明成立に関する発展段階的な理解には批判的な意見も多い。小西正捷の先インダス文明期における地域ごとの多様性を重視する見解（小西 1981、Konishi 1984 など）がその代表格である。実際に第2章第2節の2および第4章第2節の1で確認したように、コート・ディジー文化の統一性を保証する側面としてもっとも重要視されてきたコート・ディジー式土器には明確な地域性をみとめることができる。そして先インダス文明期における土器の多様なあり方は、各地の伝統的な地域文化がゆるやかな相互交渉のもとに、各地域に盤石なかたちで展開していたということを証明するものであった。また周壁やインダス文字の原型とされるある種の記号・グラフィティなどの都市の萌芽を示す要素と位置づけられている諸側面についても、先インダス文明期のインダス平原において散見されるのみであり、コート・ディジー文化に共通する要素ではない。

つまりコート・ディジー文化に託された統一性とは、統一的な側面をもつインダス文明期のハラッパー文化から遡及的に導きだされた幻想でしかなく、先に述べた「常識」はすでに破綻しているといえる。どうやらインダス文明の成立は、発展段階的な図式のみに立脚した議論では説明できそうにない。ではどのように考えるべきか。

序章で述べたように、インダス文明の成立を検討するには、文明社会の成立とともに出現した3つの要素、つまりモヘンジョダロのような空間とハラッパー式彩文土器およびインダス式印章の生成過程に着目すればよい。なぜならばモヘンジョダロが当文明社会を代表する最たる遺跡であり、両遺物がインダス文明社会を特徴づけるハラッパー文化を代表するアイテムであることをふまえれば、これら3要素の生成過程には、文明社会の成立という現象の重要な諸側面が反映されている可能性がきわめて高いといえるからだ。

モヘンジョダロは、伝統地域文化の接触領域あるいは境界領域としてのシィンドゥ・ナディーとナーラ・ナディーという2つの川の中洲という、ともすれば賤視の対象ともなるような危険な氾濫原、つまり第3章で検討したように、既存の伝統文化という「しがらみ」のないまっさらな土地に、移行期からインダス文明期の最初期にかけて建設された。

その空間は、「貨幣」にもとづく商品交換を本格的におこなうための常設市場としての役割を第一に要求されて、短期間のうちにきわめて作為的かつ戦略的に創出された都市であった。「村落（小規模農村）から中規模農村、町邑（大規模農村）へ成長し、都市的集落を経て、最終的に都市へといたる」という発展段階的な成長過程の帰結として成立した場ではなく、明確な目的をもって、既存の集落間関係に新たに付加された場であったと理解できる。

ハラッパー式彩文土器およびインダス式印章の生成過程は同一の構造にもとづいていた。つまり先インダス文明期においてすでに存在していた特定の地域的文化要素を取捨選択し、それらを組み合わせたり、分解・再構造化して、短期間のうちに新しいものを創出あるいは「発明」するという基本構造である。それは先インダス文明期を特徴づけていた土器や印章からの単純な型式学的変化の所産としてはとらえることのできない現象であった。

また両遺物の創出あるいは「発明」の地とは、クィヴロンがハラッパー式彩文土器の編年研究の中で、「インダス様式ともいえるすべての新出要素は、成立段階のハラッパー式彩文土器を数多く認めることができるチャヌフダロが位置するシンド地方のどこかで創りだされた可能性が高い」と指摘しているように（Quivron 2000）、都市＝モヘンジョダロが建設された「しがらみ」のないまっさらな土地であった可能性が高い。

なぜならば、既存の伝統文化が存在しない「無縁」の土地であるからこそ、「しがらみ」にとらわれることなく、新しいものを創出したり、「発明」したりすることが容易であるからだ。モヘンジョダロが市場としての機能の他に工芸活動の場という側面を有していたこと、チャヌフダロがインダス文明において紅玉髄製ビーズをはじめとする工芸品の製産センターであったことを考慮すれば、当文明社会を特徴づける専門工芸もこの地で誕生した可能性がきわめて高いといえるだろう。

そしてこのような現象は一定の範囲で同時多発的に生じるものではなく、その初源期においては、さまざまなモノ・情報、そしてさまざまな地を故地とする人々が各地から集まる特定の空間で

生じたものと考えられる。両遺物の出現のタイミングと都市＝モヘンジョダロの建設のタイミングが、紀元前2600年頃とほぼ時を同じくすることをふまえれば、都市＝モヘンジョダロを両遺物の起源地として位置づけることも無理のない推察である。

さらに両遺物の生成過程には、従来土器に描かれていた「コブウシ＋植物」という起源地としてのバローチスターン地方における土器のデザインシステムを解体することで、植物文はハラッパー式土器の主文様として、いっぽうコブウシ文はハラッパー式土器の彩文要素から捨象し、インダス式印章の主文様として再生させる、というような両遺物間をまたいだ新たなデザインシステムの創出を認めることができる（図64）。

先インダス文明期の平原部において土器に特徴的であった角文と植物文に関しても同様であり、両者は移行期において人物文と融合し「角＋植物を冠する人物」という彩文構成を成立させたのちに、植物文はハラッパー式土器の主文様として、いっぽう「角＋植物を冠する人物」の文様は、ハラッパー式土器の彩文からは完全に捨象され、インダス式印章の主文様として再生されるのである（図64）。インダス文明社会において、コブウシ文と「角＋植物を冠する人物」の文様は土器の彩文としては一切使用されることはなくなる。例外は存在しない。こうした両遺物間をまたいだ新たなデザインシステムの創出は、ハラッパー式土器に描かれる彩文要素と印章の主モチーフの明確な使い分けを意味しており、インダス文明社会全体における特定シンボルの使用に関する約束事あるいは社会規制の成立に深くかかわるものであると考えることができる[1]。

さて以上のように、都市＝モヘンジョダロ、ハラッパー式彩文土器およびインダス式印章は、「貨幣」にもとづいた商品交換の本格化という新たな経済システムや社会規制をともなうかたちで、短期間のうちにきわめて作為的に創出あるいは「発明」されたことが明らかである。ここから導きだされるインダス文明の成立過程の実態とは次のようなものである。

その社会変化とは、すなわち、従来から指摘されているような漸移的または段階的で順調な社会的成長ではなく、都市の誕生と商品交換の本格化、新しいアイテムの創出あるいは「発明」、そして新たな社会規制の出現をともなう、短期間のうちに達成された急激な社会変革であった、といえよう。

モヘンジョダロの立地するシンド地方においてこの社会変革が達成されたのちに、特定集落の都市化やハラッパー式彩文土器とインダス式印章の普遍化にみられるように、南北約1,550 km、東西約1,800 kmにおよぶ広大な範囲内の特定集落に、本格的な商品交換にもとづく経済システムや新しく創りだされた諸要素が急速に広まっていった。紀元前2600年頃に現在のパキスタンおよび北西インドを中心とする地域で生じた以上のような一連の社会変革をインダス文明の成立とよぶ[2]。

第2節　古代南アジアを特徴づける社会構造

第2節では前節で述べたインダス文明の成立にともなう諸側面をひきあいにだして、都市と「伝統」の創出、商品交換の本格化、およびそれらの周辺地域社会への波及という現象について考える。

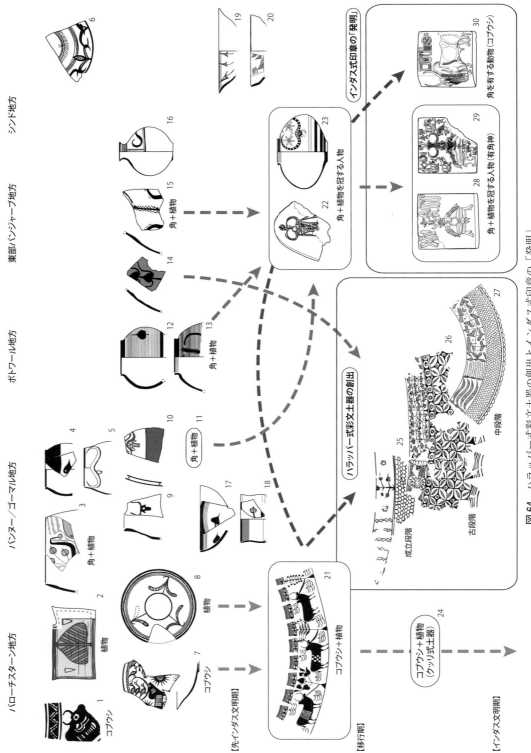

図64　ハラッパー式彩文土器の創出とインダス式印章の「発明」

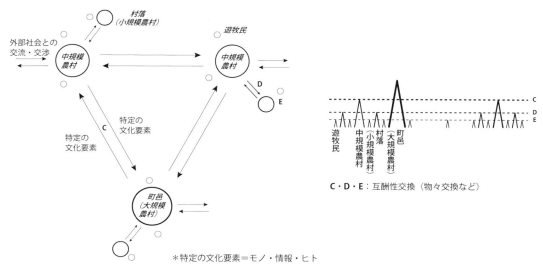

図 65　先インダス文明期以前（前 4 千年紀後半）を特徴づける社会のあり方と交換様式

　これはインダス文明の成立という社会変革の実態をさらに掘りさげる議論ともなる。インダス文明社会のあり方を相対化する目的で、先インダス文明期以前と文明期に前後する時期の様相も検討する。

　図 65〜69 は前 4 千年紀後半の南アジア、先インダス文明期、インダス文明期そしてポスト・インダス文明期における社会のあり方と交換様式を、本書におけるここまでの成果を組み込んでモデル化したものである。図の左側には社会の水平的構造を、右側には社会の垂直的構造をそれぞれ示してある。

　左側の社会の水平的構造を示した図は、社会のあり方を俯瞰したモデル図であり、遺跡（集落）あるいは地域・社会間の水平的関係性や、その関係性にもとづく特定の文化要素（モノ・情報・ヒト）の水平的移動を把握するのに役立つ。

　いっぽう右側の社会の垂直的構造を示した図は、社会の水平的構造を示した図を真横から見たモデル図であり、図 68 のように、社会における商品交換（おもり・印章・封泥の使用）の垂直的な「浸透度」を把握するのに役立つ。ちなみに、社会の垂直的構造を示した図にある「大きさの異なる山形のシンボル」は、大きいものから順に「都市＝常設市」「都市化した集落（都市＝常設市）」、「都市的集落（定期市・非常設市）」、「町邑（大規模農村）」「中規模農村」、「村落（小規模農村）」、一番小さいものが「遊牧民」を意味する。

　商品交換の「浸透度」は図中のグレースケールの濃さに対応しており、グレースケールが濃いほど、商品交換の「浸透度」がつよいことを表している。たとえば、図 68 の社会の垂直的構造を示した図にあるグレースケールが一番濃い「ラインA」は商品交換の「浸透度」がもっともつよい「都市」と「都市化した集落」の関係性を表し、対極にあるグレースケールのない「ラインE」は商品交換が浸透していない「村落」と「遊牧民」の関係性を表している。

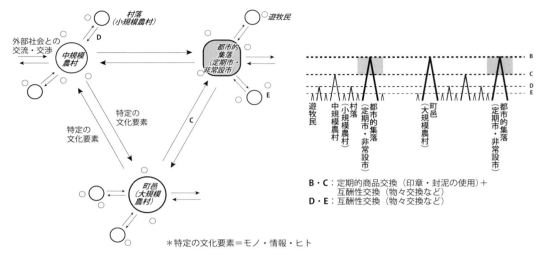

図66 先インダス文明期を特徴づける社会のあり方と交換様式

1. 前4千年紀後半の南アジアにおける社会のあり方と交換様式

図65は前4千年紀後半の南アジアにおける地域文化の様相をモデル化したものである。この時期には規模の大きい集落（大規模農村など）はあっても都市は存在せず、地域色豊かな諸文化が各地に展開していた。

おもりも印章も確認できないことから、当該期の社会を特徴づける交換様式は、それぞれの村落共同体が有するような強い規制をともなった互酬性交換を基本とするものであったと思われる（図65右側のラインC＝町邑〈大規模農村〉と中規模農村の関係性、ラインD＝中規模農村と村落〈小規模農村〉の関係性、ラインE＝村落と遊牧民の関係性）。

それほど活発ではなかったと考えられる外部社会とのゆるやかな交流も各集落あるいは地域ごとに独自におこなわれ、各地域文化は独自の伝統を保持することで存在しうる。

2. 先インダス文明期における社会のあり方と交換様式

図66は先インダス文明期の様相をモデル化したものである。前段階と同様に、この時期には規模の大きい集落はあっても都市は存在せず、地域色豊かな諸文化が各地に展開していた。

前段階ではみとめられなかった印章の存在からはそうした地域文化の枠をこえて通用されていた「貨幣」の萌芽を推察できるが、印章の分布範囲とその出土数はきわめて限定的であり、当該期における商品交換は活発であったとは想定しにくい。都市が常設的な空間として新たに付加される以前の社会であるので、商品交換は生じつつあったが、それをおこなう場が未分化の状態もしくは曖昧な状態で維持された社会状況であったと理解してよいだろう。

さらに当該期においては、文字はまだ存在しておらず、おもりの存在も明確ではないことから、先インダス文明期の社会を特徴づける交換様式は、前段階と同様に村落共同体が有するような強い規制をともなった互酬性交換を基本とし、それにきわめて限定的あるいは定期的な商品交換が併存する状況であったと思われる。限定的あるいは定期的な商品交換がおこなわれる場を、とりあえず、定期市・非常設市という意味合いで「都市的集落」と呼称しておく。

図65を用いて説明すれば次のようになる。印章が出土する都市的集落（定期市・非常設市）間の関係性および都市的集落と町邑（大規模農村）の関係性においては、少額「貨幣」をもちいた定期的な商品交換が互酬性交換を補完する様式（図65右側のラインB＝都市的集落間の関係性、ラインC＝都市的集落と町邑の関係性）、その他の集落の関係性においては、互酬性交換にもっぱら依存した様式（図65右側のラインD＝中規模農村と村落〈小規模農村〉間の関係性、ラインE＝村落と遊牧民の関係性）、がそれぞれに特徴的であった。

前段階と同様に、外部社会とのゆるやかな交流も各集落あるいは地域ごとに独自におこなわれ、各地域文化は独自の伝統を保持することで存在しうる。

3. インダス文明期における社会のあり方と交換様式

（1）「伝統」の創出と周辺地域社会への波及 —— 中心性・集約性・創造性 ——

図67はインダス文明最初期（都市出現期）、図68はインダス文明期の様相をそれぞれモデル化したものである。インダス文明最初期には、都市＝モヘンジョダロが伝統文化という「しがらみ」のないまっさらな地に建設され、商品交換を本格的におこなうための常設的な空間が新たに付加された社会状況へと変化する（図67）。そして都市の誕生によって、既存の集落の関係が刷新され、都市を中核に据えるかたちで集落間の機能が明示され、中心と周辺の関係が明確化していく（図68）。

従来の「常識」にしたがえば、すべての文明的要素は一からこの中心で創りだされ、それが周辺に広がっていくと理解されることになる。ところがインダス文明の場合は、本書でみてきたように異なった様相を示している。

ハラッパー式彩文土器の創出やインダス式印章の「発明」という事象からみた場合、新しいものを創りだすための大部分の要素は周辺に既存のものとして存在し、中心ではその地域的文化要素の取捨選択と再編がおこなわれるのである。ここに都市＝中心を舞台とする新たな「伝統」の創出を認めうる（図67）。本書第4章・第5章で指摘した都市を特徴づける性質、すなわち、「中心性・集約性・創造性」である。

この「伝統」の特筆すべき点は、周辺に存在していた伝統地域文化に由来する既存の歴史的・知的伝統を基盤として成り立っていることと、既存の伝統文化の存在しない「無縁」の地で創りだされていることにある。本書でみてきたように、新たな「伝統」と都市の創出がほぼ同時期（紀元前2600年頃）に、特定の「無縁」の地で生じた出来事である可能性がきわめて高いので、新たな「伝統」の創出という現象は、都市＝中心の創出と読み替えてもよいだろう。[3][4]

《インダス文明期_都市出現期》

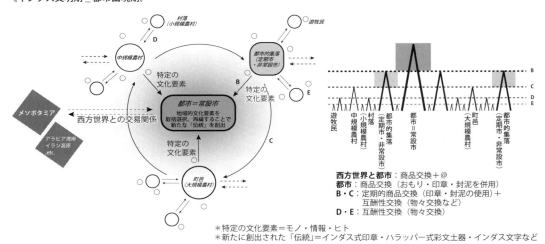

図67　インダス文明最初期（都市出現期）を特徴づける社会のあり方と交換様式

《インダス文明期》

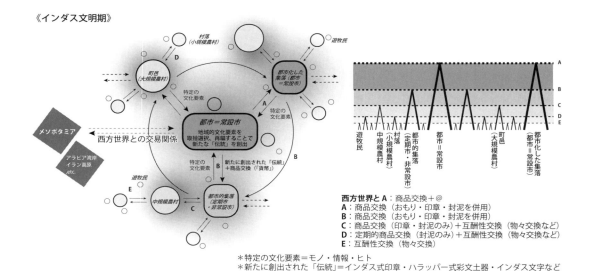

図68　インダス文明期を特徴づける社会のあり方と交換様式

　また新たな「伝統」を創るには、周辺に存在していた伝統地域文化に由来する既存の歴史的・知的伝統に精通している必要がある。したがって、都市＝中心を創りあげ、その地で新たな「伝統」を創出した人々の多数は、本来、周辺である地域文化側に帰属していた一員であったものと思われる。都市＝中心を創りだし、支えているのは、実は周辺に展開する地域文化側であった、という重要な構造をここにみとめうるのである。ただし彼らの多くは既存の伝統文化を知りつつも、その伝統にどっぷりと浸かった世代ではなく、「しがらみ」の外にいる世代でなければならない。

　そしてこうしたプロセスを経て創りだされた「創造物」は、既存の歴史的・知的伝統を基盤として成り立っているので、表面上は既存の伝統地域文化を特徴づけていた互酬原理をも内在させる構

造となっており、既存の地域文化側からみたとき、違和感の生じにくい「伝統」なのである。すなわち、社会が劇的に変化しても従前の社会からの時系列的連続性・同一性が表面上は担保される構造であるといえる。

結果として、創られた新たな「伝統」としてのハラッパー式彩文土器やインダス式印章が周辺に障壁や抵抗なく広がり、社会のあるレベルにおいては同様な物質文化を共有する、いわゆるインダス文明圏が成立する（図68）。ハラッパー文化が短期間のうちに広く受容されるのも、新たに創出された「伝統」が既存の地域文化の伝統に相反するものではなかったからであると考えられる。これはインダス文明の成立という急激な社会変革の基盤となった構造であった。

さてここで、「伝統」の創出というきわめて重要な事象をわかりやすく説明するために、バローチスターン地方における土器のデザインシステムを再度取り上げておく。「コブウシ＋植物文」というデザインシステムに規定された彩文を有する土器がナウシャローID期以降、バローチスターン地方で保持されることは第4章第6節の1で詳述した（図37・図38）。ここで重要な点は「コブウシ＋植物文」というデザインシステムを有する土器の分布圏が、カッチー平野や南東部バローチスターン地方のようにイラン高原などの西方世界とインダス平原を陸路でつなぐ結節点に存在するということである（図33）。つまりインダス平原に住んでいた人々が西方世界と交渉する際には直接的な交渉ではなく、「コブウシ＋植物文」というデザインシステムに特徴づけられる土器を有する集団を介さなくてはならなかった可能性があるということだ。

こうした理由があるからこそ、第5章でも述べたように、この集団が土器に描きつづけたコブウシ文をインダス式印章の主モチーフとして採用したと考えられるのである。都市＝中心を創りだした人々は、西方との交渉を円滑におこなうために、中間に存在する集団がもつ特定の文化要素を取捨選択し、再構造化して、既存の伝統を継承するかのような新たな「伝統」を創出したのだ。

（2）商品交換の本格化と周辺地域社会への波及 —— 無縁・商品交換・市場 ——

都市と「伝統」の創出と新たに創られた「伝統」の周辺地域社会への波及という現象は、「貨幣」にもとづく商品交換の本格化とその周辺地域社会への波及を考える場合にも重要である。本書でくり返し述べてきたように、インダス文明社会における都市＝中心とは、商品交換を本格化するために常設市場として創りだされた空間であった（都市＝中心＝市場）。本書第3章で指摘した都市を特徴づける性質、すなわち、「無縁・商品交換・市場」である。

第2章第1節で確認したように、「貨幣」を一定の範囲内で通用させるための共通の価値基準であったおもりとインダス式印章の分布傾向が、当社会における商品交換のあり方を示している。特大型〜小型のおもりのセットは基本的に都市のみから出土し、各地に点在する特定の都市的集落や町邑などでは中型・小型のおもりに限定される傾向がある（表5）。またインダス式印章に関しても、都市からは全サイズ（特大型〜小型）を揃えたかたちで大量に出土するが、各地に点在する特定の都市的集落や町邑などからは中型・小型サイズの印章のみが少量出土するだけである。

つまり都市、都市的集落、町邑の順に、商品交換の存在を裏づける証拠が欠落していくのである。くわえて見過ごしてはならない重要な点がもう一つあった。それは、おもりも印章も出土しない村

落がインダス文明遺跡の9割近くを占めているという事実である。

　こうした様相は、都市と一部の都市的集落においては、さきに述べた「伝統」の存在が示すように互酬性交換が完全に消滅したわけではないが、表面的には特大型・大型のおもりと印章が表示するような高額「貨幣」と中型・小型のおもりと印章が表示するような少額「貨幣」の併存にもとづく商品交換（図68右側のラインA＝都市間の関係性、ラインB＝都市と都市的集落の関係性）、都市・都市的集落と直接的な関係性を有する各地に点在する特定の町邑や中規模農村においては、少額「貨幣」へ依存した商品交換を互酬性交換が補完する様式（図68右側のラインC＝都市・都市的集落と町邑・中規模農村の関係性）、都市・都市的集落と直接的に関係する町邑や中規模農村と関係性を有する各地に点在する特定の村落においては、少額「貨幣」をもちいた定期的な商品交換が互酬性交換を補完する様式（図68右側のラインD＝都市・都市的集落と直接的な関係性を有する町邑・中規模農村と村落の関係性）、そしておもりも印章も出土しない村落においては、互酬性交換にもっぱら依存した様式（図68右側のラインE＝村落間の関係性、村落と遊牧民の関係性）、がそれぞれに特徴的であったことを示しているように思われる。

　図66に示した先インダス文明期の社会のあり方と比較すれば明らかであるが、都市＝中心＝市場の誕生とともにラインAが出現し、浸透の度合いは一律ではないが、都市と直接的あるいは間接的な関係性をもつラインB・C・Dの特定集落まで商品交換が浸透する。いっぽうインダス文明期においてもラインEのレベルまでは商品交換は浸透しておらず、先インダス文明期から変わらない様相であったことが推察される。

　これは商品交換にもとづく都市＝中心＝市場が既存の集落間関係に付加されたことによって社会関係が刷新され、ラインC・Dを中間的な様相として位置づけるかたちで、社会が異なる交換様式に特徴づけられる二重構造をもつにいたったことを示している（図68）。

　また出土遺物から判断すれば、都市＝中心＝市場は西方世界（メソポタミアやアラビア湾岸、イラン高原など）との交易の窓口でもあったと考えられる（図67・図68）。第5章第2節の5で確認したように、インダス式印章と封泥が西方世界からも出土していることから、その交換様式は商品交換にもとづく側面もあったものと推察されるが、詳細は定かではない。

　しかしながら都市＝中心＝市場で本格化された「貨幣」にもとづく商品交換は、一体なぜ周辺地域社会へと波及できたのだろうか。この点を考えておく必要がある。というのも、第2章第1節で述べたように、伝統文化という「しがらみ」のない空間でしか本格的におこなえないはずの商品交換は、本来的に、互酬原理が支配的な既存の伝統地域社会では拒絶される構造をもつからである。

　ここで一役かったのは、周辺地域社会にすでに存在していた歴史的・知的伝統を基盤として創出された新たな「伝統」としてのインダス式印章であったと考えられるのである。なぜならば、おもりとともに「貨幣」を一定の範囲で通用させるための共通の価値基準という重要な役割をになった印章は、さきに述べたとおり表面上は既存の伝統地域文化を特徴づけていた互酬原理を内在する構造を有しており、既存の地域文化側からみたとき、違和感の生じにくいものであったからである。

　さらに、おもりと印章の分布傾向と第4章第2節の3で確認したハラッパー式彩文様式に特徴づけられた土器（とくに大型甕）の分布傾向がほぼ一致するという事実（図29）は、このもう一つ

の新たな「伝統」についても、印章と同様の理解が可能であることを示しているのではなかろうか。つまりその内容物が「貨幣」であった場合には、「伝統」に特徴づけられた土器は、やはり「貨幣」を一定の範囲で通用させるための共通の価値基準として機能しうるからである。

　都市で商品交換が本格化した直後におけるその周辺地域社会への波及段階では、以上のように表面的にでもよいので、「貨幣」に互酬原理を組み込んだように見せかける、という戦略は非常に効果的であったと思われる。すなわち、商品交換における信用は、互酬原理によって支えられている、という図式だ。これは商品交換を互酬原理が支配的な既存の伝統地域社会へ障壁なくスムーズに波及させるための一つのパターンなのかもしれない(7)。また当たり前であるが、既存の伝統地域文化を基盤として創られた「伝統」が通用する空間は無限ではない。これは「貨幣」は無限の空間の広がりのなかで生じるのではなく、本来的に空間的限定性をともなうものである、ということを意味している。

　以上のような意味でも、「伝統」の創出とその周辺地域社会への波及という現象は、都市＝中心＝市場が経済的に求心力を高めるために大きく貢献し、インダス文明社会そのものの根幹を形成する基盤となったものと考えられる。都市と「伝統」の創出という構造なくしては、インダス文明社会は存在しえなかったといい切ってもよいだろう。

　第2章第3節で述べたが、本来的に都市には成りえない集落が都市化する契機も、都市発の新たな「伝統」と商品交換の周辺地域社会への波及にあった。伝統地域社会を特徴づける「しがらみ」にまみれた本来的に都市には成りえない集落の中で、ハラッパーやカリーバンガン、ドーラーヴィーラーなどのように、都市＝中心＝市場発の商品交換の波及に敏感に反応した、あるいは反応せざるをえなかった集落が都市化するのである。

　いっぽうラフマーン・デーリやサラーイ・コーラ (Sarai Khola) などのように、先インダス文明期における地域の拠点的集落であっても、文明期に都市化しない集落も存在する（近藤 2010）。これは伝統地域社会側の互酬原理が、「貨幣」にもとづく商品交換を拒絶したからに他ならない。なぜそのように断言できるのかというと、こうした遺跡ではおもりもインダス式印章も、そしてハラッパー式彩文様式に特徴づけられた土器も一切認めることができないからである。都市発の新たな経済システムに共鳴しない、あるいはそれを拒絶した場合は、既存の集落は従来の状態を維持したまま存続するか、もしくは都市を中核に据えた新たな経済ネットワークから排除され、衰退するかの選択肢を迫られたことが推察される。

(3) インダス文明社会の基本的な力学 ──「同位都市間共生のメカニズム」の提唱 ──

　周辺にみられた従前の伝統地域文化は、商品交換と新たに創出された「伝統」であるハラッパー文化の波及によって、あたかも埋没するかにみえる。しかし実際にはさきに述べたように、「おもりや印章を有する商品交換に特徴づけられる空間」と「両遺物をともなわない既存の互酬性交換に特徴づけられる空間」が併存・競存するようなかたちで、二重構造化しているのである。(図68)。

　前者のみを評価してしまうと、その統一性のみが強調され、既存の「常識」としてのインダス文明像を再生産するだけにとどまってしまう。したがって、各地域に点在する商品交換とハラッパー

文化に特徴づけられる上層集落（都市＝中心＝市場）同士のいわば水平的な連鎖の構造と、各地域内の上下層集落間の垂直的な統合の構造は区別して理解する必要がある。

またモヘンジョダロは確かに最初に創られたオリジナル都市であるが、あとを追うかたちで都市化したハラッパーやドーラーヴィーラーをはじめとするその他の上層集落（都市＝中心＝市場）が、モヘンジョダロの下位に位置づけられていたわけではないことも重要な事実だ。出土遺物・遺構から判断すれば（表5）、都市化した特定集落は相互参照し、競争したり、模倣したり、差違づけたりしつつ、最終的にはモヘンジョダロとほぼ同レベルに達することで、または同様な役割をもつにいたり、それぞれの地域の中心として機能したものと判断できるのである。

インダス文明の基本的な力学とは、本格的な商品交換を「伝統」をともなうかたちで周辺地域社会に波及させることにより、空間的統一性と時系列的一貫性を創造し維持しようとする都市＝中心＝市場側の動機と、地域的多様性と状況に依存した可変性を志向する伝統地域社会側の互酬原理にもとづいた動機との「せめぎ合い」であると理解できる。

インダス文明の場合は、商品交換に特徴づけられる上層集落（都市＝中心＝市場）同士の点と点をむすぶような水平的な連鎖の統御がとくに重視され、多中心的な社会を形成する傾向にある一方で、村落などの基底に位置する集落空間の自律性の統御には力点が置かれず、それらの集落は従来の多様な構造を維持したままの状態になっていることに特徴がある。

すなわち、自律的な個別性（多様性）と他律的な統一性、この一見すると矛盾する二つのベクトルの絶妙な均衡構造にもとづく「多中心的な二重社会」こそがインダス文明と呼称される社会システムの基本構造であった。いいかえるならば、当文明社会が一つの社会システムとして機能するために同レベルの都市が共有していた「統一性」と、伝統地域社会が有していた「多様性」という二つの側面が、多中心的に絶妙なバランスのもとに均衡状態を維持していた、という状況がインダス文明社会の実態であった可能性が高いのである。

さらに、さきに述べたが、同レベルの都市が共有していた新たな「伝統」にもとづく「統一性」とは、周辺に既存のものとして存在する歴史的・知的伝統を基盤として成り立っているのであるから、この「多中心的な二重社会」という構造は、位相の異なる「統一性」と「多様性」をたがいに排他的な構造として位置づけるような社会の総合のあり方ではなく、多様性を活かした社会の総合のあり方を示唆しているものと考えられる。そして次節で改めて述べるが、こうした「多中心的な二重社会」をうみだし維持するために創られた構造こそが都市なのである。

そして以上のような基本構造をもつインダス文明社会は、王様や一つの明確な中心を生みだすことなく、国家形成という中央集権的な道を選択することはなかった。くわえて、この文明社会には、明確な信仰体系や防衛・暴力の痕跡もみとめることができない。本書のメインテーマは都市とは何かであるので、一言だけ述べておくとすれば、その理由もここで明らかとしたインダス文明社会の基本構造にあるものと思われる。

なぜならば、村落などの基底に位置する集落空間を特徴づける互酬原理にもとづいた多様性の統御には力点を置かず、商品交換に特徴づけられる上層集落（都市＝中心＝市場）同士の水平的な連鎖の統御を最重要戦略とし、多中心的かつ二重社会化することで維持されているような社会システ

終　章　インダス文明の社会構造と都市の原理　209

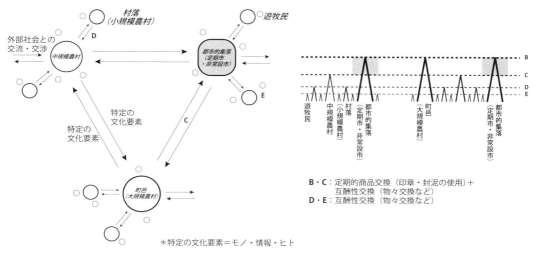

図69　ポスト・インダス文明期を特徴づける社会のあり方と交換様式

ムにおいては、社会の上下層を貫くかたちで機能する「略奪と再分配（支配と保護）」という国家を特徴づける交換様式はとくに必要とされないものと考えられるからである[8]。

　ここで述べた多様な社会集団の併存と統合を可能にする二重構造かつ多中心的な国家を必要としない社会システムを、本書では「同位都市間共生のメカニズム」と呼称しておきたい。都市が誕生したからといって、すべての社会が国家形成へ歩を進めるとは限らないことを示唆する社会モデルである。

4．ポスト・インダス文明期における社会のあり方と交換様式

　図69はポスト・インダス文明期の様相をモデル化したものである。当該期の様相についてはとくにふれてこなかったが、上杉彰紀の研究（上杉 2002・2004 など）を参考にして、考察と位置づけをおこなっておきたい。

　当該期においては文明社会の解体にともない、「伝統」の創出の場である都市＝中心＝市場が消滅し、商品交換とハラッパー文化を体現していた諸要素（おもり、インダス式印章、ハラッパー式彩文土器、インダス文字など）もみられなくなってしまう。これは後述するが、本格的な商品交換の消滅とそれにともなう互酬性交換にもっぱら依存していた状況への回帰としてよみがえることも可能であろう。

　せっかくできあがった都市が消滅してしまうことに違和感をいだかれる読者もいるかもしれないが、ここまで述べてきたように、都市とは社会の発展段階上に位置づけられるものではなく、常設的な市場として既存の集落間関係に新たに付加される場なのであるから、突如出現することもありうるし、唐突に消滅することもありうるのだ。都市が消滅してしまえば、都市の出現により刷新された社会状況が元にもどり、商品交換をおこなう場が集落間関係から未分化の状態もしくは曖昧な

土器に関してみれば、文明期以前にみられたような地域色豊かな土器型式が各地で展開し（上杉 2002・2004、Jarrige and Santoni et al. 1979、Mughal 1992b、Suraj Bhan 1975、Sharma 1982）、印章に関しては幾何学文を主モチーフとする新しいデザインの印章が使用されるようになる（Franke-Vogt 2010、Jarrige and Santoni et al. 1979、Shinde et al. 2005）。ここで重要な点は、両遺物に先インダス文明期にみられたモチーフなどの諸要素をみとめうることである。つまりこのような様相からは、伝統地域文化側がインダス文明期に商品交換とハラッパー文化という新しい「伝統」を受容したことによって完全に衰退するのではなく、単に目立たなくなっただけで文明期をとおして潜在化していたものと理解できる。

　さきに述べたインダス文明社会の基本的な力学としての「二重社会」が、そのような地域文化のあり方を物語っているだろう。いいかえれば、商品交換と新たに創られた「伝統」は、既存の地域文化の上を表層的に覆うように分布していただけなのであるから、商品交換と都市的な「創造物」を受容することによって、既存の伝統地域文化が、変容することはあっても、完全に衰退してしまうという構造は元より成り立たないのである。

　図69から明らかなように、都市＝中心＝市場が消滅したポスト・インダス文明期の社会のあり方は、都市＝中心＝市場の存在しない先インダス文明期の社会のあり方と同一構造をもつことがわかる。印章が出土する都市的集落（定期市・非常設市）間の関係性および都市的集落と町邑の関係性においては、少額「貨幣」をもちいた定期的な商品交換が互酬性交換を補完する様式（図69右側のラインB＝都市的集落間の関係性、ラインC＝都市的集落と町邑の関係性）、その他の集落の関係性においては、互酬性交換にもっぱら依存した伝統的な様式（図69右側のラインD＝中規模農村と村落の関係性、ラインE＝村落と遊牧民の関係性）が、それぞれに特徴的であった。

　以上のような事実からも、やはりインダス文明社会における都市と「伝統」の創出、商品交換の本格化、そしてそれらの周辺地域社会への波及という現象のもつ歴史的意義を理解することができるであろう。

第3節　都市とは何か

　さてそろそろ本書の命題である、都市とは何か、という問いに明確な答えをあたえたい。なお、ここで述べる都市とは、都市化を経て成立したいわば派生的な二次的都市のことではなく、モヘンジョダロのような新規に創出されたオリジナルな一次的都市についてである。

　本書の議論にもとづけば、都市とは「無縁・商品交換・市場」「中心性・集約性・創造性」という性質を有する空間である、と結論づけることができる。

　都市とは、既存の伝統文化という「しがらみ」のない、過去に誰も住んでいなかった、ともすれば賤視の対象ともなるような場所に、互酬原理からの脱却を志向し、「貨幣」を使用した本格的な商品交換にもとづく常設市場を実現させるために、短期間のうちにきわめて作為的に創られた空間

である。建設のために選択される場所としては、「無縁」かつ隔地からも人びとが集まりやすい地の利のよい場所が最適であった。このような場所はしばしば異文化との接触領域あるいは境界領域であり、交通の要衝であったり、中洲であったりとさまざまである（網野 1987、網野・阿部 1982、北條 2014 など）。

　互酬原理が幅をきかせる既存の伝統諸社会においては、商品交換などははなはだ非日常的な存在でしかないのであるから、都市とは非日常的な行為を常態化させ、日常的な行為へと転換するための施設あるいは装置だったのであり、互酬原理にもとづく伝統的集落間にスポット的に付加された外部社会あるいは「アジール」としての位置づけも可能であろう(9)。

　また都市とは中心であり、新しい「伝統」を創りだす空間でもあった。周辺地域社会に伝統的に存在した特定の地域的文化要素を取捨選択し、それらを組み合わせたり、分解・再構造化することで、新しい「伝統」を創出することのできる場である。ここで重要なのは、周辺側が都市＝中心を担保する構造が存在していることでもある。

　以上のように、都市においてはその成立段階から、「貨幣」にもとづく商品交換が本格的におこなわれ、新しい「伝統」が創りだされていた。都市、商品交換、新たな「伝統」という３要素が併存していることは決して偶然ではない。これらの３要素は「しがらみ」にとらわれた場では本来的に生じえないものであるし、どれか一つだけでも欠いてしまっては成り立たない関係にあるのである。なぜならば、商品交換を支える「貨幣」を一定の範囲内で通用させるための共通の価値基準が創られた「伝統」であり、商品交換の本格的な実践と「伝統」の創出の舞台が都市だからである。

　この事実は、都市を特徴づけていた「無縁・商品交換・市場」「中心性・集約性・創造性」という性質とは異なるもう一つの重要な性質を説明している。都市においては、既存の伝統文化という「しがらみ」からの脱却に大きく舵をとりながらも、「伝統」の創出というシステムにもとづいて既存の互酬原理とのバランスも保たれていた。なぜそのように考えられるのか。くり返し述べてきたように、都市を特徴づける新たな「伝統」とは、既存の伝統地域社会が有していた歴史的・知的伝統を基盤として成り立っていることが明らかであるからだ。

　すなわち、都市のもう一つの性質とは、市場交換原理を優先させつつも、既存の伝統地域文化の歴史的・知的伝統を基盤とする新しい「伝統」を創りだすことで、「互酬原理と市場交換原理の差異を親和的・双方向的に「同調」させる自律的な機能」であるといえる。本章第３節の３（３）で述べたインダス文明の社会構造をひきあいにだせば、次のように説明できる。すなわち、商品交換の優位を確保しつつも、一切の社会性を排除した剝き出しのモノとしての「商品」が、伝統地域社会の深部まで急速に浸透することで社会が画一化してしまうのを制御し、多様なる構造（互酬原理）を維持したままに、インダス文明社会が「多中心的な二重社会」として存立しえたのは、まさにこの「同調」機能があったからこそなのである。

　人間はあるタイミングで、互酬原理からの脱却を目指し、商品交換の本格化を実現させるために、「無縁」の地に人為的な空間を創りだした。その空間が都市＝中心＝市場であった。都市とよばれる空間と商品交換が人類史あるいは世界史上において普遍的に認められるという事実は、人間が互酬原理と市場交換原理をバランスよく「同調」させようとして、本書で明らかとしたような都

市と「伝統」の創出という行為を、見た目や規模は違えども、時空間を超えてくり返してきた、ということを示唆している。

　互酬原理と市場交換原理を接合する場としての都市がもっていたこの「互酬原理と市場交換原理の差異を親和的・双方向的に「同調」させる自律的な機能」は、都市が商品交換のきわめて支配的な現代都市へと変化する歴史の中でその大部分を失ってしまった構造でもある。これまでの歴史を概観する限り、都市は消滅することを運命づけられているようにみえるが、都市が消滅へと歩を進めるのは、人間が効率性を求める過程で、互酬原理と市場交換原理の接合の方法を誤り、両者の「同調」に失敗したまさにその時であったはずである。

　そしてもう一つ重要なことは、あえてくり返しておくが、都市とは、「農耕牧畜社会が軌道にのり、生産力や人口が順調に成長し、ある集落（遺跡）が比較的長い期間をかけて徐々に都市的諸要素を整え、やがて都市が成立する」というような発展段階的な図式で説明されるものではなく、既存の集落間関係に常設的な空間あるいは施設として新たに付加されたものである、ということだ。

　すべての集落（遺跡）が都市となるわけではなく、都市が既存の集落間関係の中に付加されると、その関係性が刷新され、都市を中核に据えるかたちで集落間の機能が明示化し、特定集落の都市化が促されたり、新たな集落がうみだされたりするのである。

　都市とは物質的にも精神的にもより快適な暮らしを求める過程で創りだされた空間でもないし、はじめに権力ありきで創りだされる空間でもない。それらはのちに都市という空間を特徴づける要素になる可能性はあるが、都市が創りだされたのちに現れた副次的な要素にすぎないのだ。

第４節　都市とその他の集落の分類基準

　ここまでくると都市と二次的都市、都市的集落をはじめとするその他の集落をある程度識別することが可能となると思われるので、最後に著者なりの暫定的な分類基準を記しておきたい。

　その分類基準とは、集落・人口の規模、宗教との関連をうかがわせる記念碑的建造物の存否、計画的な区画整備や水利施設の有無、などの社会発展の度合いを計測する「ものさし」ではなく、ある社会における都市の果たす役割を構造的に把握したうえで設定されなければならない。

　本書の議論にもとづけば、都市の性質とは、「無縁・商品交換・市場」「中心性・集約性・創造性」「互酬原理と市場交換原理の差異を親和的・双方向的に「同調」させる自律的な機能」なのであるから、都市をその他の集落と区別するための分類基準とは、

　①　その空間が、既存の伝統文化という「しがらみ」のない「無縁」の地に、短期間のうちにきわめて作為的に創られたものであるか、

　②　その空間に、互酬原理からの脱却を志向した本格的な商品交換にもとづく常設市場としての性質をみとめうるか、

　③　その空間に、「貨幣」を一定の範囲において通用させるために必要な、共通の価値基準となる新たな「伝統」の創出という事象をみとめうるか、

④ その空間に、「互酬原理と市場交換原理の差異を親和的・双方向的に「同調」させる自律的な機能」をみとめうるか、

の4つである。④については、本書の議論から明らかなように、①・②・③がすべて揃えば、その空間に自ずとみとめられる基準でもある。

すなわち、①・②・③・④の分類基準をすべて満たせば、その集落（遺跡）を都市であると判断してよい。また①にはあてはまらないが、②・③・④にあてはまる集落（遺跡）は都市化を経て成立した二次的な都市として、分類基準③・④にはあてはまらないが、①・②にあてはまる集落（遺跡）は遠隔地に設けられた植民都市としての位置づけが可能である。

ただし本書でみてきたように、古代社会においては互酬性交換と商品交換が、地域あるいは集落（遺跡）ごとにその濃度を変えて併存・競存していることが普通である。したがって、とくに二次的な都市と都市的集落の識別には、どうしても困難をともなう。前者の方が後者よりも商品交換を志向した空間であることを考古学的に検討し、判断せざるをえない。なお、①・②・③・④のどれにもあてはまらない遺跡は、基本的に大・中・小規模村落として理解すればよい。

第5節　今後の課題 ── 「南アジア型発展径路」を見据えて ──

本書の成果はインダス文明の成立とそれにともなう社会変革の実態、および当文明の社会構造を明らかにし、都市とは何か、という問いに新しい答えをえたことである。しかしいうまでもないが、まだまだ課題は多い。以下では今後の課題を列挙し、本書の結語にかえたい。

本書では都市出現以前の社会を特徴づけていた交換様式は基本的に互酬性交換にもとづいており、都市出現以降においては商品交換と既存の互酬性交換が併存・競存していた状況にあったと結論づけた。こうした歴史の側面は、従来の社会進化論にもとづいた考古学的研究においては、とくに言及されてこなかった。なぜなら、既存の研究では生産様式のみが重要視されてきたからである。

本書の成果からも明らかなように、交換様式に着目した研究は、これまで過小評価されてきた歴史の側面を検討し、復元することを可能にするであろう。したがって、南アジアの歴史をより柔軟かつ多角的に復元するために、古代南アジア社会を特徴づけていた交換様式の実態とその変化のあり方を、考古学的にさらに掘りさげていく必要がある。これが一つ目の課題である。これは長期的な視点からみれば、南アジア史における都市から商品交換のみがきわめて支配的な現代都市への移行、あるいは劇的な転換点をさぐる作業ともなる。

二つ目の課題は、インダス文明の社会構造を考古学的に詳らかにすることである。インダス文明社会を成り立たせていた基本構造は、本書で明らかにした統一性と多様性の均衡構造にもとづく「多中心的な二重社会」あるいは「同位都市間共生のメカニズム」であると思うが、王も一つの明確な中心も存在しない、まったくもって中央集権的ではない当文明社会がどのように運営されていたのか、すなわちその統治構造や権力のあり方についても、本書の成果を土台として突っ込んだ議論をおこなわなくてはならないだろう。

さまざまな研究視点が存在すると思うが、都市＝中心＝市場が経済的に求心力を高めるために大きく貢献した「伝統」の、周辺地域社会における受容と変容のあり方を追求するのも一つの方法である。たとえば、本書で指摘したインダス式印章に認められる地域差（A類とB類）の歴史的意義などを掘りさげるのも有意義な議論となるであろう。

そしてやはり当文明の社会構造を根底から規定していた「世界観」についても積極的に議論していくことが重要である。なぜならば、古代社会における統治構造や権力のあり方を明らかにする場合には、「世界観」あるいはそれにもとづく信仰体系の検討が重要な意味をもつからである。その際、本章の註（1）でもふれた角と植物の信仰体系が大きな手がかりとなるはずだ。たびたび言及してきたように、角と植物の信仰体系を表すとされる図柄は、ハラッパー式彩文土器の創出やインダス式印章の「発明」という現象と深くかかわる、都市で創出された新たな「伝統」の一つであり、都市を中心に分布する。つまりこの図柄も、インダス文明社会の上層集落（都市＝中心＝市場）同士のいわば水平的な連鎖の構造に一貫性と統一性をあたえる役割をになっていた可能性がある。

インダス文字は解読されていないが、本書でみてきたように土器に描かれた彩文や印章に刻まれたモチーフなどのいわゆる「絵画」資料が豊富に存在するので、この「絵画」の構造的な分析をとおして、当文明社会の「世界観」についての議論も可能となるはずである。ただしインダス文明社会には王や一つの明確な中心もみとめられないことから、著者はそれほど強固な信仰体系が存在していたとは想定していないことを申し述べておく。

三つ目の課題は、さきに簡単にふれたが、都市と国家（あるいは都市国家、初期国家）の関係性を整理することである。既存の「常識」では、都市の成立は国家形成の前段階として安易に位置づけられがちである。いうまでもないが、この理解は発展段階的な図式にもとづいた理解であり、そしておそらく間違った歴史認識であると考えられる。本書で明らかとなったように、人間社会のあり方というものは、本来的に発展段階的な枠組みのみでは説明できないものであるからだ。ある社会に都市が出現したからといって、その社会がかならず国家段階にいたるとは限らないのである。

したがって、国家についても多角的かつ柔軟な見直しが必要である。とはいえ、インダス文明を専門とする著者がこの課題に正面から取り組むことが正しいのかは判断になやむところもある。なぜならば、さきに述べたようにインダス文明社会は、その歴史上において、国家という社会システムを選択することはなかったからである。ただし本書の検討をとおして著者が考えているのは、国家にいたらなかった、あるいは国家を必要としなかった社会モデルの性質を描きだすことは、インダス文明を研究する者の責務の一つであるということだ。

以上、今後の課題を述べたが、これらの課題を一つひとつクリアしてゆくことは、その最終的帰結として、NIHUプロジェクト・現代インド地域研究（現・南アジア地域研究）の中心メンバーである田辺明生らが提唱している「開放性に基づく多様性の接触と展開、そしてそれらの多様性の階層的かつ多中心的な統合」（田辺 2015a：11）に特徴づけられる「南アジア型発展径路」（田辺 2015a・2015b）[11]の考察につながるものと著者は考えている。インダス文明研究あるいは考古学の立場から、長期間にわたり南アジアという地域を特徴づけてきた「構造」を検討するなかで、現代グローバル世界のかかえる諸問題に積極的にむきあっていくことも、重要な課題の一つである。

その他にも本書ではとくにふれなかったインダス文明社会とバクトリア・マルギアナ考古文化複合（Bactria Margiana Archaeological Complex＝BMAC）の関係性など、課題をあげだすときりがない。実際にまだたくさんある。

　課題が見つかる限り、研究をつづけてもよい、と著者は楽観的に考えている。今後も現地における考古学的調査の成果にもとづきながら、「常識」や「しがらみ」にとらわれることなく、考古学的研究を楽しむことをお約束して、本書を終えたい。

註
（1）　インダス式印章に限定的に使用されるモチーフであるコブウシと「角＋植物を冠する人物」は、「角」という共通する要素に特徴づけられており、これらの特定シンボルの使用にかかわる約束事・社会規制の出現は、角と植物あるいはそれらを人物と融合させた「有角神」などのモチーフに代表される角と植物の信仰体系の出現をも意味している可能性が高い、との理解も存在する（近藤 2006・2010、Allchin and Allchin 1982・1997、Kenoyer 1998、Wright 2010 など）。
（2）　文明社会の成立にともなう諸側面としてよくあげられる集落の再編や輸送手段の変革、資源開発など（近藤 2010）は、この社会変革に付随するかたちで生じた副次的な現象であると理解してよいだろう。
（3）　本書における「伝統」に関する所見は、E. ホブズボウム（Hobsbowm）と T. レンジャー（Ranger）（ホブズボウム・レンジャー 1992）および I. ウォーラーステイン（Wallerstein）（ウォーラーステイン 1997）を参考とした。
（4）　都市における新たな「伝統」の創出という事象に関しては、人類学の研究成果（嶋田 1993・1995、嶋田・松田・和崎 2001 など）から学んだ部分が多い。たとえば、現代アフリカ都市にみられる大きな特色の一つは、伝統地域社会から都市へ移り住んできた人々による伝統文化の再創造というダイナミックな現象であると理解されている。都市に移り住んだ人々が都市生活において困難に直面した際に、伝統文化や伝統的社会組織を再編成したり、それらをベースに新たな伝統を創造することによって共同の素地を創りあげ、相互扶助のシステムなどを起動させるというのである。いいかえれば、都市における伝統文化の実践とは、都市的状況にあわせた伝統的シンボルのダイナミックな再編を包含した創造過程であると理解できる（嶋田・松田・和崎 2001）。このような新たな伝統の創造は既存の歴史的・知的伝統を基盤としているので、伝統地域社会を特徴づけていた互酬原理をも何らかのかたちで取り込んでいるものと思われる。都市という場における伝統地域社会を特徴づけていた互酬原理のあり方あるいは発現の仕方については、柄谷行人の交換様式論（柄谷 2010・2014）や小田亮の二重社会論（小田 2009・2010）が参考となる。
（5）　註（1）でふれた角と植物の信仰体系を表すとされる有角神を表す図柄も、図68右側のラインAとラインBのみでしかみとめることができない。
（6）　インダス文明社会と西方世界との交易は活発なものであった、との理解が「常識」である。しかしながら実際は、西方世界において出土した印章・封泥をはじめとするインダス系遺物はきわめて限定的であるし、インダス文明遺跡から出土した外来系遺物も数えるほどしか確認されていない。このような理由から、インダス文明社会と西方世界間に交易活動が存在したことは確かであろうが、その実態についてはそれほど活発なものではなかった、というのが著者の現在の理解である。したがって本書では、インダス文明社会と西方世界との交易については重視していない。
（7）　ここまでくると、ハラッパー式彩文様式とインダス式印章に代表される新たな「伝統」の創出という行為を、序章の註（11）で述べたアールの従属専業（Brunfiel and Earle 1987、Earle 1981、西秋 2000）として理解することが可能かもしれない。つまり都市の出現とは、従属専業の誕生とも深くかかわる現象

であったことが推察される。
(8) この点に関して示唆的なのは、K. ウィットフォーゲル（Wittfogel）の考えにもとづき、「中心」「周辺」「亜周辺」「圏外」を区別し、それらを共時的な空間的構造においてみる視点の重要性を主張する柄谷行人の議論である。柄谷の議論を要約すると次のようになる。「亜周辺」とは「中心」から隔っているが、「中心」の文明が伝わる程度には近接した空間であり、それ以上に離れると「圏外」になる。「周辺」が「中心」に同化させられるのに対して、「亜周辺」は「周辺」とは違って、「中心」による直接的支配のおそれがなく、文明制度の摂取を選択的におこない、それらを独自に発展させることができるような空間である。たとえば、ギリシアやローマがそうであったように、文字やその他の技術は受け入れるにもかかわらず、「中心」に存在する官僚制のような集権的制度を根本的に拒否する、という具合にである。外部の国家から文明を受け取るほどに近い距離にありながら、その直接的な脅威からほど遠い地域にある「亜周辺」では、「中心」にたいしてより柔軟、プラグマティック、非体系的、折衷的な態度がとられ、「圏外」ほどではないが、位階秩序を斥ける互酬原理を濃厚に残すかたちをとる。そして高度の文明を実現しながらも、経済的には、交換や再分配は国家による管理が少なく、市場にゆだねられることで商品交換（貨幣経済）の優位を確保し促進する（柄谷 2010・2014）。南アジアにおいて、明確な「国家」という社会システムが登場するのは、紀元前１千年紀半ばのガンジス川流域においてである。それは、南アジア世界がその歴史上はじめて、「国家」システム（この場合はアケメネス朝ペルシア＝帝国）の「周辺」になったときの出来事であった。いっぽうインダス文明社会については、メソポタミアなどの西方世界と交易・交流関係をもっていたことが明らかとなっているが、本書で述べてきたように、その社会のあり方から判断すれば、当該期における南アジア世界は、「国家」システムを有していた西方世界の「周辺」ではなく、「亜周辺」であったと理解できる。
(9) ウェーバーは、都市は多くの氏族や部族が新たに形成した盟約的共同体としてはじまったという（ウェーバー 1964）。さらにマルクスが、商品交換が共同体と共同体の間にはじまるということを再三強調していたことも想起される（マルクス 1975）。
(10) ここで、瀬川拓郎の「青苗文化」に関する議論（瀬川 2007）を取りあげる必要がある。9世紀末以降、縄文文化以来つづいてきた東北北部と北海道西部の文化的な一体性は消失し、津軽海峡をはさんで、擦文文化の人びとは、古代日本国からの移住者で、古代日本語を話し、日本文化にアイデンティティをもつ異文化の人びとと交流していた。その異文化の境界、つまり道南の日本海沿岸に10世紀中葉に成立したのが「青苗文化」である。「青苗文化」の人びとは、その帰属やアイデンティティを擦文文化の側にもちながら、実態としては津軽平野の「和人」と濃密な交流をおこない、文化的には両属的であり、そのどちらとも異なる固有の文化を形成していた。この文化の境界に成立した「青苗文化」とは、両属的でありながら、実は「融合」も「同化」も拒否する固有のアイデンティティを有しており、異なる価値観をもつ農耕民（日本社会）と狩猟採集民（擦文社会）の異文化交流を制御する、固有の構造をもつ共生のシステム、あるいは自律的な「同調」のシステムなのであるという。つまり、日本文化側から絶え間なくやってくる商品交換が、互酬交換にもとづく伝統社会をその内側から崩壊（侵食・同化・融合）させてしまうことを防ぐために、両者を「同調」させるため、異文化との境界に人為的に創りだされた自律的なバッファ（緩衝装置）としての「疑似親族」「共存地帯」「中立地帯」こそが「青苗文化」なのである、と瀬川は結論づける。瀬川のいう「青苗文化」の性質と、本書で述べてきた都市の性質は、まさに同質である。すなわち、「青苗文化」とは都市そのものである、と理解して構わないだろう。「青苗文化」という構造が機能しなくなると、やがて「商品」は擦文文化を確実に侵食してゆき、道南の伝統社会は変質していったとみられている。
(11) 「発展径路」は「経済発展のための成長モデルを指すのではなく、地域固有の生態環境の基盤と地域間交流の中で、その地域が人々の暮らしをより豊かなものにするためにいかなる社会文化・政治経済のかたちをつくってきたか、その歴史的につくられて展開してきた地域のかたち」（田辺 2015a：8）を意味する。

補　遺

　補遺では、第5章でインダス式印章の製作技術を検討するために採用した科学的手法について補っておく。なぜならば、SEM と PEAKIT をもちいた手法の導入については、著者の研究が先駆的な作業となるので、ここで詳しく説明しておくことが必要であると思われるからである。

　採用した手法は、第5章でも述べたように、インダス式印章に認められる製作痕跡としての陰刻や穿孔部分などの凹部にシリコーン樹脂を流し込んで型取りし、そのレプリカ（シリコーン樹脂製の型）を SEM で観察する SEM 法とよばれる手法と、レプリカそのものを3D計測することで作成した PEAKIT 画像を拡大して観察する手法である。

1. SEM 法を用いた観察

（1）SEM 法とは

　SEM 法とは土器圧痕の凹部にシリコーン樹脂を流し込んでレプリカを作成し、その表面を顕微鏡で観察するレプリカ法（丑野・田川 1991）を発展させた手法である。この手法をもちいた分析は施紋具、木葉痕、繊維混入物、整形痕の観察や土器表面の動植物圧痕などの解明と多様な広がりをもって進展してきている。

　とくに現在それらの観察には被写界深度が深く、低倍率から高倍率の観察に適した SEM がもちいられ、植物圧痕や種子研究などに大きな成果をもたらしてきている。SEM をもちいた観察では約15～1,000倍程度の倍率でも鮮明に表面情報を観察できるものも存在し、従来問題になっていた植物同定の確実性が増したことがこの分析法の注目される点である（中山 2010：30-32）。このようにレプリカ法による圧痕調査が SEM をもちいた観察によって格段に精度を高めたことを評価し、中山誠二は一連の調査方法をレプリカ・セム法と命名している（中山 2010）。

　本書における観察の対象物は土器に残された圧痕ではなく、インダス式印章に認められる製作痕跡である。しかしもちいる手法はまったく同じであるので、本書におけるインダス式印章の観察に際しては、レプリカ・セム法と同義の用語として「SEM 法」という用語をもちいた。

（2）試料化と分析手法

　インダス式印章という遺物の観察に SEM 法を応用する手順についてはいまだに未発展の分野であるということもあり、その研究手法も開発段階にあるといってよい。[1] したがって以下に、著者が採用しているレプリカ作成から SEM 観察にいたるまでの手順を、土器圧痕のレプリカ研究における手法（比佐・片多 2006、中山 2010：32-36）を参照して記しておく（図70）。

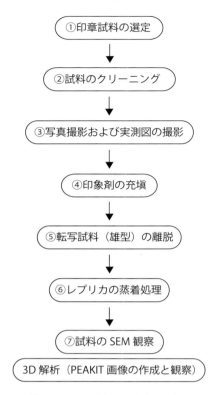

図70 SEM法と3D解析の手順

a. 印章試料の選定

印章試料を肉眼観察または低倍率のルーペなどを利用して観察し、一次選別する。その際、試料がシリコーンをもちいたレプリカ作成によりダメージを受けないかどうかを確認することが重要である。印章の劣化などの原因により試料がダメージを受けることが予想される場合はレプリカ作成を断念せざるをえない。しかし製作痕跡の観察が目的である場合には、印章全体のレプリカを作成する必要はない。したがって肉眼観察または低倍率のルーペなどを利用した観察によりレプリカ作成に適した特定箇所を選別し、その箇所のレプリカをピンポイントで作成するのも有効な方法である。

b. 試料のクリーニング

水による洗浄後の印章でも、製作痕跡としての凹みの中には泥などの異物が混入している場合がある。それを取りのぞくために竹串などをもちいて入念にクリーニングする。ただしインダス式印章は凍石という非常に柔らかい石材で製作されているため、クリーニングの際には試料にダメージをあたえないように厳重に注意する必要がある。試料の状態次第では超音波洗浄機の使用も有効である。

c. 写真撮影および実測図の作成

印章の写真撮影をおこない、実測図などを作成しデータ化する。

d. 印象剤の充填

印象剤の種類によって、以下の2通りの手順がある。(2)

1）型取り用シリコーン樹脂（東芝シリコーン TSE350）を使用する場合と歯科医療用3M社エクスプレス™付加型シリコーン印象材・ライトボディレギュラー（緑色、各50 ml：キャタリスト、ベース）をギャラン™のディスペンサーとミキシングチップ（イエローウオッシュ用）と併用する場合

印象剤に使用されている樹脂はそのままの状態では石材の空隙部に染み込んでしまい、硬化時に付着して印章表面を破損させてしまう危険性がある。このため試料の保護を目的として、印章表面に予め離型剤を塗布する必要がある。離型剤にはアクリル樹脂のパラロイドB-72をアセトンなどの有機溶剤に5〜10%の割合で溶かして使用する。離型剤は筆などを使用し、印章表面に薄く塗布する。印章表面が薄く覆われる程度で十分である。その際、写真用のブロアーを使って塗布した溶剤が均一の厚さになるように留意する。あまり厚く塗布してしまうと印章表面にみとめられる製作

痕跡をレプリカに完全に転写することできず、SEM観察に支障をきたすことになるので注意する必要がある。

2）歯科医療用ニッシン（Nissin）社JMシリコン（付加型シリコーン印象材）・レギュラータイプ（青色、各74 ml：キャタリスト、ベース）を使用する場合

1）の場合とは異なり離型剤を用いる必要はなく、印象剤の初期充填の直前に対象物の表面を水で湿らすだけでよい。その際、異物が入り込まないようにケバ立ちや紙粉が少ないキムワイプ（ワイパー S-200）などをもちいて水を塗布する必要がある。

以下、JMシリコンを使用した場合における手順のみを記す。次に印象剤の初期充填をおこなう。印象剤はキャタリストとベースを等分量混ぜることで硬化する。練和紙の上にキャタリストとベースをチューブから等分量絞り出し、プラスチック製のヘラで2種類のペーストを万遍なく混合させ、シリコーン樹脂を作成する。絞り出す分量は対象物の大きさに応じて経験的に判断して構わない。ペーストを混合する際、気泡が入り込まないように注意しなければならない。

続いて対象物の表面をキムワイプをもちいて水で湿らし、作成したシリコーン樹脂をプラスチック製のヘラをもちいて、凹み部に充填する。ただし作成したシリコーン樹脂を一気に充填すると気泡が入り込み、のちのSEMをもちいた観察に支障をきたすことになる。したがって気泡が入り込まないように、また凹み部の最深部まできちんとシリコーン樹脂がいきとどくように、はじめは少量ずつ充填していくことがレプリカ作成のコツである。凹み部の充填が完了したら、その上に余った残りのシリコーン樹脂を盛ることでレプリカに一定の強度をあたえておくとよい。

ただしニッシン社JMシリコンの操作余裕時間は2分10秒とあるので、上記の作業を素早くおこなう必要がある。また操作余裕時間は湿度や温度などの作業環境により大きく影響を受けるので、初期充填前に試験的に硬化時間を確認しておくとよい。湿度や温度が高いと操作余裕時間は2分10秒よりも極端に短くなる。著者の経験にもとづけば、温度と湿度が高い作業環境下でシリコーン樹脂の操作余裕時間を長く確保するのにもっとも適した方法は、キャタリストとベースをチューブごと冷やしながら使用する方法である。作業環境の温度と湿度が高くても、キャタリストとベース自体が十分に冷やされていれば、2分10秒すべてを確保できないまでも、冷やさないで使用する場合と比較すると30～40秒ほど操作余裕時間を長く確保できる。場合によっては硬化を遅らせるリターダーの使用も効果的である。このリターダーについてもキャタリストとベースを冷やしながら併用するとより効果的である。

e. 転写試料（雄型）の離脱

歯科医療用のニッシン社JMシリコンは、操作余裕時間経過後、原則2～3分間ほどで硬化が完了する。ただし、湿度が低く、温度が高い環境下であれば、1分も経たずに硬化が完了する場合もあるので、充填したシリコーン樹脂の硬化具合を指先で確認するようにしておくとよい。硬化完了後、レプリカを印章から離脱し、転写が完了する（シリコーン樹脂製レプリカの完成）。その際、印章が破損しないように慎重に離脱作業をおこなう必要がある。

f. レプリカの蒸着処理

電子顕微鏡を用いた観察では試料に電子線を照射するため、シリコーンなどの導電性がないものでは試料が帯電し観察に支障をきたす。そのため、SEM 観察前にカーボンや貴金属をもちいて、シリコーン樹脂製レプリカの蒸着処理をおこなう（本研究では蒸着処理に金粉を使用）。

g. 試料の観察

SEM（今回はニコン製 Quanta600 を使用）をもちいて、印章試料の表面情報が完全に転写されたレプリカ試料の観察をおこなう。SEM は、光学式の実体顕微鏡の倍率が 10〜100 倍程度であるのたいし、15〜1,000 倍の低倍率から高倍率での観察が可能である。また光学式顕微鏡は被写界深度が浅いので表面に凸凹がある被写体物では焦点が合わせにくいという欠点があるが、SEM は被写界深度が深いので、表面に凸凹がある被写体物でも明瞭な画像がえられるという特性がある。

2. PEAKIT 画像を用いた観察

本書で用いた 3D 解析の技術は、株式会社ラングの特許技術 PEAKIT である。PEAKIT とは、以下のように定義される新技術である。

「対象物の 3 次元データから、その形状特徴線を鮮明に抽出するための画像処理技術である。対象物の特徴をより立体的に表現するために形状特徴線の抽出画像にくわえて、陰影図や段彩図など他の解析図と重合させることもある。これらの技術を総称して PEAKIT と定義する」（Chiba and Yokoyama 2009）。

口絵 4 と口絵 6 に示した画像が PEAKIT 画像である。画像は SEM 観察で使用したものと同じシリコーン樹脂製レプリカを 0.5 mm ピッチで計測し作成した。いずれも谷線を強調した段彩図である。画像から明らかなように、実物の写真や仮想陰影による 3D レリーフ画像では読み取りにくいインダス式印章の表面情報を視覚的に把握することが可能となっている。さらに口絵 4 と口絵 6 に示されているように、印面の断面図も容易に作成することができ、SEM 法では取得できない彫刻痕跡の断面形や深さのデータをサンプリングし、それらを検討することが可能となる。

註
(1) インダス式印章研究における SEM 法の応用研究はまだ初期段階にある。アメリカの若手研究者が同様な手法でインダス式印章を観察しているが、その成果はいまだに公開されていない。いっぽう SEM 観察と実験考古学的手法を併用したメソポタミア地方の円筒印章に関する製作技術の検討や製作工具の同定研究には、参考すべき有益な先行研究が存在する（Gwinnett and Gorelick 1979・1987、Sax and Meeks 1994・1995、Sax et al. 1998・2000、木内 2005、須藤 2012 など）。同様な研究手法は、インダス式印章の製作技術の検討や製作工具の同定研究においても有益な成果をもたらすことは確実である。
(2) インダス式印章のレプリカ作成に適した印象材は、著者の現在までの経験にもとづくならば、歯科医療用ニッシン（Nissin）社 JM シリコン（付加型シリコーン印象材）・レギュラータイプ（青色、各 74 ml：キャタリスト、ベース）である。ただし本書では著者が実際に試した手法を記したにすぎない。最善の方法を確立するためには、今後も実験をくり返す必要がある。

引用・参考文献

〈和文〉

網野善彦　1987『無縁・公界・楽―日本中世の自由と平和』平凡社

網野善彦・阿部謹也　1982『対談　中世の再発見―市・贈与・宴会―』平凡社

井上俊・上野千鶴子・大澤真幸・見田宗介・吉見俊哉編　1996『岩波講座現代社会学　第17巻　贈与と市場の社会学』岩波書店

今村仁司　2000『交易する人間―贈与と交換の人間学―』講談社選書メチエ

ウィットフォーゲル，カール（湯浅赳男訳）1995『オリエンタル・デスポティズム―専制官僚国家の生成と崩壊』新評論

ウィーラー，モーティマー（曽野寿彦訳）1966『インダス文明』みすず書房

ウィーラー，モーティマー（小谷仲男訳）1971『インダス文明の流れ』創元社

上杉彰紀　2002『北インド都市文化の考古学的研究』関西大学博士論文

上杉彰紀　2004「北インド・初期歴史時代の都市―インド・マヘート遺跡の発掘調査成果を手がかりとして―」『古代インドの都市像を探る』149-175頁、国際シンポジウム「古代インドの都市像を探る」実行委員会

上杉彰紀　2008「インダス文明社会の成立と展開―地域間交流の視点から―」『古代文化』60（Ⅱ）、111-120頁、（財）古代学協会

上杉彰紀　2010 『インダス考古学の展望：インダス文明関連発掘遺跡集成』中洋言語・考古・人類・民俗叢書2、総合地球環境学研究所・インダスプロジェクト

上杉彰紀・小茄子川歩　2008「インダス文明社会の成立と展開に関する一考察―彩文土器の編年を手掛りとして―」『西アジア考古学』9、101-118頁、日本西アジ考古学会

上野千鶴子　1996「贈与交換と文化変容」井上俊ほか編『岩波講座現代社会学　第17巻　贈与と市場の社会学』155-178頁、岩波書店

ウェーバー，マックス（世良晃志郎訳）1964『都市の類型学』創文社

ウォーラーステイン，イマニュエル（川北稔訳）1997『史的システムとしての資本主義』岩波書店

丑野毅・田川裕美　1991「レプリカ法による土器圧痕の観察」『考古学と自然科学』24、13-35頁、日本文化財科学会

NHK・NHKプロモーション編　2000『世界四大文明　インダス文明展』NHK・NHKプロモーション

長田俊樹　2013a「インダス文明の文明環境史：環境決定論の陥穽」佐藤洋一郎・谷口真人編『イエローベルトの環境史：サヘルからシルクロードへ』208-222頁、弘文堂

長田俊樹　2013b『インダス文明の謎　古代文明神話を見直す』京都大学学術出版会

小田　亮　2009「『二重社会』という視点とネオリベラリズム―生存のための日常的実践」『文化人類学』74（2）、272-292頁、日本文化人類学会

小田　亮　2010「二重社会論、あるいはシステムを飼い慣らすこと」『日本常民文化紀要』28、226-256頁、成城大学大学院文学研究科

鎌田博子　1998「ハラッパー遺跡の調査から―ウィラー以後のハラッパー文化研究」『古代文化』50（10）、39-45頁、（財）古代学協会

鎌田博子　2000「インダス文明の起源―モエンジョ・ダロ下層併行期の性格―」『考古学雑誌』85（3）、37-58

頁、日本考古学会
辛島昇・桑山正進・小西正捷・山崎元一　1980『インダス文明—インド文化の源流をなすもの』NHKブックス
柄谷行人　2010『世界史の構造』岩波書店
柄谷行人　2014『帝国の構造　中心・周辺・亜周辺』青士社
川西宏幸　1999「都市の類型と変容」近藤英夫編『古代オリエントにおける都市形成とその展開』103-111頁、東海大学文学部考古学研究室
木内智康　2005「アッカド期における円筒印章外形の規格化」『西アジア考古学』6、49-65頁、日本西アジア考古学会
木村聡　2009「ソーラト・ハラッパー文化小考」『インド考古研究』30、63-76頁、インド考古研究会
黒田明伸　2003『貨幣システムの世界史〈非対称性〉をよむ』岩波書店
桑山正進　1975「インダス文明に関する最近の理解」『MUSEUM』293、4-11頁、東京国立博物館
ケノイヤー，マーク（小磯学訳）2001「インダス文明—美術工芸、象徴デザイン、技術を探る—」『ORIENTE』23　3-19頁　古代オリエント博物館
小磯　学　1998a「ハラッパー遺跡発掘調査近況報告—アメリカ隊の調査から」『インド考古研究』19、100-113頁、インド考古研究会
小磯　学　1998b「「都市」のかたちに見るインダス文明の地域性」『網干善教先生古希記念論文集』1511-1532頁、網干善教先生古希記念論文集刊行会
小磯　学　1999「インダス文明の「都市」の地域性」近藤英夫編『古代オリエントにおける都市形成とその展開』47-56頁、東海大学文学部考古学研究室
小磯　学　2002「インダス文明における動物表現—覚書き」『日々の考古学』393-408頁、東海大学考古学教室
小磯　学　2004「モヘンジョ・ダロ建物再考」『古代インドの都市像を探る』109-119頁、国際シンポジウム「古代インドの都市像を探る」実行委員会
小磯　学　2005「インダス文明の交易活動における印章」『西アジア考古学』6、67-86頁、日本西アジア考古学会
小磯学・小茄子川歩　2009「インダス式印章のサイズとその意義」『日々の考古学2』397-418頁、東海大学考古学研究室
小泉龍人　1988「北方インダス平原部における先ハラッパー諸文化の一考察」『インド考古研究』11、1-40頁、インド考古研究会
小泉龍人　2001『都市誕生の考古学』世界の考古学17、同成社
小泉龍人　2003「インダス文明の文字」菊池徹夫編『文字の考古学Ⅰ』世界の考古学21、155-219頁、同成社
小泉龍人　2005「古代西アジアの社会変化—集落構成から読む都市化—」岡内三眞・菊池徹夫編『社会考古学の試み』131-150頁、同成社
小泉龍人　2010「都市の起源と西アジア—より快適な暮らしを求めて—」後藤明・木村喜博・安田喜憲編『朝倉世界地理講座—大地と人間の物語—第6巻　西アジア』50-82頁、朝倉書店
小泉龍人　2013「都市論再考—古代西アジアの都市化議論を検証する—」『ラーフィーダーン』XXXIV、83-116頁、国士舘大学イラク古代文化研究所
後藤　健　1997「アラビア湾岸における古代文明の成立」『東京国立博物館紀要』32、15-144頁、東京国立博物館
後藤　健　1999「遺物の中の異物—インダス文明の遺物から」『考古学雑誌』84（4）、70-88頁、日本考古学会

コナー，グレアム（近藤義郎・河合信和訳）1993『熱帯アフリカの都市化と国家形成』河出書房新社
小茄子川歩　2007「インダス式印章のデザインシステム―印面に刻まれた図像の構造と変遷を手掛かりとして―」『東海史学』41、67-89 頁、東海大学史学会
小茄子川歩　2008a「ナール式土器とその意義―岡山市立オリエント美術館所蔵資料の紹介を兼ねて―」『岡山市立オリエント美術館研究紀要』22、29-55 頁、岡山市立オリエント美術館
小茄子川歩　2008b「都市と伝統の創出―彩文土器の変容からみたインダス文明の成立と展開―」『考古学研究』55（1）、61-81 頁、考古学研究会
小茄子川歩　2008c「コート・ディジー式土器とハラッパー式土器―ハラッパー式土器の起源に関する一考察―」『古代文化』60（Ⅱ）、70-83 頁、（財）古代学協会
小茄子川歩　2010「ファイズ・ムハンマド式土器とその意義―岡山市立オリエント美術館所蔵資料の紹介を兼ねて―」『岡山市立オリエント美術館研究紀要』24、43-82 頁、岡山市立オリエント美術館
小茄子川歩　2011a「一角獣が刻まれたインダス式印章：岡山市立オリエント美術館所蔵資料の紹介」『岡山市立オリエント美術館研究紀要』25、1-14 頁、岡山市立オリエント美術館
小茄子川歩　2011b「右向きのモチーフが刻まれたインダス式印章―ハラッパー文化の多様性に関する一考察―」『西アジア考古学』12、15-32 頁、日本西アジア考古学会
小茄子川歩　2012a「レプリカ・セム法によるインダス式印章の観察―岡山市立オリエント美術館所蔵資料の紹介―」『岡山市立オリエント美術館研究紀要』26、1-23 頁、岡山市立オリエント美術館
小茄子川歩　2012b「先インダス文明期における印章の基礎的研究：クナール遺跡出土資料の検討を中心として」『オリエント』55（1）、22-35 頁、日本オリエント学会
小茄子川歩　2012c「インダス文明成立期における印章の製作技術とその変遷に関する考古学的研究」『公益財団法人三島海雲記念財団研究報告書』49、131-136 頁、公益財団法人三島海雲記念財団
小茄子川歩　2013「彫刻技術に基づいたインダス式印章の分類」『オリエント』56（1）、35-54 頁、日本オリエント学会
小茄子川歩　2015「キリスト教の普及と伝統的ナガ社会の解体―紅玉髄製ビーズを用いた首飾りの消失プロセスとその意義―」『平成 25-26 年度文部科学省科学研究費　挑戦的萌芽研究成果報告書：南アジアの紅玉髄製工芸品の流通と価値観―「伝統」を支える社会システムの考察（研究代表者：小磯学）』34-45 頁
小茄子川歩　印刷中「インダス式印章の製作技術に関する考古学的研究：製作実験に基づいた実証的研究からのアプローチ」『平成 26 年度笹川科学研究助成完了報告書』公益財団法人日本科学協会
小茄子川歩　印刷中「インダス式印章の製作技術に関する考古学的研究：製作実験に基づいた実証的検討からのアプローチ」『平成 26 年度髙梨学術奨励金（若手研究助成）成果報告書』公益財団法人髙梨学術奨励基金
小西正捷　1981「M. R. ムガル『インダス文明の起源に関する新研究』とその形成期諸文化をめぐる概念規定」『法政大学教養部紀要』38、15-35 頁、法政大学教養部
小西正捷　1999「インダス文明論」『岩波講座　世界歴史』6、203-224 頁、岩波書店
小西正捷監修　1986『インダス文明とモヘンジョダロ展』サンケイ新聞大阪本社
近藤英夫　2004「インダス文明の最近の理解：都市類型に注目して」『古代インドの都市像を探る』103-108 頁、国際シンポジウム「古代インドの都市像を探る」実行委員会
近藤英夫　2006「インダス文明の信仰体系」『東海史学』40、41-54 頁、東海大学史学会
近藤英夫　2010『インダスの考古学』世界の考古学 18、同成社
近藤英夫編　1999『古代オリエントにおける都市形成とその展開』東海大学文学部考古学研究室
近藤英夫編著　2000『四大文明　インダス』日本放送出版協会

近藤英夫・上杉彰紀・小茄子川歩　2007「クッリ式土器とその意義―岡山市立オリエント美術館所蔵資料の紹介を兼ねて―」『岡山市立オリエント美術館研究紀要』21、15-50頁、岡山市立オリエント美術館
近藤隆二郎　2000「インダスの都市生活と水システム」近藤英夫編著『四大文明　インダス』163-176頁、日本放送出版協会
近藤隆二郎・盛岡通　1995「古代都市モヘンジョダロにおける「水浴び」のもつ環境社会システム的側面に関する研究」『環境システム研究』23、85-91頁、日本土木学会
小馬　徹　2002「人間とカネ―コイン一枚からの出会い―」『カネと人生』くらしの文化人類学5、123-151頁、雄山閣
小馬徹編著　2002『カネと人生』くらしの文化人類学5、雄山閣
サーリンズ，マーシャル（山内昶訳）1984『石器時代の経済学』法政大学出版局
ジェコブス，ジェーン（黒川紀章訳）1969『アメリカ大都市の死と生』鹿島出版会
ジェコブス，ジェーン（中江利忠・加賀谷洋一訳）1970『都市の原理』鹿島出版会
嶋田義仁　1993『異次元交換の政治人類学　人類学的思考とはなにか』勁草書房
嶋田義仁　1995『牧畜イスラーム国家の人類学―サヴァンナの富と権力と救済』世界思想社
嶋田義仁・松田素二・和崎春日編　2001『アフリカの都市的社会』世界思想社
宗䑓秀明　1997「バローチスタン農耕文化とその展開」『物質文化』62、1-21頁、物質文化研究会
宗䑓秀明　1998「ラフマーン・デーリ遺跡とコート・ディジー文化」『考古学雑誌』83（4）、20-42頁、日本考古学会
徐　朝龍　1988「上シンド盛期ハラッパー以前の土器」『史林』71（4）、1-30頁、史学研究会
徐　朝龍　1989a「コート・ディジー式土器とソーティ式土器―その関係をめぐって―」『考古学雑誌』74（3）39-59頁、日本考古学会
徐　朝龍　1989b「『初期ハラッパー文化』の分布とその否定」『オリエント』31（2）、55-74頁、日本オリエント学会
徐　朝龍　1991「インダス文明の起源の問題―矛盾とその源」『史林』74（3）、97-130頁、史学研究会
ジョーシー，マニーシュ・チャンドラ（上杉彰紀訳）2004「経済変容としての都市化―古代インド歴史時代の都市化に関する解釈の一例として―」『古代インドの都市像を探る』130-136頁、国際シンポジウム「古代インドの都市像を探る」実行委員会
須藤寛史　2006「西アジア銅石器時代における円筒印章の「発明」」『国士舘考古学』2、23-36頁　国士舘大学考古学会
須藤寛史　2012「オリエント美術館所蔵西アジア印章のSEM観察」『岡山市立オリエント美術館研究紀要』26、25-40頁、岡山市立オリエント美術館
瀬川拓郎　2007『アイヌの歴史　海と宝のノマド』講談社選書メチエ
曽野寿彦・西川幸治　1970『死者の丘・涅槃の塔』沈黙の世界史8、新潮社
ダーニー，アフマド・ハサン（小西正捷・宗䑓秀明訳）1995『パキスタン考古学の新発見』雄山閣
ターパル，B. K.（小西正捷・小磯学訳）1990『インド考古学の新発見』雄山閣
ダイアモンド，ジャレド（倉骨彰訳）2000『銃・病原菌・鉄―1万3000年にわたる人類史の謎（上・下）』草思社
田辺明生　2015a「カースト社会から多様性社会へ」田辺明生・杉原薫・脇村孝平編『現代インド1　多様性社会の挑戦』3-28頁、東京大学出版会
田辺明生　2015b「グローバル・インドのゆくえ―多中心的なネットワークの展開」田辺明生・杉原薫・脇村孝平編『現代インド1　多様性社会の挑戦』333-354頁、東京大学出版会
常木　晃　1995「交換、貯蔵と物資管理システム」江上波夫監修、常木晃・松本健編『文明の原点を探る―新

　　　　　石器時代の西アジア―』146-167 頁、同成社
中沢新一　2002『熊から王へ　カイエ・ソバージュⅡ』講談社選書メチエ
永嶺結季　2000「インダス文明の宗教―ボダイジュと角の信仰」『インド考古研究』21、59-68 頁、インド考古研究会
中山誠二　2000「インダス文明の動物世界―印章に刻まれた動物たち」近藤英夫編著『四大文明　インダス』138-148 頁、日本放送出版協会
中山誠二　2010『植物考古学と日本の農耕の起源』同成社
西秋良宏　2000「工芸の専業化と社会の複雑化―西アジア古代都市出現期の土器生産―」『西アジア考古学』1、1-9 頁、西アジア考古学会
西秋良宏　2004「起源」安斎正人編『現代考古学事典』56-59 頁、同成社
西アジア考古学勉強会　1994「G. チャイルドの方法論を探る」『溯航』12、1-45 頁、早稲田大学大学院文学研究科考古談話会
野口雅央　2003「インダス文明における印章研究の新視点」『インド考古研究』24、54-75 頁、インド考古研究会
野口雅央　2005「モヘンジョ・ダロにおける印章型式変遷の検証と考察」平成 16 年度東海大学大学院文学研究科修士論文（未刊）
比佐陽一郎・片多雅樹　2006『土器圧痕レプリカ法による転写作業の手引き（試作版）』福岡市埋蔵文化財センター
ビシュト，ラヴィンドラ・シン（近藤朋子ほか訳）2000「インダス文明研究―インドにおける過去 50 年の成果」NHK・NHK プロモーション編『世界四大文明　インダス文明展』23-28 頁、NHK・NHK プロモーション
広瀬和雄編著　1998『日本古代史　都市と神殿の誕生』新人物往来社
藤田弘夫　1991『都市と権力―飢餓と飽食の歴史社会学―』創文社
藤田弘夫　1993『都市の論理』中公新書
藤田弘夫　2006「都市の歴史社会学と都市社会学の学問構造」『社会学研究』57（3-4）、117-135 頁、東京大学社会科学研究所
藤田弘夫・吉原直樹編　1987『都市―社会学と人類学からの接近』ミネルヴァ書房
北條芳隆　2014「稲束と水稲農耕民」『日本史の方法』11、5-28 頁、奈良女子大学日本史の方法研究会
ホブズボウム，E.・レンジャー，T. 編（前川啓治・梶原景昭ほか訳）1992『創られた伝統』紀伊国屋書店
ポランニー，カール（玉野井芳郎・平野健一郎編訳、石井溥・木畑洋一・長尾史郎・吉沢英成訳）2003『経済の文明史』ちくま学芸文庫
ポランニー，カール（栗本慎一郎・端伸行訳）2004『経済と文明』ちくま学芸文庫
ホルスト＝クレンゲル（江上波夫・五味亨訳）1980『古代バビロニアの歴史―ハンムラピ王とその社会―』山川出版社
ホルスト＝クレンゲル（江上波夫・五味亨訳）1983『古代オリエント商人の世界』山川出版社
マッケイ，ドロシイ（宮坂宥勝・佐藤任訳）1984『インダス文明の謎』山喜房仏書林
マッケー，アーネスト（龍山章眞訳）1943『インダス文明―印度史前遺蹟の研究―』晃文社
マリノフスキー，ブロニスラロー（泉靖一訳）1972『西太平洋の遠洋航海者』〔「世界の名著」第 59 巻〕中央公論社
マルクス，カール（岡崎次郎訳）1972『資本論 1』大月書店
メンガー，カール（八木紀一郎・中村友太郎・中島芳郎共訳）1982『一般理論経済学（遺稿による「経済学原理」第二版）1』みすず書房

メンガー，カール（八木紀一郎・中村友太郎・中島芳郎共訳）1984『一般理論経済学（遺稿による「経済学原理」第二版）2』みすず書房

モース，マルセル（有地亨・伊藤昌司・山口俊夫訳）1973『社会学と人類学Ⅰ』弘文堂

モース，マルセル（吉田禎吾・江川純一訳）2009『贈与論』筑摩書房（ちくま学芸文庫）

山崎カヲル　1996「overview　贈与交換から商品交換へ」井上俊介ほか編『岩波講座現代社会学第17巻　贈与と市場の社会学』179-194頁、岩波書店

リーチ，エドマンド（青木保・井上兼行訳）1990『人類学再考』思索社

レヴィ＝ストロース，クロード（荒川幾男・生松敬三・川田順造・佐々木明・田島節夫訳）1972『構造人類学』みすず書房

レヴィ＝ストロース，クロード（大橋保夫訳）1976『野生の思考』みすず書房

レヴィ＝ストロース，クロード（馬淵東一・田島節夫監訳）1977『親族の基本構造（上）』番町書房

〈欧文〉

Acharya, M. 2008. *Kunal Excavations (New Light on the Origin of Harappan Civilization)*. Department of Archaeology & Museums, Haryana.

Agrawal, D. P. and J. S. Kharakwal. 2003. *Bronze and Iron Ages in South Asia*. Aryan Books International, New Delhi.

Agrawal, D. R. 2007. *The Indus Civilization: An Interdisclipinary Perspectives*. Aryan Books International, New Delhi.

Ajithprasad, P. 2002. The Pre-Harappan Cultures of Gujarat. In *Indian Archaeology in Retrospect Vol. 1: Prehistory*, edited by S. Settar and Ravi Korisettar, pp. 129-158. Indian Council of Historical Research and Manohar Publishers, New Delhi.

Alcook, L. 1986. A Pottery Sequence from Mohenjo-daro: R. E. M. Wheeler's 1950 "Citadel Mound" Excavations. In *Excavation at Mohenjo-daro: The Pottery*, edited by G. F. Dales and J. M. Kenoyer, pp. 493-551. The University Museum, University of Pennsylvania, Philadelphia.

Ali, T., ed. 1994-95. Excavation in the Gomal Valley: Rehman Dheri Excavation Report. No. 2. *Ancient Pakistan* 10, pp. 1-233.

Allchin, B, G. Andrew, and H. Karunartaka. 1978. *The Prehistory and Palaeogeography of the Great Indian Desert*. Academic Press, New York.

Allchin, F. R. 1985. The Interpretation of a Seal from Chanhu-daro and Its Significance for the Religion of the Indus Valley. In *South Asian Archaeology 1983*, edited by J. Schotsmans and M. Taddei, pp. 369-384, Istituto Universitario Orientale, Naples.

Allchin, F. R. and B. Allchin 1968. *The Birth of Indian Civilization*. Penguin Books, Baltimore.

Allchin, F. R. and B. Allchin 1982. *The Rise of Civilization in India and Pakistan*. Cambridge University Press, Cambridge.

Allchin, F. R. and B. Allchin 1997. *Origins of a Civilization: The Prehistory and Early Archaeology of South Asia*. Viking, New Delhi.

Allchin, F. R., B. Allchin, F. A. Durrani, and M. Farid Khan, eds. 1986. *Lewan and the Bannu Basin: Excavation and Survey of sites and environments in North West Pakistan*. BAR International Series 310. Cambridge.

Al-Sindi, Kh. M. (M. A. Al-Khozai tr.) 1999. *Dilmun Seals*. Ministry of Cabinet Affairs and Information, Bahrain National Museum, Bahrain.

Ardeleanu-Jansen, A. 1984. Stone Sculptures from Mohenjo-daro. In *Interim Reports, Vol. 1 : Reports on Field Work Carried out at Mohenjo-Daro Pakistan 1982-83*, edited by M. Jansen and G. Urban, pp. 139-158. Forschungsprojekt, Mohenjo-Daro, Schinkelstroße 1, Aachen.

Belcher, W. R. and W. R. Belcher. 2000. Geologic Constrains on the Harappa Archaeological Site, Punjab Province, Pakistan. *Geoarchaeology* 15 (7), pp. 679-713.

Besenval, R. 2005. Chronology of Protohistoric Kech-Makran. In *South Asian Archaeology 2001*, edited by C. Jarrige and V. Lefevre, pp. 1-9. Editions Recherche sur les Civilisations, Paris.

Besenval, R. and P. Marquis. 1993. Excavations in MIri Qalat (Pakistani Makran): Results of the First Field-Season (1990). In *South Asian Archaeology 1991*, edited by A. J. Gail and G. J. R. Mevissen, pp. 31-48. Franz Steiner Verlag, Stuttgart.

Bietak, M. 1979. Urban Archaeology and the "Town Problem" in Ancient Egypt. In *Egyptology and the Social Science*, edited by K. Weeks, pp. 97-144. The American University in Cairo Press, Cairo.

Biscione, R. 1973. Dynamics of an Early South Asian Urbanization: The First Period of Shahr-I Sokhta and its Connections with Southern Turkmenia. In *South Asian Archaeology*, edited by Norman Hammond, pp. 105-118. Noyse Press, Park Ridge.

Biscione, R. 1990. The Elusive Phase 2 of Shahr-i Sokhta Sequence. In *South Asian Archaeology 1987*, Part 1, edited by M. Taddei, pp. 391-409. IsMEO, Rome.

Bisht, R. S. 1991. Dholavira: A New Horizon of the Indus Civilization. *Purātattva* 20, pp. 71-82.

Bisht, R. S. 1993. Excavations at Banawali: 1974-77. In *Harappan Civilization : A contemporary Perspective, Second Revised Edition*, edited by G. L. Possehl, pp. 185-195. Oxford & IBH Publishing, and the American Institute of Indian Studies, New Delhi.

Bisht, R. S. 1999. Dholavira and Banawali: Two Different Paradigms of the Harappan Urbis Forma. *Purātattva* 29, pp. 14-37.

Bisht, R. S. and Shashi Asthana. 1979. Banawali and Some Other Recently Excavated Harappan Sites in India. In *South Asian Archaeology 1977*, Vol. 1, edited by M. Taddei, pp. 223-240. Istituto Universitario Orien-tale, Seminario di Studi Asiatici, Naples.

Brinkman, R. A. and C. M. Rafiq. 1971. Landforms and Soil Parent Materials of West Pakistan. *Pakistan Soil Bulletin* 2. Soil Survey of Pakistan, Lahore.

Brunfiel, E. and T. Earle. 1987. Specialization, Exchange and Complex Societies: an Introduction. In *Exchange and Complex Societies*, edited by E. Brunfiel and T. Earle, pp. 1-11. Cambridge University Press, Cambridge.

Brunswig, R. H., A. Parpola, and D. Potts. 1983. New Indus and Related Seals from the Near East. In *Dilmun- New Studies in the Archaeology and Early History of Bahrain* (Berliner Beiträge zum Vorderen Orient, 2), edited by D. T. Potts, pp. 101-115. Dietrich Reimer Verlag, Berlin.

Bryson, R. A. and A. M. Swain. 1981. Holocene Variations of Monsoon Rainfall in Rajasthan. *Quaternary Research* 16, pp. 135-145.

Casal, J. M. 1961. *Fouilles De Mundigak*, 2 Vols. Librairie C. Klincksieck, Paris.

Casal, J. M. 1963. *Fouilles D'Amri*, 2 Vols. Librairie C. Klincksieck, Paris.

Casal, J. M. 1966. Nindowari: A Chalcolithic Site of South Baluchistan. *Pakistan Archaeology* 3, pp. 10-21.

Casal, J. M. 1979. Amri: An Introduction to the History of The Indus Civilization. In *Essays in Indian*

Protohistory, edited by D. P. Agrawal and D. K. Chakrabarti, pp. 99–112. B. R. Publishing, New Delhi.

Chakrabarti, D. K. 2006. *The Oxford Companion to Indian Archaeology : the Archaeological Foundations of Ancient India, Stone Age to AD 13th Century*. Oxford University Press, New Delhi.

Chiba, F. and S. Yokoyama. 2009. New Method to Generate Excavation Charts by Openness Operators. *22nd CIPA International symposium*, October 11–15, Kyoto.

Childe, V. G. 1950. The Urban Revolution. *The Town Planning Review* 21 (1), pp. 3–17.

Childe, V. G. 1957. Civilization, Cities, and Towns. *Antiquity* 31, pp. 36–38.

Clift, P. D. and R. A. Plumb. 2008. *The Asian Monsoon : Causes, History and Effects*. Cambridge University Press, Cambridge.

Coningham, R. A. E. 1995. Dark Age or Continuum? An Archaeological Analysis of the Second Emergence of Urbanism in South Asia. In *The Archaeology of Early Historic South Asia*, edited by F. R. Allchin, pp. 54–72. Cambridge University Press, Cambridge.

Courty, M.-A. 1989. Integration of Sediment and Soil Formation in the Reconstruction of Proto-historic and Historic Landscapes of the Ghaggar Plain, North-west India. In *South Asian Archaeology 1985*, edited by K. Frifelt and P. Sorenson, pp. 255–259. Curzon Press, London.

Courty, M.-A. 1990. Pedogenesis of Holocene Calcareous Parent-Materials under Semiarid Conditions (Ghaggar Plain, NW India). In *Soil Micromorphology : A Basic and Applied Science. Development in Soil Science 19*, edited by L. A. Douglas, pp. 361–366. Elsevier, Amsterdam.

Courty, M.-A. 1995. Late Quaternary Environmental Changes and Natural Constraints to Ancient Land Use (Northwest India). In *Ancient Peoples and Landscapes*, edited by Eilleen Johnson, pp. 105–126. Museum of Texas Tech University, Lubbock.

Cucarzi, M. 1987. A Model of Morphogenesis for Mohenjodaro. In *Interim Reports, Vol. 2 : Reports on Fields Work Carried out at Mohenjo-daro, Pakistan, 1983–1984*, edited by M. Jansen and G. Urban, pp. 79–90. IsMEO Aachen-University Mission, Aachen.

Dales, G. F. 1965a. A Suggested Chronology for Afganistan, Baluchistan, and the Indus Valley. In *Chronologies in Old World Archaeology*, edited by R. W. Ehrich, pp. 257–284. The University of Chicago Press, Chicago.

Dales, G. F. 1965b. Re-opening the Mohenjo-daro Excavations. *Illustrated London News* 29. 5. 1965, pp. 25–27.

Dales, G. F. 1965c. New Investigations at Mohenjo-daro. *Archaeology* 18, pp. 145–150.

Dales, G. F. 1973. Archaeological and Radiocarbon Chronologies for Protohistoric South Asia. In *South Asian Archaeology*, edited by Norman Hammond, pp. 151–170. Noyes Press, Park Ridge.

Dales, G. F. and C. P. Lipo. 1992. *Explorations on the Makran Coast, Pakistan : A Search for Paradise*. Archaeological Research Facility, University of California, Berkeley.

Dales, G. F. and J. M. Kenoyer. 1986. *Excavation at Mohenjo Daro, Pakistan, The Pottery* (University Museum Monograph 53). The University Museum, University of Pennsylvania, Philadelphia.

Dales, G. F. and J. M. Kenoyer, *et al.* 1991. Summaries of Five Seasons of Research at Harappa (District Sahiwal, Punjab, Pakistan) 1986–1990. In *Harappa Excavations 1986–1990 : A Multidisciplinary Approach to Third Millennium Urbanism* (Monograghs in World Archaeology 3), edited by R. H. Meadow, pp. 185–262. Prehistory Press, Madison, Wisconsin.

Dani, A. H. 1970–71. Excavations in the Gomal Valley. *Ancient Pakistan* 5, pp. 1–177.

Datta, J. M. 1962. Demorgraphic notes on Harappan Skeletons. In *Human Skeletal Remains from Harappan*. Memoirs of the Anthropological Survey of India, No. 9, edited by P. Gupta, P.C. Dutta and A. Basu, pp. 6-12.

de Cardi, B. 1965. Excavation and Reconnaissance on Karat, West Pakistan: The Prehistoric Sequence in the Surab Region. *Pakistan Archaeology 2*, pp. 86-182.

de Cardi, B. 1979. Excavation at Bampur, A Third Millenium Settlement in Persian Baluchistan. *Anthropological Papers of the American Museum of Natural History* Vol. 51, Part 3. New York.

de Cardi, B. 1983. *Archaeological Survey in Baluchistan 1948 and 1957*. Occasional Publication No. 8, Institute of Archaeology London.

Deutsch, M. and F. H., jun. Ruggles. 1978. Hydrological applications of Landsat imagery used in the study of the 1973 Indus River flood, Pakistan. *Water Resource Bulletin* 14, pp. 261-274.

Deva, K. and D. E. MaCown 1949 Further Exploration in Sind: 1938. *Ancient India* 5, pp. 12-30.

Dhavalikar, M. K., M. Raval, and Y. Chitalwala. 1996. *Kuntasi, a Harappan Emporium on West Coast*. Deccan College, Post-Graduate and Research Institute, Pune.

Dikshit, K. N. 1980. A Critical Review of the Pre-Harappan Cultures. *Man and Environment* 4, pp. 32-43.

Dikshit, K. N. 1984. The Sothi Complex: Old Records and Fresh Observations. In *Frontiers of the Indus Civilization*, edited by B. B. Lal and S. P. Gupta, pp. 531-537. Books and Books, New Delhi.

Durrani, F. A. 1981. Rahman Dheri and the Birth of Civilization in Pakistan. *Bulletin of the Institute of Archaeology* 18, pp. 191-207.

Durrani, F. A. 1988. Excavation in the Gomal Valley: Rehman Dheri Excavation Report. No. 1. *Ancient Pakistan* 6, pp. 1-232.

Durrani, F. A., I. Ali, and G. Erdosy. 1991. Further Excavation at Rehman Dheri. *Ancient Pakistan* 8. pp. 61-151.

Durrani, F. A. and G. Erdosy. 1995. New Perspectives on Indus Urbanism from Rehman Dheri. *East and West* 45, pp. 81-96.

Durrani, F. A. and R. P. Wright. 1992. Excavation at Rahman Dheri: The Pottery Typology and Technology. In *South Asian Archaeology Studies*, edited by G. L. Possehl, pp. 145-162. Oxford & IBH Publishing Co., New Delhi.

Earle, T. 1981. CA comment on Evolution of specialized pottery production: a trial model. *Current Anthropology* 22 (3), pp. 230-231.

Earle, T., ed. 1991. *Chiefdoms: Power, Economy, and Ideology*. Cambridge University Press, Cambridge.

Earle, T. 1997. *How Chiefs come to Power: the Political Economy in Prehistory*. Stanford University Press, Stanford (CA).

Earle, T. 2002. *Bronze Age Economics: The Beginnings of Political Economies*. Westview Press, Colorado.

Earle, T. and K. Kristiansen. 2010. *Organizing Bronze Age Societies: The Mediterranean, Central Europe, and Scandinavia Compared*. Cambridge University Press, Cambridge.

Enzel, Y., L. L. Ely, S. Mishra, R. Ramesh, R. Amit, B. Lazar, S. N. Rajaguru, V. R. Baker, and A. Sandler. 1999. High-Resolution Holocene Environmental Changes in the Thar Desert, Northwestern India. *Science* 284, pp. 125-128.

Fairservis, Jr. W. A. 1956. Excavations in the Quetta Valley, West Pakistan. *Anthropological Papers of American Museum of Natural History* 45 (2), pp. 162-402. New York.

Fairservis, Jr. W. A. 1959. Archaeological Survey in the Zhob and Loralai Districts, West Pakistan. *An-

thropological Papers of the American Museum of Natural history 47 (2), pp. 277-448. New York.

Fairservis, Jr. W. A. 1967. The Origin, Character and Decline of an Early Civilization. *American Museum Novitates* 2302, pp. 1-48.

Fairservis, Jr. W. A. 1975. *The Roots of Ancient India*, 2nd ed. The University of Chicago Prress, Chicago.

Fairservis, Jr. W. A. 1986. Cattle and the Harappan Chiefdoms of the Indus Valley. *Expedition* 28 (2), pp. 43-50.

Farmer, S., R. Sproat, and M. Witzel. 2004. The Collapse of the Indus-Script Thesis: The Myth of a Literare Harappan Civilization. *Electronic Journal of Vedic Studies (EJVS)*, 11 (2), pp. 19-57.

Fentress, M. A. 1976. *Resource Access, Exchange Systems and Regional Interaction in the Indus Valley: An Investigation of Archaeological Variability at Harappa and Mohenjodaro*. PhD Dissertation, Department of Oriental Studies, University of Pennsylvania.

Ferioli, P., E. Flandra, and S. Tusa. 1979. Stamp Seals and the Functional Analysis of Their Sealings at Shahr-i Sokhta II-III (2700-2200 B. C.). In *South Asian Archaeology 1975*, edited by Van Lohuizen-De Leeuw, J. E, pp. 7-26. E. J. Brill, Leiden.

Flam, L. 1981. *The Palaogeography and Prehistoric Settlement Patterns in Sind, Pakistan (4000-2000 B. C.)*. PhD. Dissertation. University of Pennsylvania, Philadelphia.

Flam, L. 1984. The Palaeogeography and Prehistoric Settlement Patterns of the Lower Indus Valley, Sind, Pakistan. In *Studies in the Archaeology and Palaeoanthropology of South Asia*, edited by K. A. R. Kennedy and G. L. Possehl, pp. 77-82. Oxford & IBH and the American Institute of Indian Studies, New Delhi.

Flam, L. 1986. Recent Explorations in Sind: Palaogeography, Regional Ecology, and Prehistoric Settlement Patterns (ca. 4000-2000 B. C.). In *Studies in the Archaeology of India and Pakistan*, edited by J. Jacobson, pp. 65-89. Oxford & IBH and the American Institute of Indian Studies, New Delhi.

Flam, L. 1993a. Fluvial Geomorphology of the Lower Indus Basin (Sindh, Pakistan) and the Indus Civilization. In *Himalaya to the Sea: Geology, Geomorphology and the Quaternary*, edited by J. F. Shroder, jr, pp. 265-287. Routledge, London.

Flam, L. 1993b. Excavations at Ghazi Shah, Sindh, Pakistan. In *Harappan Civilization: A Contemporary Perspective*, Second Revised Edition, edited by G. L. Possehl, pp. 457-467. Oxford & IBH and the American Institute of Indian Studies, New Delhi.

Flam, L. 1996. Excavations at Ghazi Shah 1985-87, an Interim Report. *Pakistan Archaeology* 28, pp. 131-158.

Flam, L. 1998. The Other Side of the Mountains: Explorations in the Kirthar Mountains Region of Western Sindh, Pakistan. In *Arabia and Its Neighbors* Vol. II, edited by C. S. Phillips, D. T. Potts, and S. Searight, pp. 315-326. ABIEL, Brussels.

Flam, L. 1999. Ecology and Population Mobility in the Prehistoric Settlement of the Lower Indus Valley, Sindh, Pakistan. In *The Indus River: Biodiversity, Resources, Humankind*, edited by Azra Meadows and Peter S. Meadows, pp. 313-323. Oxford University, Oxford.

Francfort, H. P. 1989. *Fouilles de Shortughai: Recherches Sur L'Asie Centrale Protohistorique*. (Memoires de la Mission Archeologique Francaise en Asie Centrale). 2 vols. Diffusion de Boccard, Paris.

Franke-Vogt, U. 1984. A selection of Inscribed Objects Recovered from Mohenjo-Daro. In *Interim Report*,

Vol. 1: *Reports on Field Work Carried out at Mohenjo-daro Pakistan 1982-83*, edited by M. Jansen and G. Urban, pp. 117-138. Forschungsprojekt, Mohenjo-Daro, Schinkelstroße 1, Aachen.

Franke-Vogt, U. 1991. *Die Glyptik aus Mohenjo-Daro*: Uniformitat und Fariabilitat in der Induskultur, Untersuchungen zur Typologie, Iknographie und Räumlichen Verteilung, 2 vols. Verlag Philipp von Zabern, Mainz.

Franke-Vogt, U. 1992. Inscribed Objects from Mohenjo-daro: Some Remarks on Stylistic Variability and Distribution Patterns. In *South Asian Archaeology 1989*, edited by C. Jarrige, pp. 103-112. Prehistory Press, Wisconsin, Madison.

Franke-Vogt, U. 1993. Stratigraphy and Cultural Process at Mohenjo-Daro. In *South Asian Archaeology 1991*, edited by A. J. Gail and G J. R. Mevissen, pp. 87-100. Franz Steiner Verlag, Stuttgart.

Franke-Vogt, U. 1994. The 'Early Period' at Mohenjo-Daro. In *From Sumer to Meluhha: Contribution to the Archaeology of South and West Asia in Memory of George F. Dales, Jr.* (Wisconsin Archaeological Reports, Vol. 3), edited by J. M. Kenoyer, pp. 27-49. Department of Anthropology, University of Wisconsin, Madison.

Franke-Vogt, U. 2003-04. Sohr Damb/Nal, Balichistan, Pakistan Ergebnisse der Grabungen 2001, 2002 und 2004. *Archaologische Mitteiungen Aus Iran Und Turan*, Band 35-36, pp. 84-141.

Franke-Vogt, U. 2005. Excavations at Sohr Damb/Nal: Results of the 2002 and 2004 Seasons. In *South Asian Archaeology 2003*, edited by U. Franke-Vogt and H.-J. Weisshaar, pp. 63-76. Linden Soft Verlag e. K., Aachen.

Franke-Vogt, U. 2008. Baluchistan and the Borderlands. In *Encyclopedia of Archaeology*, Vol. 1, edited by D. M. Pearsall, pp. 651-670. Academic Press, New York.

Franke-Vogt, U. 2010. From the Oxus to the Indus: Two Compartmented Seals from Mohenjo-daro (Pakistan). In *Corupus of Indus Seals and Inscriptions: 3. 1. Supplement to Mohenjo-daro and Harappa (Vol. 3: New material, untraced objects, and collections outside India and Pakistan, Part 1: Mohenjo-daro and Harappa)*, edited by A. Parpola, B. M. Pande, and P. Koskikallio, pp. xvii-xliii. Suomalaisen Tiedeakatemia, Helsinki.

Frenchman, K. N. 1972. *Prehistoric Pottery Industries Along the "Lost" Sarasvati River of the Great Indian Desrt.* 2 Vols. Unpublished PhD. Dissertation. The University of Pune, Pune.

Frenez, D. and M. Vidale. 2012. Harappan Chimaeras as 'Symbolic Hypertexts': Some Thought on Plato, Chimaera and the Indus Civilization. *South Asian Studies* 28 (2), pp. 107-130.

Friefelt, K. 1991. *Third Millennium Graves: The Island of Umm an-Nar 1.* Jutland Archaeological Society Publications 26-1, Højbjerg.

Gadd, C. J. 1932. Seals of Ancient Indian Style Found at Ur. *Proceedings of the British Academy* 18, pp. 191-210.

Green, A. S. 2011. Reconstructing Operational Sequence: A New Methodology for the Study of Seal Carving in the Indus Civilization. *Man and Environment* 35 (2), pp. 15-34.

Gupta, S. P. 1979. *Archaeology of Soviet Central Asia and the Indian Borderlands*. 2 Vols. B. R. Publishing Corporation, Delhi.

Gupta, S. P. 1996. *The Indus-Saraswati Civilization: Origins, Problems and Issues*. Pratibha Prakashan, Delhi.

Gwinnett, A. J. and L. Gorelick. 1979. Ancient Lapidary: A Study Using Scanning Electron Microscopy and Functional Analysis. *Expedition*, 22 (1), pp. 17-32.

Gwinnett, A. J. and L. Gorelick. 1987. The Change from Stone Drills to Copper Drills in Mesopotamia: An Experimental Perspective. *Expedition*, 29 (3), pp. 15-24.

Hakemi, A. 1997. *Shahdad: Archaeological Excavations of a Bronze Age Center in Iran*. IsMEO, Rome.

Halim, M. A. 1972a. Excavation at Sarai Khola. *Pakistan Archaeology* 7, pp. 23-89.

Halim, M. A. 1972b. Excavation at Sarai Khola. *Pakistan Archaeology* 8, pp. 1-112.

Hallo, W. W. and B. Buchanan. 1965. A 'Persian Gulf' seal on an Old Babylonian Mercantile Agreement. Studies in honor of Benno Landsherger on his seventy-fifth birthday April 21, 1965 (The Oriental Institute of the University of Chicago, *Assyriological Studies* 16), pp. 199-209.

Hargreaves, H. 1929. *Excavations in Baluchistan 1925, Sampur Mound, Mastung and Sohr Damb, Nal*. Memoirs of the Archaeological Survey of India, No. 35, Antiquity Publications, Calcutta.

Herman, C. F. 1996. 'Harappan' Gujarat: The Archaeology-Chronology Connection. *Paléorient* 22 (2), pp. 77-112.

Holmes, D. A. 1968. The Recent History of the Indus. *Geographic Journal* 134 (4), pp. 367-382.

Jansen, M. 1981. Settlement Patterns in the Harappan Culture. In *South Asian Archaeology 1979*, edited by H. Hartel, pp. 251-269. Dietrich Reimer Verlag, Berlin.

Jansen. M. 1984a. Theoretical Aspects of Structural Analyses for Mohenjo-Daro. In *Interim Reports, Vol. 1: Reports on Field Work Carried out at Mohenjo-daro Pakistan 1982-83*, edited by M. Jansen and G. Urban, pp. 39-62. Forschungsprojekt, Mohenjo-Daro, Schinkelstroße 1, Aachen.

Jansen, M. 1984b Preliminary Results of Two Years' Documentation in Mohenjo-Daro. In *South Asian Archaeology 1981*, edited by B. Allchin, pp. 135-153. Cambridge University Press, Cambridge.

Jansen, M. 1985. Mohenjo-Daro, HR-A House I, a Temple? In *South Asian Archaeology 1983*, edited by J. Schorsmans and M. Tddei, pp. 157-206. Instituto Universitario Orientale, Naples.

Jansen, M. 1986. *Die Indus Zivilization: Wiederentdeckung Einer Fruhen Hochkultur*. DuMont Buchverlag, Koln.

Jansen, M. 1987. Preliminary Results on the "forma urbis" Research at Mohenjo-Daro. In *Interim Reports, Vol. 2: Reports on Fields Work Carried out at Mohenjo-daro, Pakistan, 1983-1984*, edited by M. Jansen and G. Urban, pp. 9-22. IsMEO Aachen-University Mission, Aachen.

Jansen, M. 1989. Water Supply and Sewage Disposal at Mohenjo-daro. *World Archaeology* 21 (2), pp. 172-192.

Jansen, M. 1993a. Mohenjo-daro: Type Site of the Earliest Urbanization Process in South Asia. In *Urban Form and Meaning in South Asia*, edited by H. Spodek and D. M. Srinivasan, pp. 33-51. Studies in the History of Art, 31. Center for Advanced Study in the Visual Arts Symposium Papers 15. National Gallery of Art, Washington, D.C.

Jansen, M. 1993b. *Mohenjo-Daro: Stadt der Brunnen und Kanäle: Wasserluxus vor 4500 Jahren (Mohenjo-daro: City of Wells and Drains: Water Splendour 4500 Years Ago)*. Bergisch Gladbach Frontinus-Gesellschaft, Bonn.

Jansen, M. and G. Urban, eds. 1984. *Interim Reports*, Vol. 1: *Reports on Field Work Carried out at Mohenjo-daro Pakistan 1982-83*. Forschungsprojekt, Mohenjo-Daro, Schinkelstroße 1, Aachen.

Jansen, M. and G. Urban, eds. 1987. *Interim Reports, Vol. 2: Reports on Fields Work Carried out at Mohenjo-daro, Pakistan, 1983-1984*. IsMEO and Aachen-University Mission, Aachen.

Jansen, M., M. Mulloy, and G. Urban, eds. 1991. *Forgotten Cities on the Indus: Early Civilization in Paki-*

stan from the 8th to the 2nd Millennium B.C. Verlag Philipp Von Zabern, Mainz.

Jarrige, C., J.-F. Jarrige, R. H. Meadow, and G. Quivron. eds, 1995. *Mehrgarh : Field Reports 1974-1985 From Neolithic Times to the Indus Civilization*. The Department of Culture and Tourism of Sindh, Pakistan, Department of Archaeology and Museums, French Ministry of Foreign Affairs, Karachi.

Jarrige, J.-F. 1986. Excavations at Mehgarh-Nausharo. *Pakistan Archaeology* 10-22 (1974-1986), pp. 63-131.

Jarrige, J.-F. 1988. Excavation at Nausharo. *Pakistan Archaeology* 23, pp. 149-203.

Jarrige, J.-F. 1989. Excavation at Nausharo 1987-88. *Pakistan Archaeology* 24, pp. 21-67.

Jarrige, J.-F. 1990. Excavation at Nausharo 1988-89. *Pakistan Archaeology* 25, pp. 193-240.

Jarrige, J.-F. 1993. The Question of the Beginning of the Mature Harappan Civilisation as Seen from Nausharo Excavations. In *South Asian Archaeology 1991*, edited by A. J. Gail and G. J. R. Mevissen, pp. 149-164. Franz Steiner Verlag, Stuttgart.

Jarrige, J.-F. 1994. The Final Phase of the Indus Occupation at Nausharo and Its Connection with the Following Cultural Complex of Mehrgrlh VIII. In *South Asian Archaeology 1993*, Vol. I, edited by A. Parpola and P. Koskikallio, pp. 295-313. Suomalainen Tiedeakatemia, Helsinki.

Jarrige, J.-F. 1996. Les fouilles de Nausharo au Balochistan pakistanais et leur contribution à l'étude de la civilisation de l'Indus. *Comptes rendus des séances de l'Académie des Inscriptions et Belles-Lettres* 140 (3), pp. 821-878.

Jarrige, J.-F. 1997. From Nausharo to Pirak : Continuity and Change in the Kachi/Bolan Region from the 3rd to the 2nd Millennium B.C. In *South Asian Archaeology 1995*, edited by F. R. Allchin and B. Allchin, pp. 11-32. The Ancient India and Iran Trust, Cambridge, New Delhi.

Jarrige, J.-F. and M. Santoni, *et al.* 1979. *Fouilles de Pirak* (Publications de la Commission des fouilles archaeologiques, Fouilles du Pakistan ; no 2), 2 Vols. Diffusion de Boccard, Paris.

Jarrige, J.-F. and G. Quivron. 2008. The Indus Valley and the Indo-Iranian Borderland at the End of the 3rd Millennium and the Beginning of the 2nd Millennium BC. In *South Asian Archaeology 1999*, edited by Ellen M. Raven, pp. 61-83. Egbert Forsten, Groningen.

Jarrige, J.-F., G. Quivron, and C. Jarrige. 2011. *Nindowari : Pakistan* (*The Kulli Culture : Its Origins and Its Relations with the Indus Civilization*). UMR 9993, Centre de recherches archaeologiques Indus-Balochistan, Asie centrale et orientale, CNRS-Musee Guimet, Ginkgo editeur, Paris.

Jenkins, P. C. 1994a. Continuity and Change in the Ceramic Sequence at Harappa. In *South Asian Archaeology 1993*, Vol. I, edited by A. Parpola and P. Koskikallio, pp. 315-328. Suomalainen Tiedeakatemia, Helsinki.

Jenkins, P. C. 1994b. Cemetery R37 : New Perspectives on Style and Chronology. In *From Sumer to Meluhha : Contibution to the Archaeology of South and West Asia in Memory of George F. Dales, Jr.* (Wisconsin Archaeological Reports, Vol. 3), edited by J. M. Kenoyer, pp. 105-112. Department of Anthropology, University of Wisconsin, Madison.

Jenkins, P. C. 2000. The Pottery from Cemetery R37 : Chronology and the Changing Social Structure of Harappa Society. In *South Asian Archaeology 1997*, edited by M. Taddei and G. De. Marco, pp. 35-53. IsIAO, Rome.

Jenkins, P. C. 2005. Cemetery R37 and Harappa Site : A Comparative Study of Mortuary and Domestic Pottery. In *South Asian Archaeology 2001*, edited by C. Jarrige and V. Lefevre, pp. 143-150.

Editions Recherche sur les Civilisations, Paris.

Joshi, J. P. 1990. *Excavation at Surkotada 1971-72 and Exploration in Kutch*. Memoirs of the Archaeological Survey of India No. 87. New Delhi.

Joshi, J. P. and A. Parpola, eds. 1987. *Corpus of Indus Seals and Inscriptions*: *1. Collections in India*. Suomalainen Tiedeakatemia, Helsinki.

Jorgensen, D. W., M. D. Harvey, S. A. Schumm, and L. Falm. 1993. Morphology and Dynamics of the Indus River: Implications for the Mohenjo-Daro Site. In *Himalaya to the Sea : Geology, Geomorphology and the Quaternary*, edited by J. F. Shroder, jr, pp. 288-326. Routledge, London.

Kamada, H. 1990. Chronological Change of Designs on the Harappan Painted Pottery in Sind. *Bulletin of Ancient Orient Museum* 11, pp. 25-64.

Kamada, H. 1991. Harappan Painted Pottery from Kot Diji, Pakistan. *Al-Rafidan* 12, pp. 171-185.

Kamada, H. 1997. Assemblage of Harappan Pottery. *INDO-KŌKŌ-KENKYŪ-Studies in South Asian Art and Archaeology* 18, pp. 112-116.

Kazmi, A. H. 1984. Geology of the Indus Delta. In *Marine Geology and Oceanography of Arabian Sea and Coastal Pakistan*, edited by B. U. Haq and J. D. Milliman, pp. 71-84. Van Nostrand Reinhold, New York.

Kenoyer, J. M. 1991a. Urban Process in the Indus Tradition: A Preliminary Model from Harappa. In *Harappa Excavations 1986-1990. A Multidisciplinary Approach to Third Millennium Urbanism*. (Monograghs in World Archaeology 3), edited by R. H. Meadow, pp. 29-60. Prehistory Press, Madison, Wisconsin.

Kenoyer, J. M. 1991b. The Indus Valley Tradition of Pakistan and Western India. *Journal of World Prehistory* 5 (4), pp. 331-385.

Kenoyer, J. M. 1995. Interaction Systems, Specialized Crafts and Culture Change: The Indus Valley Tradition and Indo-Gangetic Tradition in South Asia. In *The Indo-Aryans of Ancient South Asia : Language, Material Culture and Ethnicity*, edited by G. Erdosy, pp. 213-257. De Gruyter, Berlin.

Kenoyer, J. M. 1997. Trade and Technology of the Indus Valley: New Insights from Harappa, Pakistan. *World Archaeology* 29 (2), pp. 262-280.

Kenoyer, J. M. 1998. *Ancient Cities of the Indus Valley Civilization*. Oxford University Press, Oxford.

Kenoyer, J. M. 2000. Wealth and Socio-Economic Hierarchies of the Indus Valley Civilization. In *Order, Legitimacy and Wealth in Early States*, edited by J. Richards and M. Van Buren, pp. 88-109. Cambridge University Press, Cambridge.

Kenoyer, J. M. 2001. Early Developments of Art, Symbol, and Technology in the Indus Valley Tradition. *INDO-KŌKŌ-KENKYŪ-Studies in South Asian Art and Archaeology* 22, pp. 1-18.

Kenoyer, J. M. 2009-10. Indus Seals: An Overview of Iconography and Style, *Ancient Sindh* 9, pp. 7-30.

Kenoyer, J. M. 2010. Measuring the Harappan world: Insights into the Indus order and cosmology. In *The Archaeology of Measurement : Comprehending Heaven, Earth and Time in Ancient Societies*, edited by I. Morley and C. Renfrew, pp. 106-121. Cambridge University Press, Cambridge.

Kenoyer, J. M., R. Law, R. S. Bisht, and V. N. Prabhakar. 2009. *Dholavira Stone and Metal Artifact Documentation and Analysis : Interim Report*. Archaeological Survey of India, New Delhi.

Kenoyer, J. M. and R. H. Meadow. 2000. The Ravi Phase, A New Manifestation at Harappa. In *South*

Asian Archaeology 1997, edited by M. Taddei and G. De. Marco, pp. 55-76. IsIAO, Rome.

Kenoyer, J. M. and R. H. Meadow. 2004. Fifty-Five Years of Archaeological Research in Pakistan: The Prehistoric Periods. In *Pakistan on the Brink Politics, Economics, and Society*, edited by Craig Baxter, pp. 191-219. Lexington Books, Idaho.

Kenoyer, J. M. and R. H. Meadow. 2010. Inscribed Objects from Harappa Excavations 1986-2007. In *Corupus of Indus Seals and Inscriptions: 3. 1. Supplement to Mohenjo-daro and Harappa (Vol. 3: New material, untraced objects, and collections outside India and Pakistan, Part 1: Mohenjo-daro and Harappa)*, edited by A. Parpola, B. M. Pande, and P. Koskikallio, pp. xliv-lviii. Suomalaisen Tiedeakatemia, Helsinki.

Kenoyer, J. M., T. D. Price, and J. H. Burton. 2013. A new approach to tracking connections between the Indus Valley and Mesopotamia: initial results of strontium isotope analyses from Harappa and Ur. *Journal of Archaeological Science* 40, pp. 2286-2297.

Kharakwal, J. S., Y. S. Rawat, and T. Osada, eds. 2012. *Excavation at Khanmer 2005-06-2008-09*. Indus Project, Research Institute For Humanity And Nature, Kyoto.

Khan, F. A. 1965. Excavation at Kot Diji. *Pakistan Archaeology* 2, pp. 13-85.

Khan Farid, J. R. Knox, and K. D. Thomas. 2000. The 'Tochi-Gomal phase': An Early 3rd Millenium BC Culture Horizon in Bannu and Dera Ismail Khan Divisions, Northwest Frontier Province, Pakistan. *Journal of Asian Civilizations* 23 (2), pp. 51-56.

Khan Farid, J. R. Knox, and K. D. Thomas. 2002. West of the Indus: the Chronology of Settlement in the Protohistric Culture Phase, with Special Reference to the Bannu Region. *Ancient Pakistan* 15, pp. 119-125.

Kjærum, P. 1983. *Failaka/Dilmun the Second Millennium Settlements Vol. 1: The Stamp and Cylinder Seals*. Jysk Arkæologisk Selskab, Aarhus.

Kjærum, P. 1994. *Stamp-Seals, Seal Impressions and Seal Blanks. Qala'at al-Bahrain vol. 1: The Northern City Wall and the Islamic Fortress*, (Jutland Archaeological Society Publications XXX: 1), edited by F. Højlund and H. H. Andersen, pp. 319-351. Jutland Archaeological Society, Moesgaard, Aarhus.

Kohl, P. L. 1979. The World Economy of West Asia in the Third Millenium B.C. In *South Asian Archaeology 1977*, edited by M. Taddei, pp. 55-85. Istituto Universitario Orien-tale, Seminario di Studi Asiatici Naples.

Konasukawa, A. in press. Regional Variations of the Harappan Seals in Light of Their Design and Carving Techniques through SEM and PEAKIT (3D) Analyses. In *South Asian Archaeology and Art 2014*. Stockholm, Sweden.

Konasukawa, A. in press. Comparative Analysis of the Seals in the Pre-/Early Harappan Period and Harappan Seals through SEM and PEAKIT (3D) Analyses. *Purātattva*.

Konasukawa, A., H. Shudai, S. Kimura, T. Ueno, and H. Endo. 2011. Report on the Survey of the Archaeological Materials of Prehistoric Pakistan stored in Aichi Prefectural Ceramic Museum. Part 3: Emir Ware and Quetta Style pottery. *The Bulletin of Tsurumi University: Studies in Humanities, Social and Natural Sciences* 48 (4), pp. 73-110.

Konasukawa, A., H. Shudai, H. Endo, and S. Kimura. 2012. Report on the Survey of the Archaeological Materials of Prehistoric Pakistan stored in the Aichi Prefectural Ceramic Museum. Part 4: Togau Ware, Kechi-Beg Ware and Other Prehistoric Balochistan Potteries. *The Bulletin of*

Tsurumi University: Studies in Humanities, Social and Natural Sciences 49 (4), pp. 141-158.

Kondo, R. 1996. Lifestyle Systems of Mohenjodaro Related to Water Facilities from Comparative Studies. *INDO-KŌKŌ-KENKYŪ-Studies in South Asian Art and Archaeology* 18, pp. 135-142.

Kondo, R., A. Ichikawa, and T. Morioka. 1997. Taking a Bath in Mohenjodaro. In *South Asian Archaeology 1995*, edited by F. R. Allchin and B. Allchin, pp. 127-137. The Ancient India and Iran Trust, Cambridge, New Delhi.

Konishi, M. A. 1984. 'Pre-' or 'Early' Harappan Cuture. In *Frontiers of the Indus Civilization*, edited by B. B. Lal and S. P. Gupta, pp. 37-42. Books and Books, New Delhi.

Kristiansen, K. 2005. Innovation and Invention: Independent Event or Historical Process? In *Archaeology: The Key Concepts*, edited by C. Renfrew and P. Bhan, pp. 151-155. Routledge, London/New York.

Kristiansen, K. and T. B. Larsson. 2005. *The Rise of Bronze Age Society: Travels, Transmissions and Transformations*. Cambridge University Press, Cambridge.

Lal, B. B. 1979. Kalibangan and the Indus Civilization. In *Essays in Indian Protohistory*, edited by D. P. Agrawal and D. K. Chakrabarti, pp. 65-97. B. R. Publishing Corporation, Delhi.

Lal, B. B. 1981. Some Reflections on the Structural Remains at Kalibangan. In *Indus Civilization: New Perspectives*, edited by A. H. Dani, pp. 47-54. Quaid-i-Azam University, Islamabad.

Lal, B. B. 1997. *The Earliest Civilization of South Asia.* : Rise, Maturity and Decline Aryan Books International, New Delhi.

Lal, B. B. and B. K. Thapal. 1967. Excavation at Kalibangan: New Light on the Indus Civalization. *Cultural Forum* 9 (4), pp. 78-88.

Lal, B. B., B. K. Thapar, J. P. Joshi, and M. Bala. 2003. *Excavation at Kalibangan: The Early Harappans (1961-1969)*. Memoirs of The Archaeological Survey of India, No. 98. New Delhi.

Lamberg-Karlovsky, C. C. 1993. Sumer, Elam and the Indus: Three Urban Processes Equal One Structure? In *Harappan Civilization: A Contemporary Perspective, Second Revised Edition*, edited by G. L. Possehl, pp. 61-68. Oxford & IBH Publishing and the American Institute of Indian Studies, New Delhi.

Lamberg-Karlovsky, C. C. and D. T. Potts, eds. 2001. *Excavations at Tepe Yahya, Iran 1967-1975: The Third Millennium*. Peabody Museum of Archaeology and Ethnology, Harvard University, Cambridge.

Lamberg-Karlovsky, C. C. and M. Tosi. 1973. Shahr-i Sokta and Tepe Yahya: Tracks on the Earliest History of the Iranian Plateau. *East and West* 23 (1-2), pp. 21-58.

Lambrick, H. T. 1964. *Sind: A General Introduction*. History of Sind series, Vol. 1. Sindhi Adabi Broad, Hyderabad (Pakistan).

Law, R. W. 2008. *Inter-Regional Interaction and Urbanism in the Ancient Indus Valley: A Geologic Provenience Study of Harappa's Rock and Mineral Assemblage*. PhD. Dissertation, University of Wisconsin, Madison.

Lower Indus Project. 1965a. *Lower Indus Report: Physical Resources*. Vol. 1, *Climate*. Feronzsons, Karachi.

Lower Indus Project. 1965b. *Lower Indus Report: Physical Resources*. Vol. 2, *Geomorphology, Soils and Watertable*. Feronzsons, Karachi.

Lower Indus Project. 1965c. *Lower Indus Report: Physical Resources*. Vol. 3, *River Indus*. Feronzsons, Karachi.

Lower Indus Project. 1965d. *Lower Indus Report: Physical Resources*. Vol. 4, *Torrents*. Feronzsons, Karachi.
Lower Indus Project. 1965e. *Lower Indus Report : Physical Resources*. Vol. 5, *Surface Water Storage*. Feronzsons, Karachi.
Lower Indus Project. 1966. *Lower Indus Project : Main Report*, 2 Vols. Red Lion House, London.
Mackay, E. J. H. 1931. Seals, Seal Impressions, and Copper Tablets, with Tabulation. In *Mohenjo-Daro and the Indus Civilization*, edited by S. J. Marshall, pp. 370-405. Arthur Probsthain, London.
Mackay, E. J. H. 1938. *Further Excavations at Mohenjo-Daro*. Government Press, New Delhi.
Mackay, E. J. H. 1943. *Chanhu-daro Excavations, 1935-36*. American Oriental Society, New Haven.
Madella, M. and D. Q. Fuller. 2006. Paleoecology and the Harappan Civilisation of South Asia : A Reconsideration. *Quaternary Science Reviews* 25 (11-12), pp. 1283-1301.
Mahadevan, I. 1977. *The Indus Script : Text, Concordances and Tables*. Memoirs of the Archaeological Survey of India 77.
Majumdar, N. C. 1934. *Explorations in Sind*. Memoirs of the Archaedogical Survey of India, No. 48. Archaeological Survey of India, New Delhi.
Mallah, Q. H. 2008. Recent Archaeological Discoveries in Sindh, Pakistan. In *Occasional Paper 3 : Lingusitics, Archaeology and the Human Past*, edited by T. Osada and A. Uesugi, pp. 27-75. Indus Project, Research Institute for Humanity and Nature, Kyoto.
Manmohan Kumar and V. Dangi. 2007. A Harappan seal from Bhirrana. *Numismatic Studies* 8, pp. 135-136.
Manmohan Kumar, A. Uesugi, V.S. Shinde, V. Dangi, V. Kumar, S. Kumar, A. K. Singh, R. Mann, and R. Kumar. 2011. Excavations at Mitathal, District Bhiwani (Haryana) 2010-11 : A Preliminary Report. *Purātattva* 41. pp. 168-178.
Marshall, J. 1931. *Mohenjo-Daro and the Indus Civilization*. Arthur Probsthain, London.
Masson, V. M. (H. N. Michael tr.) 1988. *Altyn-Depe* (University Museum Monographs, No. 55). Univesity of Pennsylvania Museum, Philadelphia.
Masson, V. M. and V. I. Sarianidi. 1972. *Central Asia : Turkmenia before the Achaemenids*. Praeger, New York.
Meadow, R. H. and J. M. Kenoyer. 1994. Harappa Excavations 1993 : The City Wall and Inscribed Materials. In *South Asian Archaeology 1993*, edited by A. Parpola and P. Koskikallio, pp. 451-470. Suomalainen Tiedeakatemia, Helsinki.
Meadow, R. H. and J. M. Kenoyer. 2001. Recent Discoveries and Highlights from Excavation at Harappa : 1998-2000. *INDO-KŌKŌ-KENKYŪ-Studies in South Asian Art and Archaeology* 22, pp. 19-36.
Meadow, R. H. and J. M. Kenoyer. 2005. Excavations at Harappa 2000-2001 : New Insights on Chronology and City Organization. In *South Asian Archaeology 2001*, edited by C. Jarrige and V. Lefevre, pp. 207-225. Editions Recherche sur les Civilisations, Paris.
Meadow, R. H. and J. M. Kenoyer. 2008. Harappa Excavations 1998-1999 : New Evidence for the Development and Manifestation of the Harappan Phenomenon. In *South Asian Archaeology 1999*, edited by Ellen M. Raven, pp. 85-109. Egbert Forsten, Groningen.
Miller, H. M.-L. 2007. *Archaeological Approaches to Technology*. Academic Press, Elsevier, Burlington, MA.
Misra, V. N. 1997. Balathal- A Chalcolithic Settlement in Mewar, Rajasthan, India : Results of First Three Seasons' Excavations. *South Asian Studies* 13, pp. 251-273.

Mitchell, T. C. 1986. Indus and Gulf Type Seals from Ur. In *Bahrain through the Ages : the Archaeology*, edited by Shaikha Haya Ali Al Khalifa and Michael Rice, pp. 278-285. The Ministry of Information, State of Bahrain, London.

Mode, H. 1961. *The Harappan Culture and the West.* Sanskrit College, Calcutta.

Mughal, M. R. 1970. *The Early Harappan Period in the Greater Indus Valley and Northern Baluchistan* (c. 3000-2400 B.C.). Unpublished PhD. Dissertation. Dept. of Archaeology, The University of Pennsylvania, Philadelphia.

Mughal, M. R. 1972. Excavation at Jalilpur. *Pakistan Archaeology* 8, pp. 117-124.

Mughal, M. R. 1974. New Evidence of the Early Harappan culture from Jalilpur, *Pakistan. Archaeology* 27 (2), pp. 106-113.

Mughal, M. R. 1990. Further Evidence of the Early Harappan Culture in the Greater Indus Valley : 1971-90. *South Asian Studies* 6, pp. 175-199.

Mughal, M. R. 1991. The Rise of the Indus Civilization. In *Forgotten Cities on the Indus : Early Civilization in Pakistan from the 8th to the 2nd Millennium B.C.* edited by M. Jansen, M. Mulloy, and G. Urban, pp. 104-110. Verlag Philipp Von Zabern, Mainz.

Mughal, M. R. 1992a. The Consequences of River Changes for the Harappan Settlements in Cholistan. *Eastern Anthoropologist.* Indus civilization Special Number 45 (1-2), pp. 105-116.

Mughal, M. R. 1992b. Jhukar and the Late Hrappan Cultural Mosaic of the Greater Indus Valley. In *South Asian Archaeology 1989*, edited by C. Jarrige, pp. 213-221. Prehistory Press, Madison Wisconsin.

Mughal, M. R. 1997. *Ancient Cholistan : Archaeology and Architecture.* Ferozsons, Lahore.

Nath, A. 1998. Rakhigarhi : A Harappan Metropolis in the Sarasvati-Drishadvati Divide. *Purātattva* 28, pp. 39-45.

Nath, A. 1999. Further Excavations at Rakhigarhi. *Purātattva* 29, pp. 46-49.

Parpola, A. 1986. The Size and Quality of the Indus Seals and Other Clues to the Royal Titles of the Harappans. *Tamil Civilization* 4, pp. 144-156.

Parpola, A. 1994a. Harappan inscriptions : An Analytical Catalogue of the Indus Inscriptions from the Near East. In *Qala'at al-Bahrain vol. 1 : The Northern City Wall and the Islamic Fortress* (Jutland Archaeological Society Publications XXX : 1), edited by F. Højlund and H. H. Andersen, pp. 304-315. Jutland Archaeological Society, Moesgaard, Aarhus.

Parpola, A. 1994b. *Deciphering the Indus Script.* Cambridge University Press, Cambridge.

Parpola, A., B. M. Pande, and P. Koskikallio, eds. 2010. *Corpus of Indus Seals and Inscriptions. 3. 1. Supplement to Mohenjo-daro and Harappa (Vol. 3 : New material, untraced objects, and collections outside India and Pakistan. Part 1 : Mohenjo-daro and Harappa).* Suomalaisen Tiedeakatemian Toimituksia Annales Academiae Scientarum Fennicae Humaniora (AASF Hum) 359. Suomalaisen Tiedeakatemia, Helsinki.

Parpola, A. and J. Janhunen. 2011. On the Asiatic wild asses and their vernacular names. In *Occasional Paper 12 : Linguistics, Archaeology and the Human Past*, edited by T. Osada and H. Endo, pp. 59-124. Indus Project, Reserch Institute for Humanity and Nature, Kyoto.

Phadtre, N. R. 2000. Sharp Decrease in Summer Monsoon Strength 4000-3500 ca. yr. B. P. In the Central Higher Himalaya of India Based on Pollen Evidence from Alpine Peat. Quaternary Research 53, pp. 122-129.

Piggot, S. 1950. *Prehistoric India to 1000 B.C.* Penguin Books, Baltimore.

Piperno, M. and S. Salvatori. 2007. *The Shahr-i Sokhta Graveyard (Sistan, Iran) : Excavation Campaigns 1972-1978*. IsIAO, Rome.

Pithawala, M. B. 1936. A geographical analysis of the lower Indus basin (Sind). *Proceedings of the Indian Academy of Sciences* 4, pp. 283-355.

Pithawala, M. B. 1959. *A Physical and Economic Geography of Sind* (The Lower Indus Basin). Sindhi Adabi Board, Karachi.

Possehl, G. L. 1980. *Indus Civilization in Saurashtra.* B. R. Publishing Corporation, Delhi.

Possehl, G. L. 1986. *Kulli : An Exploration of Ancient Civilization in South Asia.* Carolina Academic Press, Durham.

Possehl, G. L. 1989. *Radio carbon Dates for South Asian Archaeology.* The University Museum, University of Pennsylvania, Philadelphia.

Possehl, G. L. 1990. Revolution in the Urban Revolution : The Emergence of Indus Urbanization. *Annual Review of Anthropology* 19, pp. 261-282.

Possehl, G. L. 1991. The Harappan Civilization in Gujarat : The Sorath and Sindhi Harappans. *Eastern Anthropologist* 45 (1-2), pp. 117-154.

Possehl, G. L. 1993. The Date of Indus Urbanization : A Proposed Chronology for the Pre-Urban and Urban Harappan Phases. In *South Asian Archaeology 1991*, edietd by A, J. Gail and G. J. R. Mevissen, pp. 231-249. Franz Steiner Verlag, Stuttgart.

Possehl, G. L. 1996. *Indus Age : The Writing System.* University of Pennsylvania Press, Philadelphia.

Possehl, G. L. 1999. *Indus Age : the Beginings.* University of Pennsylvania Press, Philadelphia.

Possehl, G. L. 2003. *The Indus Civilization : A contemporary Perspective.* Alta Mira Press, New York.

Possehl, G. L. and C. F. Herman. 1990. The Sorath Harappan : A New Regional Manifestation of the Indus Urban Phase. In *South Asian Archaeology 1987*, edited by M. Taddei, pp. 295-319. IsMEO, Rome.

Possehl, G. L. and M. H. Raval. 1989. *Harappan Civilization and Rojdi.* Oxford & IBH and the American Institute of Indian Studies, Delhi.

Possehl, G. L. and P. C. Rissman. 1992. The Chronology of Prehistoric India : From Earliest Times to the Iron Age. In *Chronologies in Old World Archaeology*, 3rd ed. 2 Vols. edited by R. W. Ehrich, pp. 465-490. University of Chicago Press, Chicago.

Powell, M. A. 1994. Money in Mesopotamia. *Journal of the Economic and Social History of the Orient* 39 (3), pp. 224-242.

Pracchia, S. 1985. Excavation of a Bronze-Age Ceramic Manufacturing area at Lal Shah, Mehrgarh. *East and West* 35 (4), pp. 458-468.

Puri, K. N. 1936-37. Excavations at Mohenjo-daro. *Annual Report of the Archaeological Survey of India*, 1936-37, p. 41.

P'yankova, L. 1994. Central Asia in the Bronze Age : Sedentary and Nomadic Cultures. *Antiquity* 68-259, pp. 355-372.

Quivron, G. 1994. The Pottery Sequence from 2700 to 2400 BC at Nausharo, Baluchistan. In *South Asian Archaeology 1993*, Vol. 2, edited by A. Parpola and P. Koskikallio, pp. 629-644. Suomalainen Tiedeakatemia, Helsinki.

Quivron, G. 1997. Incised and Painted Marks on the Pottery of Mehrgarh and Nausharo-Baluchistan. In

South Asian Archaeology 1995, edited by F. R. Allchin and B. Allchin, pp. 45-62. The Ancient India and Iran Trust, Cambridge, New Delhi.

Quivron, G. 2000. The Evolution on the Mature Indus Pottery Style in the Light of the Excavation at Nausharo, Pakistan. *East and West* 50, pp. 147-190.

Quivron, G. 2008. New Light on the Kulli Culture: A Reconsideration of the Painted Pottery uncovered by Sir Aurel Stein at Kulli and Mehi in Southern Baluchistan. In *South Asian Archaeology 1999*, edited by Ellen M. Raven, pp. 47-59. Egbert Forsten, Groningen.

Raikes, R. L 1964. The End of the Ancient Cities of the Indus. *American Anthropologist* 66 (2), pp. 284-299.

Raikes, R. L. 1968. Archaeological Explorations in Southern Jhalawan and Las Bela (Pakistan). *Origini* 2, pp. 103-171.

Rao, L. S., N. B. Sahu, P. Sahu, U. A. Shastry, and S. Diwan. 2004. Understanding Harappan Settlement at Bhirrana (2003-04). *Purātattva* 34, pp. 20-24.

Rao, S. R. 1963. Excavation at Rangpur and other Exploratins in Gujarat. *Ancient India* 18 & 19, pp. 5-207.

Rao, S. R. 1973. Lothal and the Indus Civilization. Asia Publishing House, Bombay.

Rao, S. R. 1979. *Lothal: A Harappan Port Town, 1955-62*, Memoirs of The Archaeological Survey of India, No. 78, Vol. 1. New Delhi.

Rao, S. R. 1982. *The Decipherment of the Indus Script*. Asia Publishing House, Bombay.

Rao S. R. 1985. *Lothal: A Harappan Port Town, 1955-62*, Memoirs of The Archaeological Survey of India, No. 78, Vol. 2. New Delhi.

Rissman, P. C. 1988. Public Displays and Private Values: A Guide to Buried Wealth in Harappan Archaeology. *World Archaeology* 20 (2), pp. 209-228.

Rissman, P. C. 1989. The Organization of Seal Production in the Harappan Civilization. In *Old Problems and New Perspectives in South Asian Archaeology*. (Wisconsin Archaeological Reports, Vol. 2), edited by J. M. Kenoyer, pp. 159-170. Department of Anthropology, University of Wisconsin, Madison.

Sajjadi, S. M. S. *et al.* 2003. Excavations at Shahr-i Sokhta: First Preliminary Report on the Excavations of the Graveyard 1997-2000. *Iran* 41, pp. 21-97.

Samzun, A. 1992. Observations on the Characteristics of the Pre-Harappan Remains, Pottery and Artifacts at Nausharo, Pakistan (2700-2500B.C.). In *South Asian Archaeology 1989*, edited by C. Jarrige, pp. 245-252. Prehistory Press Wisconsin, Madison.

Sant. U., T. J. Baidya, N. G. Nikoshey, N. K. Sharma, S. Nayan, J. K. Tiwari, and A. Arif. 2005. Bagor-A New Harappan Site in Ghaggar Valley-A Preliminary Report. *Purātattva* 35, pp. 50-59.

Santoni, M. 1989. Potters and Pottery at Mehrgarh during the Third millennium B.C. (Periods VI and VII). In *South Asian Archaeology 1985*, edited by K. Frifelt and P. Sorensen, pp. 176-185. Curzon Press, London.

Sarcina, A. 1979. The Private House at Mohenjo-daro. In *South Asian Archaeology 1977*, edited by M. Taddei, pp. 433-462. Istituto Universitario Orien-tale, Seminario di Studi Asiatici, Naples.

Sarcina, A. 1978-79. A Statistical Assessment of House patterns of Mohenjo-Daro, *Mesopotamia* XIII-XIV, pp. 155-199.

Sarianidi, V. I. 2006. *Gonur-depe: City of Kings and Gods*. Miras, Asgabat.

Satyawadi, S. 1994. *Proto-Historic Pottery of Indus Valley Civilisation : Study of Painted Motifs*. D.K. Print world (P) Ltd. New Delhi.

Sax, M., J. McNabb, and N. D. Meeks. 1998. Methods Of Engraving Mesopotamian Cylinder Seals : Experimental Confirmation. *Archaeometry* 40 (1), pp. 1-21.

Sax, M. and N. D. Meeks. 1994. The Introduction of Wheel Cutting as a Technique for Engraving Cylinder Seals : Its Distinction from Filing. *Iraq* 56, pp. 153-166.

Sax, M. and N. D. Meeks. 1995. Method Of Engraving Mesopotamian Quartz Cylinder Seals. *Archaeometry* 37 (1), pp. 25-36.

Sax, M., N. D. Meeks, and D. Collon. 2000. The Early Development of the Lapidary Engraving Wheel in Mesopotamia. *Iraq* 62, pp. 157-176.

Schmidt, E. F. 1933. *Tepe Hissar excavations 1931*. The University Museum, University of Pennsylvania, Philadelphia.

Schmidt, E. F. 1937. *Excavations at Tepe Hissar, Damghan* (with an additional chapter on the Sasanian Building at Tepe Hissar by F. Kimball). The University Museum, University of Pennsylvania, Philadelphia.

Shaffer, J. G. 1981. The Protohistoric Period in the Eastern Panjab : A Preliminary Assessment. In *Indus Civilization : New Perspectives*, edited by A. H. Dani, pp. 65-102. Quaid-i-Azam University, Islamabad.

Shaffer, J. G. 1982. Harappan commerce : an alternate perspective. In *Anthropology in Pakistan : Recent Sociocultural and Archaeological Perspectives*, edited by S. Pastner and L. Flam, pp. 166-210. Comell University Press, Ithaca, NY.

Shaffer, J. G. 1987. Cultural Development in the Eastern Punjab. In *Studies in the Archaeology of India and Pakistan*, edited by J. Jacobson, pp. 195-235. Oxford and IBH Publishing Co., Delhi.

Shaffer, J. G. 1992. The Indus Valley, Baluchistan and Helmand Traditions : Neolithic through Bronze Age. In *Chronologies in Old World Archaeology*, 3rd ed. 2 Vols. edited by R. W. Ehrich, pp. 441-464. University of Chicago Press, Chicago.

Shah, S. G. M. and A. Parpola, eds. 1991. *Corpus of Indus Seals and Inscriptions 2 : Collections in Pakistan*. Suomalainen Tiedeakatemia, Helsinki.

Shaikh, N. and G. M. Veesar. 2000-01. Bhando Qubo : A Newly Discovered site of Indus Civilization. *Ancient Sindh* 6, pp. 7-29.

Shaikh, N., G. M. Veesar, and Q. H. Mallah. 2003-04. Sites/Industrial Complexes in Thar, Rohri Hills and Adjacent Plains : Regional Perspectives. *Ancient Sindh* 7, pp. 27-65.

Shaikh, N., G. M. Veesar, and Q. H. Mallah. 2007-08. The Excavation of Indus Period Site Lakhan-Jo-Daro 2006. *Ancient Sindh* 8, pp. 7-193.

Sharma, A. K. 1999. *The Departed Harappans of Kalibangan*. Sundeep Prakashan, Delhi.

Sharma, Y. D. 1982. The Pre-Harrapan in Punjab. *Purātattva* 11, pp. 34-38.

Sharma, Y. D. 1993. Harappan Complex on the Sutlej (India). In *Harappan Civilization : A contemporary Perspective, Second Revised Edition*, edited by G. L. Possehl, pp. 141-165. Oxford & IBH Publishing and the American Institute of Indian Studies, New Delhi.

Shashi Asthana. 1985. *Pre- Harappan Cultures of India and the Borderlands*. Books and Books, New Delhi.

Shinde, V. S. 1992. Padri and the Indus Civilization, *South Asian Studies* 8, pp. 55-66.

Shinde, V. S. 1998. Pre-Harappan Padri Culture in Saurashtra : The Recent Discovery, *South Asian Stud-

ies 14, pp. 173-182.

Shinde, V. S. 2000. The Origin and Development of the Chalcolithic in Central India. *Indo-Pacific Prehistory Association Bulletin* 19 (Melaka Papers, Vol. 3), pp. 125-136.

Shinde, V. S. 2002. Chalcolithic Phase in Western India (Including Central India and The Deccan Region). In *Recent Studies in Indian Archaeology* (Indian Council of Historical Research Monograph Series 6), edited by K. Paddayya, Munshiram Manoharlal Publishers Pvt. Ltd., New Delhi.

Shinde, V. and G. L. Possehl. 2005. A Report on the Excavations at Gilund, 1999-2001. In *South Asian Archaeology 2001*, edited by C. Jarrige and V. Lefevre, pp. 293-302. Editions Recherche sur les Civilisations, Paris.

Shinde, V., G. L. Possehl, and M. Ameri. 2005. Excavations at Gilund 2001-2003: The Seals Impressions and Other Finds. In *South Asian Archaeology 2003*, edited by U. Franke-Vogt and H.-J. Weisshaar, pp. 159-169. Linden Soft Verlag e. K., Aachen.

Shinde, V., T. Osada, and Manmohan Kumar, eds. 2011. *Excavations at Farmana : District Rohtak, Haryana, India, 2006-08*. Indus Project, Research Institute For Humanity And Nature, Kyoto.

Shroder, F. jr., ed. 1993. *Himalaya to the Sea : Geology, Geomorphology and the Quaternary*. Routledge, London.

Shudai, H. 1997. Searching for the Early Harappan Culture : Analysis of the pottery styles of Pre-Harappan Cultures and Kot-Dijian Culture. *INDO-KŌKŌ-KENKYŪ-Studies in South Asian Art and Archaeology* 18, pp. 40-51.

Shudai, H. 2009-10. Kulli Pottery and Its Meanings in South Asian Prehistory. *INDO-KŌKŌ-KENKYŪ-Studies in South Asian Art and Archaeology* 31, pp. 57-68.

Shudai, H., A. Konasukawa, H. Endo, and S. Kimura. 2009. Report on the Survey of the Archaeological Materials of Prehistoric Pakistan stored in Aichi Prefectural Ceramic Museum. Part 1 : Painted Pottery of Nal Ware. *The Bulletin of Tsurumi University : Studies in Humanities, Social and Natural Sciences* 46 (4), pp. 75-108.

Shudai, H., A. Konasukawa, H. Endo, S. Kimura, and T. Ueno. 2010. Report on the Survey of the Archaeological Materials of Prehistoric Pakistan stored in Aichi Prefectural Ceramic Museum. Part 2 : Kulli Ware. *The Bulletin of Tsurumi University : Studies in Humanities, Social and Natural Sciences* 47 (4), pp. 53-115.

Shudai H, A. Konasukawa, S. Kimura, and H. Endo. 2013. Report on the Survey of the Archaeological Materials of Prehistoric Pakistan stored in the Aichi Prefectural Ceramic Museum. Part 5 : Archaeological Considerations on the Pottery and Cultures in the Pre-/Protohistoric Balochistan, *The Bulletin of Tsurumi University : Studies in Humanities, Social and Natural Sciences* 50 (4), pp. 81-123.

Singh, G., R. J. Wasson, and D. P. Agrawal. 1990. Vegetational and Seasonal Climatic Changes since the Last Full Glacial in the Thar Desert, Northwestern India. *Review of Paleobotany and Palynology* 64, pp. 351-358.

Sonawane, V. H. and P. Ajitprasad. 1994. Harappa Culture and Gjarat, *Man and Environment* 19 (2), pp. 129-139.

Staubwasser, M., F. Sirocko, P. M. Grootes, and M. Segl. 2003. Climate change at the 4. 2 ka BP termination of the Indus valley civilization and Holocene south Asian monsoon variability. *Geo-*

physical Research Letters 30 (8), pp. 1425-1431.

Stein, A. 1931. *An Archaeological Tour in Gedrosia*. Memoirs of the Archaeological Survey of India, No. 43. Delhi.

Suraj Bhan. 1971-72. Siswal: A Pre-Harappan Site in Drishadvati Valley. *Purātattva* 5, pp. 44-46.

Suraj Bhan. 1973. The Sequence and Spread of Prehistoric Cultures in the Upper Sarasvati Basin. In *Radiocarbon and Indian Archaeology*, edited by D. P. Agrawal and A. Ghosh, pp. 252-263. Tata Institute of Fundamental Reserch. Bombay.

Suraj Bhan. 1975. *Excavation at Mitathal (1968) and Other Explorations in the Sutlej -Yamuna Divide*. Kurukshetra University, Kurukshetra.

Suzuki, K. 1970. Design Sysytem in Later Joman Pottery. *J Anthrop. Soc. Nippon* 78 (1), pp. 38-49.

Thakur, Vijay. K. 1981. *Urbanization in ancient India*. Janaki Prakashan, Patna.

Thakur, Vijay. K., ed. 1994. *Towns in pre-modern India*. Janaki Prakashan, Patna.

Thapar, B. K. 1973. New Traits of the Indus Civilization at Kalibangan: An Appraisal. In *South Asian Archaeology*, edited by Norman Hammond, pp. 85-104. Noyse Press, Park Ridge.

Thuesen, I. 1992. Information Exchange in the 'Ubaid Period in Mesopotamia and Syria. In *La circulation des biens, des personnes et des idées dans le Proche-Orient ancien, XXXVIIIe Rencontre assyriologique internationale, (Paris, 8-10 juillet 1991)*, edited by D. Charpin and F. Joannes, pp. 13-19. Editions Recherche sur les Civilisations, Paris.

Tosi, M. 1968. Excavation at Shahr-i Sokhta, a Chalcolithic Settlement in the Iranian Sistan. Preliminary Report on the First Campaign, October-December 1967. *East and West* 18, pp. 9-68.

Tosi, M. 1969. Excavation at Shahr-i Sokhta. Preliminary Report on the Second Campaign, September-December, 1968. *East and West* 19, pp. 283-386.

Tosi, M. 1970a. A Tomb from Damin and the Problem of the Bampur Sequence in the Third millennium B.C. *East and West* 20, pp. 9-50.

Tosi, M. 1970b. Tepe Rud-i Biyaban. *Iran* 8, p. 189.

Tosi, M. 1979. The Proto-urban Cultures of Eastern Iran and the Indus Civilization: Notes and Suggestions for a Spatio-temporal Frame to Study the Early Relations between India and Iran. In *South Asian Archaeology 1977*, edited by M. Taddei, pp. 149-171. Istituto Universitario Orientale, Seminario di Studi Asiatici, Naples.

Urban, G. and M. Jansen, eds. 1983. *Forschungsprojekt DFG Mohenjo-Daro: Dokumentation in der archäologie, techniken, methoden, analysen*. Veroffentlichungs des Geogatischen Instituts der Reinisch-Westfalischen Technischen Hochschule, Nr. 34. Aachen.

Urmila Sant, T. J. Baidya, N. G. Nikoshey, N. K. Sharma, S. Nayan, J. K. Tiwari, and A. Arif. 2005. Bagor-A New Harappan Site in Ghaggar Valley-A Preliminary Report. *Purātattva* 35, pp. 50-59.

Vats, M. S. 1940. *Excavations at Harappa*. 2 Vols. Government of India Press, Delhi.

Vidale, M. 2000. *The Archaeology of Indus Crafts: Indus Craftspeople and Why We Study Them*. IsIAO, Italiano per l'Oriente, Rome.

Vidale, M. 2005. The Short-Horned Cattle on the Indus Seals: A Symbol of the Families in the Western Trade? In *South Asian Archaeology 2003*, edited by U. Franke and H.-J. Weisshaar, pp. 147-158. Linden Soft Verlag e. K., Aachen.

Vidale, M. and H. M.-L. Miller. 2000. On the development of Indus technical virtuosity and its relation to social structure. In *South Asian Archaeology 1997*, Vol. 1, edited by M. Taddei and G. de

Marco, pp. 115-132. IsIAO, Rome.

Vogt, B. 1985. The Umm an-Nar Tomb A at Hili North: a Preliminary Report on Three Seasons of Excavation, 1982-1984. *Archaeology in the United Arab Emirates* 4, pp. 20-37.

Von Rad, U., M. Schaaf, H. Michels, H. Schulz, W. H. Berger, and F. Sirocko. 1999. A 5,000-ry Record of Climate Change in Varved Sediments from the Oxygen Minimum Zone off Pakistan, Northeastern Arabian Sea. *Quaternary Research* 51, pp. 39-53.

Wankze, H. 1984. Axis Systems and Orientation at Mohenjo-Daro. In *Interim Reports, Vol. 2: Reports on Fields Work Carried out at Mohenjo-daro, Pakistan, 1983-1984*, edited by M. Jansen and G. Urban, pp. 23-32. IsMEO and Aachen-University Mission, Aachen.

Wheeler, R. E. M. 1947. Harappa 1946: The Defences and Cemetery R 37. *Ancient India* 3, pp. 58-130.

Wheeler, R. E. M. 1950a. Newly Found at Mohenjo-daro: A huge 4000 Year-Old Granary. *Illustrated London News* 20. 5. 1950, pp. 782-783.

Wheeler, R. E. M. 1950b. New Light on the Indus Civilization: The Mohenjo-daro Granary. *Illustrated London News* 27. 5. 1950, pp. 813-816.

Wheeler, R. H. M. 1956, The First Towns? *Antiquity* 30, pp. 132-136.

Widell, M. 2005. Some Reflections on Babylonian Exchange during the End of the Third Millennium B. C. *Journal of the Economic and Social History of the Orient* 48 (3), pp. 388-400.

Wilhelmy, H. 1969. Das Urstromtal am Ostrand der Indusebene und das Saraswati Problem. *Zeitschrift fur Geomorphologie* 8, pp. 76-83.

Wilkins, H. 2005. From Massive to Flimsy: The Declining Structural Fabric at Mohenjo-daro. In *South Asian Archaeology 2003*, edited by U. Franke-Vogt and H.-J. Weisshaar, pp. 137-146. Linden Soft Verlag e. K., Aachen.

Wright, R. P. 1984. *Technology, Style and craft specialization: Patterns of Interaction and Exchange on the Indo-Iranian Borderlands, Third Millennium B.C.* PhD. Dissertation. Department of Anthropology, Harvard University and University Microfilms.

Wright, R. P. 1989a. New Perspectives on Third Millennium Painted Grey Wares. In *South Asian Archaeology 1985*, edited by K. Frifelt and P. Sorensen, pp. 137-149. Curzon Press, London.

Wright, R. P. 1989b. New Tracks on Ancient Frontiers: Ceramic Technology on the Indo-Iranian Borderlands. In *Archaeological Thought in America*, edited by C. C. Lamberg-Karlovsky, pp. 268-279. Cambridge University Press, Cambridge.

Wright, R. P. 2010. *The Ancient Indus: Urbanism, Economy, and Society (Case Studies in Early Societies)*. Cambridge University Press, Cambridge.

Xu Chaolong. 1990. The Kot dijian and the Harappans: Their Simultaneity-Another Possible Interpretation. In *South Asian Archaeology 1987*, Vol. 1, edited by M. Taddei, pp. 157-201. IsMEO, Rome.

Xu Chaolong. 1994. Cultural Changes in Sindh prior to the Mature Harappan Period? A Clue Drawn from a Comparative Study of the Pottery. In *From Sumer to Meluhha: Contribution to the Archaeology of South and West Asia in Memory of George F. Dales, Jr.* (Wisconsin Archaeological Reports, Vol. 3), edited by J. M. Kenoyer, pp. 59-70. Department of Anthropology, University of Wisconsin, Madison.

Zide, A. R. K. and K. V. Zvelebil. eds. 1976. *The Soviet Decipherment of the Indus Valley Script: Translation and Critique.* (Janua Linguarum, Series Practica, 156) The Hague, and Paris.

挿図表出典一覧

口絵 1　著者撮影（2012 年 2 月 29 日）
口絵 2　著者撮影（2012 年 2 月 29 日）
口絵 3　著者作成。
口絵 4　著者作成。
口絵 5　ハリヤーナー州考古局所蔵。
口絵 6　小茄子川 2013 掲載の図 3 をもとに著者作成。

図 1　著者作成。
図 2　Shudai *et al.* 2013 掲載の Figure 2 を一部改変。
図 3　著者作成。
図 4　著者作成。
図 5　モヘンジョダロ：Jansen and Urban 1984 掲載の Figure 1 を再トレース・一部改変、カーリーバンガン：Sharma 1999 掲載の Figure 2 を再トレース・一部改変、ハラッパー：Meadow and Kenoyer 1997 掲載の図を再トレース・一部改変。
図 6　ドーラーヴィーラー：Bisht 1999 掲載の図を再トレース・一部改変、バナーワリー：Bisht 1993 掲載の図を再トレース・一部改変、ロータル：Rao 1979 掲載の Plate XXXVIII を再トレース・一部改変。
図 7　著者作成。
図 8　Shudai *et al.* 2013 掲載の Figure 5 を一部改変。
図 9　小茄子川 2008b 掲載の図 2 を一部改変。
図 10　小茄子川 2012b 掲載の図 3 を一部改変。
図 11　小茄子川 2008b 掲載の図 3 を一部改変。
図 12　Flam 1993a 掲載の Figure 14.5A をもとに著者作成。
図 13　Flam 1993a 掲載の Figure 14.5B をもとに著者作成。
図 14　Flam 1993a 掲載の Figure 14.5C をもとに著者作成。
図 15　著者作成。
図 16　著者作成。
図 17　Franke-Vogt 1994 掲載の Figure 3.2 をトレース・一部改変。
図 18　ウィーラー 1966 掲載の折込み図を一部改変、Franke-Vogt 1994 掲載の Figure 3.5 をトレース・一部改変。
図 19　Possehl 2003 掲載の Figure 5.1 を一部改変。
図 20　ウィーラー 1966 掲載の図 7 を一部改変。
図 21　Sarcina 1978-79 掲載の Figure 1 をトレース・一部改変、図中の表は小磯 2003 掲載の表 1 をもとに著者作成。
図 22　Sarcina 1978-79 掲載の Plate XXXIV を一部改変。
図 23　Sarcina 1978-79 掲載の Plate XIX を一部改変。
図 24　小茄子川 2008c 掲載の図 1 を一部改変。
図 25　小茄子川 2010 掲載の図 9 を一部改変。

図 26　Shudai *et al.* 2013 掲載の Figure 6 および小茄子川 2010 掲載の図 10 を一部改変。
図 27　小茄子川 2008b 掲載の図 4 を一部改変。
図 28　小茄子川 2008b 掲載の図 5 を一部改変。
図 29　著者作成。
図 30　Shudai *et al.* 2010 掲載の Figures 4、7～9 および近藤ほか 2007 掲載の図 3、図 5 をもとに著者作成。
図 31　Shudai *et al.* 2010 掲載の Figure 13 および近藤ほか 2007 掲載の図 8、図 9 をもとに著者作成。
図 32　Shudai *et al.* 2010 掲載の Figures 2、3 および近藤ほか 2007 掲載の図 2 をもとに著者作成。
図 33　Shudai *et al.* 2013 掲載の Figure 9 および近藤ほか 2007 掲載の図 13 を一部改変。
図 34　小茄子川 2008c 掲載の図 2 を一部改変。
図 35　小茄子川 2008c 掲載の図 3 を一部改変。
図 36　小茄子川 2008b 掲載の図 6 を一部改変。
図 37　小茄子川 2008b 掲載の図 7 を一部改変。
図 38　小茄子川 2008b 掲載の図 8 を一部改変。
図 39　小茄子川 2012b 掲載の図 1 を一部改変。
図 40　小茄子川 2012b 掲載の図 2 を一部改変。
図 41　著者作成。
図 42　著者作成。
図 43　小茄子川 2012c 掲載の写真 1～3 をもとに著者作成。
図 44　著者作成。
図 45　著者作成。
図 46　著者作成。
図 47　小茄子川 2011b 掲載の図 5 を一部改変。
図 48　小茄子川 2011b 掲載の図 3 を一部改変。
図 49　小茄子川 2011b 掲載の図 1 を一部改変。
図 50　小茄子川 2011b 掲載の図 7 を一部改変。
図 51　著者作成。
図 52　小磯・小茄子川 2009 掲載の図 3、図 4 および小茄子川 2011b 掲載の図 4、図 6 をもとに著者作成。
図 53　著者作成。
図 54　小茄子川 2013 掲載の図 4 を一部改変。
図 55　小茄子川 2013 掲載の図 5 を一部改変。
図 56　小茄子川 2013 掲載の図 6 を一部改変。
図 57　小茄子川 2013 掲載の図 1 を一部改変。
図 58　小茄子川 2013 掲載の図 7 をもとに著者作成。
図 59　小茄子川 2012c 掲載の写真 1～3 および小茄子川 2013 掲載の図 8 をもとに著者作成。
図 60　小茄子川 2012c 掲載の写真 1～3 をもとに著者作成。
図 61　Meadow and Kenoyer 2001 掲載の Fig. 3 を一部改変。
図 62　著者作成。
図 63　著者作成。
図 64　小茄子川 2008a 掲載の図 8 をもとに著者作成。
図 65　小茄子川 2008b 掲載の図 9 をもとに著者作成。
図 66　小茄子川 2008b 掲載の図 9 をもとに著者作成。
図 67　小茄子川 2008b 掲載の図 9 をもとに著者作成。

図 68　小茄子川 2008b 掲載の図 9 をもとに著者作成。
図 69　小茄子川 2008b 掲載の図 9 をもとに著者作成。
図 70　著者作成。

表 1　著者作成。
表 2　著者作成。
表 3　著者作成。
表 4　Kenoyer 2010 掲載の Table 9.3 をもとに著者作成。
表 5　著者作成。
表 6　小磯 2004 掲載の表 2 をもとに著者作成。
表 7　小磯 2004 掲載の表 2 をもとに著者作成。
表 8　小茄子川 2008b 掲載の表 2 を一部改変。
表 9　小茄子川 2008b 掲載の表 3 を一部改変。
表 10　小茄子川 2012b 掲載の表 1 を一部改変。
表 11　著者作成。
表 12　小茄子川 2011b 掲載の表 2 を一部改変。
表 13　小茄子川 2011b 掲載の表 2 を一部改変。
表 14　小茄子川 2011b 掲載の表 2 を一部改変。
表 15　小茄子川 2013 掲載の表 1 を一部改変。

初出一覧

　本書は、新稿部分をのぞき、以下の既発表論文等にもとづいている。ただし、本書に組み入れるにあたって大幅な再構成・加筆補正をほどこした。議論の内容が大きく変わったところはないが、用語やニュアンスに違いがある場合は、本書が、著者の現時点での考えを表すものと理解していただきたい。

序　章　新稿
第1章　新稿
第2章
　第1節　新稿
　第2節　1.～3. は下記をもとに再構成・加筆補訂。4. は新稿。
- 小茄子川歩　2008「コート・ディジー式土器とハラッパー式土器―ハラッパー式土器の起源に関する一考察―」『古代文化』60（Ⅱ）、（財）古代学協会
- 小茄子川歩　2008「都市と伝統の創出―彩文土器の変容からみたインダス文明の成立と展開―」『考古学研究』55（1）、考古学研究会
- 小茄子川歩　2008「ナール式土器とその意義―岡山市立オリエント美術館所蔵資料の紹介を兼ねて―」『岡山市立オリエント美術館研究紀要』22、岡山市立オリエント美術館
- 小茄子川歩　2010「ファイズ・ムハンマド式土器とその意義―岡山市立オリエント美術館所蔵資料の紹介を兼ねて―」『岡山市立オリエント美術館研究紀要』24、岡山市立オリエント美術館
- 上杉彰紀・小茄子川歩　2008「インダス文明社会の成立と展開に関する一考察―彩文土器の編年を手掛りとして―」『西アジア考古学』9、日本西アジア考古学会
- Shudai, H., A. Konasukawa, H. Endo, and S. Kimura. 2009. Report on the Survey of the Archaeological Materials of Prehistoric Pakistan stored in Aichi Prefectural Ceramic Museum. Part 1: Painted Pottery of Nal Ware. *The Bulletin of Tsurumi University: Studies in Humanities, Social and Natural Sciences* 46 (4).
- Konasukawa, A., H. Shudai, S. Kimura, T. Ueno, and H. Endo. 2011. Report on the Survey of the Archaeological Materials of Prehistoric Pakistan stored in Aichi Prefectural Ceramic Museum. Part 3: Emir Ware and Quetta Style pottery. *The Bulletin of Tsurumi University: Studies in Humanities, Social and Natural Sciences* 48 (4).
- Konasukawa, A., H. Shudai, H. Endo, and S. Kimura. 2012. Report on the Survey of the Archaeological Materials of Prehistoric Pakistan stored in the Aichi Prefectural Ceramic Museum. Part 4: Togau Ware, Kechi-Beg Ware and Other Prehistoric Balochistan Potteries. *The Bulletin of Tsurumi University: Studies in Humanities, Social and Natural Sciences* 49 (4).
- Shudai H, A. Konasukawa, S. Kimura, and H. Endo. 2013. Report on the Survey of the Archaeological Materials of Prehistoric Pakistan stored in the Aichi Prefectural Ceramic Museum. Part 5: Archaeological Considerations on the Pottery and Cultures in the Pre-/Protohistoric Balochistan. *The Bulletin of Tsurumi University: Studies in Humanities, Social and Natural Sciences* 50 (4).

　第3節　新稿
第3章　新稿

第4章　下記をもとに再構成・加筆補訂。
- 上杉彰紀・小茄子川歩　2008「インダス文明社会の成立と展開に関する一考察―彩文土器の編年を手掛りとして―」『西アジア考古学』9、日本西アジア考古学会
- 小茄子川歩　2008「ナール式土器とその意義―岡山市立オリエント美術館所蔵資料の紹介を兼ねて―」『岡山市立オリエント美術館研究紀要』22、岡山市立オリエント美術館
- 小茄子川歩　2008「コート・ディジー式土器とハラッパー式土器―ハラッパー式土器の起源に関する一考察―」『古代文化』60（Ⅱ）、（財）古代学協会
- 小茄子川歩　2008　「都市と伝統の創出―彩文土器の変容からみたインダス文明の成立と展開―」『考古学研究』55（1）、考古学研究会
- 小茄子川歩　2010「ファイズ・ムハンマド式土器とその意義―岡山市立オリエント美術館所蔵資料の紹介を兼ねて―」『岡山市立オリエント美術館研究紀要』24、岡山市立オリエント美術館
- 近藤英夫・上杉彰紀・小茄子川歩　2007「クッリ式土器とその意義―岡山市立オリエント美術館所蔵資料の紹介を兼ねて―」『岡山市立オリエント美術館研究紀要』21、岡山市立オリエント美術館
- Konasukawa, A., H. Shudai, S. Kimura, T. Ueno, and H. Endo. 2011. Report on the Survey of the Archaeological Materials of Prehistoric Pakistan stored in Aichi Prefectural Ceramic Museum. Part 3: Emir Ware and Quetta Style pottery. *The Bulletin of Tsurumi University : Studies in Humanities, Social and Natural Sciences* 48（4）.
- Konasukawa, A., H. Shudai, H. Endo, and S. Kimura. 2012. Report on the Survey of the Archaeological Materials of Prehistoric Pakistan stored in the Aichi Prefectural Ceramic Museum. Part 4: Togau Ware, Kechi-Beg Ware and Other Prehistoric Balochistan Potteries. *The Bulletin of Tsurumi University : Studies in Humanities, Social and Natural Sciences* 49（4）.
- Shudai, H., A. Konasukawa, H. Endo, and S. Kimura. 2009. Report on the Survey of the Archaeological Materials of Prehistoric Pakistan stored in Aichi Prefectural Ceramic Museum. Part 1: Painted Pottery of Nal Ware. *The Bulletin of Tsurumi University : Studies in Humanities, Social and Natural Sciences* 46（4）.
- Shudai, H., A. Konasukawa, H. Endo, S. Kimura, and T. Ueno. 2010. Report on the Survey of the Archaeological Materials of Prehistoric Pakistan stored in Aichi Prefectural Ceramic Museum. Part 2: Kulli Ware. *The Bulletin of Tsurumi University : Studies in Humanities, Social and Natural Sciences* 47（4）.
- Shudai H, A. Konasukawa, S. Kimura, and H. Endo. 2013. Report on the Survey of the Archaeological Materials of Prehistoric Pakistan stored in the Aichi Prefectural Ceramic Museum. Part 5: Archaeological Considerations on the Pottery and Cultures in the Pre-/Protohistoric Balochistan, *The Bulletin of Tsurumi University : Studies in Humanities, Social and Natural Sciences* 50（4）.

第5章
第1節および第2節　下記をもとに再構成・加筆補訂。
- 小磯学・小茄子川歩　2009「インダス式印章のサイズとその意義」『日々の考古学2』東海大学考古学研究室
- 小茄子川歩　2007「インダス式印章のデザインシステム―印面に刻まれた図像の構造と変遷を手掛かりとして―」『東海史学』41、東海大学史学会
- 小茄子川歩　2011「一角獣が刻まれたインダス式印章：岡山市立オリエント美術館所蔵資料の紹介」『岡山市立オリエント美術館研究紀要』25、岡山市立オリエント美術館
- 小茄子川歩　2011「右向きのモチーフが刻まれたインダス式印章―ハラッパー文化の多様性に関する一

考察—」『西アジア考古学』12、日本西アジア考古学会
- 小茄子川歩　2012「先インダス文明期における印章の基礎的研究：クナール遺跡出土資料の検討を中心として」『オリエント』55（1）、日本オリエント学会
- 小茄子川歩　2012「インダス文明成立期における印章の製作技術とその変遷に関する考古学的研究」『公益財団法人三島海雲記念財団研究報告書』49、公益財団法人三島海雲記念財団
- 小茄子川歩　2012「レプリカ・セム法によるインダス式印章の観察—岡山市立オリエント美術館所蔵資料の紹介—」『岡山市立オリエント美術館研究紀要』26、岡山市立オリエント美術館
- 小茄子川歩　2013「彫刻技術に基づいたインダス式印章の分類」『オリエント』56（1）、日本オリエント学会
- Konasukawa, A. 2013. Diversity of Harappan Civilization: A Case Study of the Ghaggar Basin (with Special Reference to Seals). *Unpublished PhD. Dissertation*, Deccan College Post-Graduate & Research Institute (Declared as Deemed-to-be University under Section 3 of the University Grants Commission Act, 1956), Pune.
- Konasukawa, A., H. Endo, and A. Uesugi. 2011. Chapter 7: Minor Objects from the Settlement Area. In *Excavations at Farmana: District Rohtak, Haryana, India, 2006-08*, edited by V. Shinde, T. Osada, and M. Kumar. Kyoto: Indus Project, Research Institute For Humanity And Nature, Kyoto.

第3節　新稿
終　章　新稿
補　遺　下記をもとに再構成・加筆補訂。
- 小茄子川歩　2012「レプリカ・セム法によるインダス式印章の観察—岡山市立オリエント美術館所蔵資料の紹介—」『岡山市立オリエント美術館研究紀要』26、岡山市立オリエント美術館
- Konasukawa, A. 2013. Diversity of Harappan Civilization: A Case Study of the Ghaggar Basin (with Special Reference to Seals). *Unpublished PhD. Dissertation*, Deccan College Post-Graduate & Research Institute (Declared as Deemed-to-be University under Section 3 of the University Grants Commission Act, 1956), Pune.

おわりに

　本書で検討した「都市」は、グローバルな近代資本主義経済にもとづく世界システムの中にいきる現代都市とは一見するとまったく異なるものにみえてしまう。しかし実際のところは、「構造」は同じであるが異なるものにみえてしまう、という方が正しい。

　「都市」においては、既存の伝統文化という「しがらみ」からの脱却に大きく舵をとり、商品交換を本格化させつつも、既存の伝統地域文化の歴史的・知的伝統を基盤とする新しい「伝統」を創りだすことで、伝統地域社会を特徴づけていた互酬原理とも親和的・双方向的なバランスがとられていた。いっぽう現代都市においては、商品交換のみがきわめて支配的な場となってしまったために、「都市」がもっていた「互酬原理と市場交換原理の差異を親和的・双方向的に「同調」させる自律的な機能」が失われつつあるので、両者は見かけ上異なるものにみえてしまうだけなのである。

　「都市」を考古学的に研究することが本書の目的であるから、現代都市をひきあいにだす必要はないとも思うのだが、われわれ人間が、あるタイミングで、ある空間を選択し、ある明確な目的をもって創りだした場である都市について考えをめぐらせているうちに、いろいろと考えざるをえなかったのである。

　現代都市はクリーンであり効率的でもあり、物質的にも精神的にも快適な暮らしを志向した空間となっている。とても満たされているようにみえる。しかしこの完成したかにみえる現代都市のあり方が、本当に都市という空間の本来あるべき姿なのであろうか。さまざまな問題に直面している現代都市をみるとき、わたしはそのような疑問をいだく。

　世界を一つにしてしまった近代資本主義経済はやがて終焉をむかえ、それにもとづいた現代都市のあり方も大きく変わっていく可能性もある（もしその時が来たとしても、しばらくの間は「国家」というシステムが現状維持に躍起になるであろうが）。実際に、われわれは一国が破綻してしまう時代を生きている。近い将来に、このグローバル世界に存在する諸都市が機能不全に陥り、同時多発的に消滅してしまう未来も十分にありうるだろう。決して危機感を煽るわけではないが、そのタイミングは刻々と迫りつつあるといってよいのかもしれない。わたしはそのように思う。

　しかしわれわれは、都市という空間の魅力的で活気に溢れる本来の姿をすでに知っている。本書でみてきたように、「都市」の最大の魅力の一つは、市場交換原理を優先させつつも、既存の伝統地域諸文化の歴史的・知的伝統を基盤とする新しい「伝統」を創りだすことで、「互酬原理と市場交換原理の差異を親和的・双方向的に「同調」させる自律的な機能」にある。このような能動的な性質を有する「都市」は、間違いなく「生きた熱い空間」であったことであろう。

　先に述べたように、「都市」から現代都市への飛躍は、「以上の性質を有していた空間」から「商品交換のみがきわめて支配的な空間」へのシフトを意味していると思うが、現代都市においても互酬原理は非常に見えにくくなっているだけであり、実はしっかりといきのこっている。

わたしは2008年9月から2013年8月にかけてインドに留学していたのだが、この期間にインド国内を動き回りながら現地調査をおこなうとともに、インドという国の諸側面を可能な限り体得するべく努力した。インドが遅れているということでは決してなく、この国ではいたる所で互酬原理と市場交換原理の「せめぎ合い」を実感できる。ニューデリーやムンバイー、そしてわたしが住んでいたプネーといったいわゆるインドの現代都市においてもその「せめぎ合い」に日常的にふれることができた。

　完全な市場交換原理にもとづく大型ショッピングモールをあとにし、ひとたび喧噪に満ちあふれたバザールに足を踏み入れれば、互酬原理が平然と顔をだす（ときに物々交換も目にした）。その場を支配していた力学こそが、まさに互酬原理と市場交換原理の「せめぎ合い」であった。その「せめぎ合い」の場はショッピングモールに比べれば、決してクリーンではなく、効率的な空間でもない。

　しかしながら、紛れもなく、人間味あふれる「生きた熱い空間」であった。その場において、形式上は市場交換原理にもとづきつつも、互酬原理を内包したさまざまなレベルの交換をおこなう人々は、銘々の「顔」を確かにもっていた。そしてなぜか笑顔であり、活気に満ちあふれているようにみえた。やはり都市の本来の姿とは、このような互酬原理と市場交換原理をバランスよく「同調」させるための空間なのではないだろうか。

　わたしは都市こそが人間の創りだした最高の居住空間である、というつもりはない。バザール至上主義者でもないし、インドこそが最高である、とも思っていない。ただし、「都市」を特徴づけていた市場交換原理を優先させつつも、「互酬原理と市場交換原理の差異を親和的・双方向的に「同調」させる自律的な機能」を有した空間、そしてその空間を内在させた社会はとても暮らしやすいように思うのである。

　互酬性交換の慣行と商品交換の慣行は共存することができる。問題は、互酬原理にもとづく社会が、市場交換原理にもとづく資本主義経済に急速に接続された場合に、その接合面にある種の矛盾がかならず生じてしまうことである。実際に、互酬原理にもとづいた伝統的地域社会が、矛盾なく、急速に資本主義的発展を遂げることができたケースは少ないはずだ。

　「都市」とは、われわれ人間が歴史の中で創りあげた「互酬原理と市場交換原理とを可能な限り矛盾なく「同調」させ、調整するための普遍的な方法」なのである。そうであるからこそ、「都市」とよばれる人為的な空間が、本格的な商品交換をともなうかたちで、人類史あるいは世界史上において普遍的にみとめられるのだ。「方向づけられた資本主義」から「方向づけのない資本主義」への移行過程において、さまざまな問題に直面しているグローバル世界を生きる中で、われわれは急速に各々の「顔」を失いつつある。今こそ、「都市」の本来の姿を見つめ直す必要があるのではなかろうか。

　さて、都市とインダス文明の実態をより深く掘りさげるためには、今後も現地に足を運び、現地で汗をかくしかないと思っている。本書で示した見解がまだまだ青臭い内容であることも自覚している。したがって、今後も毎日のように都市とインダス文明について考えることにしたい。

　本書はインド共和国プネーに所在するデカン大学院大学 Department of Archaeology, Deccan

College Post-Graduate & Research Institute（Declared as Deemed-to-be-University under Section 3 of the University Grants Commission Act, 1956）に、2013年8月に提出したPh. D. 論文 "Diversity of Harappan Civilization : A Case Study of the Ghaggar Basin（with Special Reference to Seals）"の成果をふくむ（本書第5章）。Ph. D. 論文自体は英語にて出版予定であり、現在準備中である。

　本書を執筆するにあたり、実はこのPh. D. 論文を主体とする内容にするつもりであったのだが、「Ph. D. 論文をそのまま日本語で出版するのではなく、小茄子川の都市論を書きなさい」と叱咤激励してくださった先生がいる。東海大学の北條芳隆先生である。諸般の事情から2014年10月後半から2015年2月半ばまでと2015年12月前半から2016年2月半ばまでの期間に、北條先生と毎日のように議論をさせていただく機会をえたのだが、その時にいただいた「パワー」が本書には満ちていることを明記しておきたい。

　また本書の執筆およびにこれまでの勉学・研究において、東海大学の近藤英夫先生やデカン大学院大学のVasant Shinde先生をはじめ本当に多く方々にご指導ご鞭撻、そしてご協力を賜った。以下にご芳名を記し、この場をお借りして心より厚くお礼を申し上げる次第である。

　秋田かな子、有松唯、今田峰子、上杉彰紀、遠藤仁、長田俊樹、禿仁志、久保純子、小泉龍人、小磯学、小磯千尋、小西正捷、佐々木勇、佐藤孝宏、佐藤昌彦、四角隆二、清水康二、宗䑓秀明、須藤寛史、田尾誠敏、田辺明生、千葉史、津本英利、寺村裕史、豊山亜希、野口淳、春田晴郎、藤田幸一、古井龍介、北條ゆうこ、松本建速、宮原俊一、横山真、脇村孝平、Amar Singh、Asko Parpola、Balwan Singh、Bhaskar Deotare、Cameron A. Petrie、Ghulam Mohiuddin Veesar、Ihsan Ali、Jeewan Singh Kharakwal、Jonathan Mark Kenoyer、Katragadda Paddayya、K. N. Diksit、Manmohan Kumar、Mukund Kajale、M. Farooq Swati、M. Acharya、Nidaullah Sehrai、Nilofer Shaikh、Pandurang Sabale、Pottentavida Ajithprasad、Pramod Dandwate、Pramod Joglekar、Prateek Chakraborty、Qasid Hussain Mallah、Rabindra Kumar Mohanty、Rajendra Singh Rana、Rajesh Purohit、Randall William Law、Ranvir Singh Shastry、Rita Wright、Shanti Pappu、Shahida Ansari、Sheila Mishra、Shreekant Jadhav、Sushama Deo、Taj Ali、Ute Franke、Vijay Sathe、愛知県陶磁美術館、インドでお世話になったすべての方々、岡山市立オリエント美術館、古代オリエント博物館、株式会社ラング、パキスタンでお世話になったすべての方々、Archaeology & Anthropology Museum, Shah Abdul Latif University、Archaeological Survey of India、Deccan College Postgraduate and Research Institute、Department of Archaeology & Museums, Haryana、Department of Archaeology, University of Peshawar、Department of Astronomy and Astrophysics, Tata Institute of Fundamental Research、Department of History, Maharishi Dayanand University、Peshawar Museum、Shri Krishna Museum（敬称略）。

　さらにまたインド留学に際しては、インド政府よりIndian Council For Cultural Relationship

(ICCR) Scholarship 2008（2008年度インド政府奨学金）およびIndian Council For Cultural Relationship（ICCR）Scholarship 2010（2010年度インド政府奨学金）をいただき、インド政府招聘留学生として自身の勉学・研究に集中することができた。また著者の印章研究に関しては、平成23年度公益財団法人三島海雲記念財団学術研究奨励金（人文科学部門）、平成26年度笹川科学研究助成金（学術研究部門）、平成26年度公益財団法人髙梨学術奨励基金（若手研究助成）にもとづく部分も多い。関係者のみなさまにこの場をお借りして心からお礼を申し上げたい。

　そして本書執筆の機会をあたえてくださり、何度も激励していただいた同成社の佐藤涼子社長と本書の編集を担当してくださった三浦彩子さんに深くお礼を申し上げたい。

　最後に、いつもサポートしてくれる父浩二、母順子、弟信、妹茜、そして親族の方々に心よりお礼申し上げる。

2016年1月　神奈川県秦野市東田原の居候先にて

小茄子川　歩

インダス文明の社会構造と都市の原理

■著者略歴■
小茄子川　歩（こなすかわ・あゆむ）
1981 年　宮城県生まれ
2005 年　東海大学文学部歴史学科考古学専攻卒業
2007 年　東海大学大学院文学研究科史学専攻（考古学）修士課程修了
2008 年　東海大学大学院文学研究科史学専攻（考古学）博士課程退学
2009 年　デカン大学院大学考古学科 P.G. Diploma 課程修了（2008 年度インド政府招聘留学生）
2013 年　Ph.D. 取得　デカン大学院大学（2010 年度インド政府招聘留学生）
2013～15 年　東海大学文学部非常勤講師
2016 年　日本学術振興会特別研究員 PD（東京大学東洋文化研究所）・東海大学文学部非常勤講師：現在に至る

〔主要著作〕
「都市と伝統の創出―彩文土器の変容からみたインダス文明の成立と展開―」『考古学研究』55-1（2008 年）、「コート・ディジー式土器とハラッパー式土器―ハラッパー式土器の起源に関する一考察―」『古代文化』60-II（2008 年）、「右向きのモチーフが刻まれたインダス式印章―ハラッパー文化の多様性に関する一考察―」『西アジア考古学』12（2011 年）、「彫刻技術に基づいたインダス式印章の分類」『オリエント』56-1（2013 年）、Regional variations of the Harappan Seals in light of their design and carving techniques through SEM and PEAKIT (3D) analyses, *South Asian Archaeology and Art 2014* (in press) ほか

2016 年 9 月 11 日発行

著　者　小茄子川　歩
発行者　山脇由紀子
印　刷　亜細亜印刷㈱
製　本　協栄製本㈱

発行所　東京都千代田区飯田橋 4-4-8
　　　　（〒102-0072）東京中央ビル　　㈱同成社
　　　　TEL 03-3239-1467　振替 00140-0-20618

©Konasukawa Ayumu 2016. Printed in Japan
ISBN978-4-88621-740-0 C3022